# Public Diplomacy
Pluralistic Theory and Opinion Strategy

王莉丽 Wang Lili

# 公共外交
多元理论与舆论战略研究

中国社会科学出版社

图书在版编目（CIP）数据

公共外交：多元理论与舆论战略研究/王莉丽著 . —北京：中国社会科学出版社，2018.2

ISBN 978 - 7 - 5203 - 2038 - 2

Ⅰ.①公… Ⅱ.①王… Ⅲ.①外交战略—研究—中国 Ⅳ.①D820

中国版本图书馆 CIP 数据核字（2018）第 024265 号

| | |
|---|---|
| 出 版 人 | 赵剑英 |
| 责任编辑 | 喻　苗 |
| 责任校对 | 胡新芳 |
| 责任印制 | 王　超 |

| | |
|---|---|
| 出　　版 | 中国社会科学出版社 |
| 社　　址 | 北京鼓楼西大街甲 158 号 |
| 邮　　编 | 100720 |
| 网　　址 | http://www.csspw.cn |
| 发 行 部 | 010 - 84083685 |
| 门 市 部 | 010 - 84029450 |
| 经　　销 | 新华书店及其他书店 |
| 印刷装订 | 北京君升印刷有限公司 |
| 版　　次 | 2018 年 2 月第 1 版 |
| 印　　次 | 2018 年 2 月第 1 次印刷 |
| 开　　本 | 710×1000　1/16 |
| 印　　张 | 17.5 |
| 字　　数 | 235 千字 |
| 定　　价 | 58.00 元 |

凡购买中国社会科学出版社图书，如有质量问题请与本社营销中心联系调换
电话：010 - 84083683
版权所有　侵权必究

# 序言
# 中国进入公共外交新时代

人文交流一直是习近平新时代中国特色社会主义外交思想的重要组成部分，是中国外交的重要支柱。习近平总书记在党的十九大报告中指出，要"加强中外人文交流，以我为主、兼收并蓄。推进国际传播能力建设，讲好中国故事，展现真实、立体、全面的中国，提高国家文化软实力"。2017年12月，中共中央办公厅、国务院办公厅发布了《关于加强和改进中外人文交流工作的若干意见》并明确提出，"中外人文交流是党和国家对外工作的重要组成部分，是夯实中外关系社会民意基础、提高我国对外开放水平的重要途径"。

在习近平总书记的外交实践中，无论是推动构建新型国际关系，推动构建人类命运共同体，深化全方位外交布局，拓展全球伙伴关系网，还是推动共建"一带一路"，深化同各国的广泛合作中，人文交流始终占据重要地位。习近平新时代中国特色社会主义外交思想和实践，不仅为中国的公共外交战略和国际舆论传播指明了方向，也开启了中国公共外交的新时代。

任何一个国家的发展不仅取决于本国国情，也受制于国际环境，既包括政治环境、经济环境、军事环境，也包括国际舆论环境。国之交在于民相亲，增进"民相亲"正是公共外交的宗旨。国际上对公共外交的概念最初只是指一国政府承担的对外国公众的宣传活动，但是后来，事实上，民间团体、社会组织，甚或个人也越来越多地参与了公共外交，公共外交也越来越为世界各国所重视。我综合了国内外对公共外交的表述，对公共外交的定义是：政府和公众（包括社会组织、企业、媒体和个人等等），从各自角度，向外国公众（也包括公职人员）表达本国国情，说明本国政策，回答关于本国的问题，同时了解对方观点的国际交流活动。公共外交的目的是增进外国公众对本国的了解，改善对本国的民意，形成更为友好的国际舆论环境；进而影响外国政府对本国的政策。

今天，中国已经走到了世界舞台的中心，随着中国改革开放的继续深化，通过公共外交更好地向世界说明中国的真实情况、争取世界各国对中国梦的理解和支持，成为了实现中华民族伟大复兴的基础工程。加强和促进公共外交要以服务国家改革发展和对外战略为根本，

以促进中外民心相通和文明互鉴为宗旨。常言道：以利相交，利尽则散；以势相交，势去则倾；以情相交，情离则伤；唯以心相交，方能成其久远。公共外交是人文交流的重要渠道，是构建良好国际关系的铺路石。

多年来，我一直努力倡导和促进中国公共外交的发展。我很高兴看到中国人民大学的王莉丽博士一直致力于公共外交的理论研究与实践工作。作为舆论学和公共外交领域的研究学者，她在《公共外交：多元理论与舆论战略研究》著作中主张"构建跨学科跨领域的公共外交体系"，并明确提出："舆论是贯穿于公共外交理论与战略的核心问题。"我很赞同这一学术主张和观点。

她的这本专著对公共外交进行了较为全面的理论分析与舆论战略研究，提出了"多元公共外交"概念与理论框架，对公共外交中的多元行为主体角色和舆论战略进行了具体分析。对舆论与公共外交、智库与公共外交、媒体与公共外交、中美关系与公共外交进行了专题论述。这本书一方面可以作为公共外交专业理论研究书籍，另一方面对有机会与国外公众交流的机构和各界人士都具有一定指导和启示作用。

# 序言
## 中国进入公共外交新时代

新时代，在全面开放新格局的当下，从国家战略层面推动的公共外交，要以一种天下情怀，潜移默化地加强国际社会的相互了解、彼此尊重和友谊，持续性地夯实国家关系发展的社会民心基础。要讲信义、重情义、扬正义、树道义，要广交朋友，形成遍布全球的伙伴关系网络。相信《公共外交：多元理论与舆论战略研究》一书的出版，对于中国特色社会主义公共外交理论创新与实践发展将产生积极的意义和影响。

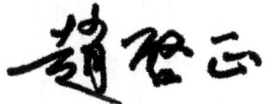

国务院新闻办原主任，中国人民大学新闻学院院长

2018 年 1 月 2 日

# 序言
# 新时代：积极推动中国公共外交迈上新台阶

中国共产党第十九次全国代表大会把习近平新时代中国特色社会主义思想确立为党的指导思想，对我们党和国家事业的发展具有极其重大的历史意义。党的十九大站在新的历史起点上，为新时代中国特色社会主义发展描绘了宏伟蓝图，吹响了建设社会主义现代化强国的时代号角。我们一定要深刻领会新时代的精神实质和丰富内涵，把智慧和力量凝聚到落实党的十九大提出的各项任务上来，积极推动新时代中国公共外交迈上新台阶，为实现中华民族伟大复兴的中国梦做出新的更大贡献。

党的十八大以来，在以习近平同志为核心的党中央坚强领导下，中国外交开拓进取、攻坚克难，在世界乱象中维护我国发展的良好外部环境，在国际变局中提升我国国际地位和影响，坚定地走一条与历史上传统大国不同的强国之路，开创了中国特色大国外交新局面。习近平总书记高度重视国家软实力建设，强调要讲好中国故事，加强中外人文交流，做好对外宣传，展现真实、立体、全面的中国。他在出访、出席多边会议、接待外国领导人访华期间，通过公开演讲、接受采访、发表文章、与社会各界交流等多种方式，积极向国际社会宣介我国的社会制度、发展道路和价值理念，推动构建人类命运共同体。这些公共外交治国理政的思想和行动在世界上引起强烈反响，共同创造人类美好未来的理念越来越多地成为国际共识。

新时代，我国面临着前所未有、极为复杂的新形势新任务。从国际看，世界正处于大发展、大变革、大调整时期，可谓是风云变幻、跌宕起伏。世界多极化、经济全球化、社会信息化、文化多样化深入发展，全球治理体系和国际秩序变革加速推进，各国相互联系和依存日益加深。我国日益走进世界舞台中央，但是对全球及各个领域的经济、社会、政治和文化等方面的公共外交能力却严重不足。从国内看，随着经济发展转入新常态，工业化、信息化、城镇化、市场化、国际化深入发展，现代化建设面临许多新机遇和新挑战。随着全面建设小康社会进入决战期，"四个全面"战略布局加快实施，"五位一体"建设全方位推进，激发着一系列新的深刻社会变革。我们要积极贯彻习近平新时代中国特色社会主义外交思想，大力推进公共外交和人文交流，统筹国内国际两个舆论场，全面阐释中国发展理念，准确阐述中国对外政策，引导国际社会形成客观公正的中国观。通过多元化公共外交，展现中华文明深厚底蕴，彰显中国特色社会主义道路自信、理论自信、制度自信、文化自信，树立开放、包容、合作的良好形象。

王莉丽博士多年来一直致力于公共外交、智库建设、舆论传播等相关领域的研究。她撰写的《旋转门——美国思想库研究》和《智力资本——中国智库核心竞争力》两部著作，对中国智库发展和思想创新产生了积极的促进作用。我很高兴看到她的最新专著《公共外交：多元理论与舆论战略研究》一书出版。王莉丽博士在此书中，运用多学科理论方法、以开阔的视野和战略思维对公共外交进行了较为全面的理论分析与舆论战略研究，提出并建构了"多元公共外交"概念与理论框架，对舆论与公共外交、智库与公共外交、中美关系与公共外交等进行了系统论述。

《公共外交：多元理论与舆论战略研究》一书中明确提出，智库作为多元公共外交系统中的重要行动主体，是极具公信力的行为主体，也是公共外交系统的思想源泉。智库公共外交的核心是智库的思想创新与交流，智库公共外交的作用是加深理解、促进和平，根本目的是通过交流与对话，增强本国的文化吸引力和政治影响力，塑造有利于本国发展的国际舆论环境，促进和平和发展。这些重要观点颇有见地。我非常赞同王莉丽博士对智库公共外交的论述，当今中国正站在世界历史发展的重大关头，正处于中华民族伟大复兴的关键时期。我们要更好应对和战胜各种挑战，包括破解新的历史条件下治国理政可以预见和难以预见的难题，也包括应对复杂多变的全球性问题，都迫切需要大力加强智库建设和推进公共外交。

新时代，中国外交正站在新的历史起点上。展望未来，国际形势正经历数百年未有之大变局，人类和平与发展事业面临新的机遇和挑战。进入新时代，我们国家正在决胜全面建成小康社会，开启全面建设社会主义现代化新征程，新时代的指导思想和基本方略所承载的中国发展的价值理念，是当今人类社会最具有时代意义的价值观，它不仅代表着中国先进文化的前进方向，也是对全人类价值追求的巨大贡献，更昭示着世界范围内进一步升华和塑造新的价值观和追求现代文明体系的必然趋势。

因此，我们要自觉运用习近平总书记外交思想武装头脑、指导实践，坚持稳中求进，积极主动作为，奋力谱写中国特色大国外交新篇章，为实现中华民族伟大复兴的中国梦，为推进世界和平与发展事业、打造人类命运共同体做出应有的贡献。我相信，《公共外交：多元理论与舆论战略研究》一书的出版，对于理论界和外交界进行理论和战略思维都会产生积极的影响。

国务院研究室原主任，中国国际经济交流中心常务副理事长

2017年12月29日

# 引言
# 构建跨学科跨领域多元公共外交体系

当今世界正处在大发展、大变革、大调整时期，国际格局和国际形势正在发生自冷战结束以来最深刻、最活跃、最重大的变化。各国相互联系、相互依存和利益交融达到了前所未有的程度，要和平、谋发展、促合作已成为不可阻挡的时代潮流，国际关系的模式和理念正在酝酿新的重大变化。正是在这样的历史和国际背景下，公共外交在各国外交事务中受到极大的关注，世界各国特别是主要大国都高度重视公共外交，加大人力和财力投入，制定相关战略，强化相关机制。

公共外交这一概念的前提即对公众力量的重视，其背后更根本的逻辑是成熟而有力量的公民社会和公众舆论对政府内政与外交的强大制约力量。相对于传统外交来说，公共外交更能促进国外公众理解本国的外交政策，进而促使该国制定对自己有利的政策。传统公共外交理论认为，公共外交是以政府为行动主体，以国外公众为目标受众的外交行为。而随着世界政治格局的不断变化、全球化的持续深入和信息技术的飞速发展，传统公共外交已经不能适应日益复杂的国际关系需要，新公共外交应运而生，新公共外交的行动主体从政府拓展为以政府为主导，以智库、利益集团、媒体和普通公众等多元化的行动主体，共同构成了当今活跃在世界外交舞台的多轨公共外交体系。公共外交作为一个国家"二轨外交"和"软实力"构建的重要途径，在新媒体时代具有更为重要的意义。

在第一章中，研究了公共外交研究现状与趋势，对公共外交概念进行界定，从文献的维度对公共外交研究现状与趋势进行分析。以期对这个领域目前的研究有一个较为清晰的图景。

公共外交作为一个重要的跨学科研究领域，其研究与发展建立在多学科理论的基础之上，国际关系、传播学、舆论学、公共关系、文化研究构成了其核心理论支撑图谱。公共外交发挥影响力的机制是通过影响舆论，进而推动国家形象建构和软实力提升。而舆论影响力的实现需要借助各种传播媒介和模式，需要多元化行动主体和内容的支撑，公共外交舆论影响力的实现正是在跨文化传播的语境和国际关系的大背景下展开。

第二章描绘公共外交的理论图谱，对公共外交支撑学科的主要和基本理论进行分析，但公共外交的相关理论并不仅仅局限于此。本书只是做了基础的分析。公共外交研究应借助其他成熟学科的理论来丰富和完善自身的理论体系。公共外交发挥影响力的机制是通过影响舆论，进而推动国家形象建构和软实力提升。从这个意义上，舆论学理论是公共外交的首要支撑理论。

建构公共外交作为一个跨学科领域，其基础理论支撑之一基于国际关系范畴下现实主义、自由主义、建构主义三大主流理论分析框架。现实主义理论认为，公共外交可通过对国家行为施加影响从而改变外国公众舆论；自由主义理论认为，公共外交的主体除国家外还包括非国家行为体；建构主义理论认为公共外交可作为国外公众辩论的触发工具。公共外交从自由主义的认识论出发，以现实主义所注重的国家利益为最终目标，将建构主义强调的角色、身份和认同理念贯之于实践。

20世纪90年代初，美国学者路易斯·戴蒙德（Louise Diamond）和约翰·麦克唐纳（John McDonald）在其著作《多轨外交——通向和平的多体系途径》中首次提出"多轨外交"的概念，在"二轨外交"的范式划分的基础上，进一步细分了非官方外交这一多元化的领域。此书出版至今，多轨外交理论对公共外交的研究和实践发展产生了重要影响，但是该理论所存在的明显缺陷以及随着新公共外交时代公共外交传播主体的不断拓展，使得这个理论框架越来越滞后于公共外交实践的发展与需求。

在第三章中，研究了多元公共外交理论框架。本章从跨学科视角，在舆论学、传播学、国际关系学、社会学、心理学、公共管理学、公共关系学等相关理论基础上提出"多元公共外交"理论框架，并对多元公共外交中多元化的行动主体之间的关系和角色进行分析和界定。一方面对公共外交的理论研究有着重要的学术增益，另一方面对公共外交实践有一定理论指导意义。

公共外交的核心目的是缔造和平，而缔造和平的前提是各国之间建立信任、避免误解与误判。公共外交的作用机制是通过影响舆论、进而影响国家外交政策。多元公共外交理论框架要回答的几个问题是：多元公共外交的概念，多元公共外交的作用，多元公共外交系统中不同主体的角色。

舆论是贯穿于公共外交理论与战略的核心问题，公共外交的作用机制是通过影响国外受众的舆论，影响他们对中国的认知与态度，运用舆论的力量来提升国家软实力。舆论是复杂而多变的，尤其是面对公共外交的国外受众时，不同的国家，有着独特的历史、政治、经济、文化、宗教传统，其公众舆论的构成和影响因素都是千差万别。因此，多元公共外交面临的问题，不仅仅是多元的公共外交主体和媒介，更是多元的公众舆论。本书对舆论的定义为：舆论是指处于不同社会地位的人们对于公共事务所表达的意见。舆论是一种能够影响政府决策的软权力。在公共外交实施过程中，政府、媒体、智库、企业等多元化的行为主体运用媒介和传播策略，影响各国公众对中国的认知与舆论，从而为国家的发展塑造良好国际舆论环境。

第四章主要研究舆论与公共外交。本章对舆论的基本概念和知识进行分析，明确舆论是什么，舆论的构成要素和分层有哪些，舆论的形成环境。这是公共外交研究的重要落点和研究核心之一。

智库作为多元公共外交系统中的重要行动主体，是最具公信力的行为主体，也是整个系统的思想源泉。基于智库在多元公共外交中的重要地位，本书对智库与公共外交进行专门分析。分析智库公共外交的前提是理解智库，智库作为一个当前重要的跨学科显学，有着自身的研究路径和理论框架。

"智库"与"公共外交"作为两个专业词汇，最早都诞生在美国。智库也称思想库，英文是 THINK TANK，这个词汇是舶来品，最早出现在二战时期的美国，是指战争期间美军用来讨论作战计划的保密室。后来泛指一切以政策研究为己任，以影响公共政策和舆论为目的的政策研究机构。最近 20 余年来，智库在全球范围内迎来了一次前所未有的大发展，智库研究也已成为一门重要的跨学科显学。"公共外交"作为一个专业术语由美国塔弗兹大学教授埃德蒙德·古利恩在 1965 年首次提出，是指那些"在外交政策形成和执行问题上影响公众态度"的做法。传统公共外交理论认为，公共外交是以政府为行动主体，以国外公众为目标受众的外交行为。而随着世界政治格局的不断变化、全球化的持续深入和信息技术的飞速发展，传统公共外交已经不能适应日益复杂的国际关系需要，新公共外交应运而生，新公共外交的行动主体从政府拓展为以政府为主导，以智库、利益集团、媒体和普通公众等多元化的行动主体，共同构成了当今活跃在世界外交舞台的多元公共外交体系。而智库在其中凭借与官方决策的特殊关系以及专业政策研究者的身份，在公共外交中发挥着独特而又重要的功能与作用。

近年来，随着智库数量的急剧增多和其显性影响力在全球范围内迅速提升，国内外学界对智库及其在国际关系和公共外交中的重要作用，给予了越来越多的关注和讨论。有学者认为智库是外交思想的掮客，是外交议题设置者和政策倡导者。也有学者认为智库协助外交团队出谋划策，在预防性外交和冲突解决中扮演着重要角色。更有学者认为智库是外交过程不可或缺的一部分，是"影子政府"。自2009年以来，随着中国政府对智库建设与公共外交拓展的高度重视，"智库公共外交"这个词汇也迅速进入了中国精英群体和普通公众的视野。关于探讨智库与公共外交的学术论文和评论文章也不断见诸学术期刊和报纸杂志。然而，对于"智库公共外交"进行深入学术探讨和理论分析的文章，在笔者的视野范围之内还非常少，"智库公共外交"研究还处于前学术阶段。

第五章主要对智库与公共外交的机理进行了研究。首先对智库研究概况进行分析，在此基础上对智库公共外交做出概念界定，并对智库公共外交的三个维度和形式进行界定。进而，对智库公共外交三个维度：作为行动主体的智库公共外交、作为舆论传播媒介的智库公共外交、作为目标受众的智库公共外交，分别进行研究分析。最后，对中国的智库发展与公共外交进行分析。

第六章研究的是媒体与公共外交。公共外交作为政府外交的有益补充，其最终目的是影响他国公众舆论，提升国家软实力。要实现这一目的，需要借助各种传播媒介在国际舆论空间传播中国文化、价值观、意识形态，媒体公共外交应运而生，媒体是多元公共外交系统的舆论扩散器和媒介镜像构建者。媒体作为一种意识形态权力，通过持续不断的信息传播，建构了人类关于世界的认知。大众传媒提供的"象征性现实"具有特定的意识形态倾向，这种倾向潜移默化地影响着人们的现实观，并且这种影响是一个长期的、"涵化"的过程。

关于大众传媒影响力的实证研究一直是传播学效果研究的主流。在各种研究的基础上产生了议程设置、二级传播、舆论领袖、培养理论等各种研究成果。它们都从不同角度证明了媒介对舆论的巨大影响力。在多元公共外交系统中，媒体的公信力相较智库而言较弱，但媒体的舆论扩散力是其核心优势。大众传媒在多元公共外交系统中起到不可替代的重要作用。一方面，大众传媒本身是重要的舆论机构，它不但传播舆论，还在塑造和引导舆论。另一方面，大众传媒是各种舆论得以传递、沟通、扩散的渠道和平台。但是与智库相比，大众传媒更多是承担信息通道的功能。两者根本的区别在于：大众传媒最重要的角色是舆论的中介和渠道，它的功能是传递信息，而智库的明确目的就是生产舆论、制造舆论，进而影响政府决策。媒体公共外交与智库公共外交是一种互为需求和促进的作用。媒体首先是舆论的反映者，其次才是舆论的代表者和引导者，它促进舆论的形成依赖于对事实的加工。智库需要借助媒体传播、放大影响力，媒体需要智库的观点和声音提高公信力和收视率。

当前学界对于媒体公共外交的研究，总体而言主要从三个方面展开：第一是对媒体公共外交概念、功能与角色出发展开的本体研究；第二是对媒体与公共外交的关系进行的案例分析与实证研究；第三是对媒体公共外交所倚重的媒介及其传播特点展开的理论与案例研究。对于第三个维度的研究，广泛集中于新闻媒体和社交媒体，对电影媒体的研究非常少。电影作为公共外交的重要媒介，对于一个国家的文化、价值观和对外政策的建构与阐述具有其独特的优势。因此，本章在对媒体公共外交的概念进行界定之后，聚焦于电影在媒体公共外交中的独特优势进行研究，对好莱坞电影与公共外交的成功实践、中国电影在公共外交中的现状与问题进行分析。

从全球范围来看，当前国际政治经济正处于急剧变化的历史转折期，世界各国之间史无前例地相互依存却又相互威胁和竞争，许多发达国家和发展中国家开始由释放市场力量向保护主义的方向逆转，公众对国际事务的舆论开始出现从支持自由主义的国际秩序向孤立主义立场转变，民粹主义大行其道，逆全球化暗流涌动。在这样的历史和国际背景下，世界秩序充满着变化和不确定性，国际关系和理念与模式正在酝酿着历史性的重大变化。作为当今世界举足轻重的两个大国，中国与美国是世界秩序构建中不可或缺的两大支柱，中美关系的走向左右着世界秩序的格局。

当前，中美关系无疑正处在一个新的关键节点之上。随着中美两国实力对比出现的变化和中美在全球区域竞争的不断加强，以及新媒体技术的快速发展导致的舆论传播的不可控，美国对中国快速崛起的防范心理和猜疑不断加重，中美两国相互间误解、误读日益频繁。唐纳德·特朗普自就任美国总统以来施行的"以美国为中心的实用主义"战略更是为中美关系发展带来极大的不确定性和挑战。未来，全球政治经济的动荡和战略版图的重构仍在进行之中，中美两国也将面临各自国内不同的矛盾与挑战。在这样的历史大背景下，中美关系当前问题的关键在于避免误解和误判，而这很大程度上取决于美国能否重新界定它对中国的历史期望，避免把中国当作敌人。而美国公众舆论对中国的认知和印象，又在很大程度上受中国对美公共外交成效的影响。公共外交作为政府外交的有益补充，对于中美之间加强理解、提升战略互信发挥着重要作用。

在第七章中美关系与公共外交的研究中，从历史的维度分析美国公共外交的发展阶段及特点，分析美国对华公共外交。在此基础上，对特朗普时代的中美公共外交进行深入剖析并提出政策建议。

# 目 录

序言（赵启正） 中国进入公共外交新时代 …………………………… 1
序言（魏礼群） 新时代：积极推动中国公共外交迈上新台阶 ……… 1
引言 构建跨学科跨领域多元公共外交体系 ……………………………… 1

## 第一章 公共外交研究现状与趋势 …………………………………………… 1
第一节 公共外交概念界定 …………………………………………………… 4
第二节 公共外交研究现状分析 ……………………………………………… 8
第三节 多元视角与研究趋势 ………………………………………………… 15

## 第二章 公共外交的理论图谱 ………………………………………………… 29
第一节 传播学理论与公共外交 ……………………………………………… 31
第二节 国际关系理论与公共外交 …………………………………………… 38
第三节 公共关系理论与公共外交 …………………………………………… 42
第四节 文化研究与公共外交 ………………………………………………… 47

## 第三章 多元公共外交理论框架建构 ………………………………………… 53
第一节 现有理论及其不足 …………………………………………………… 56
第二节 多元公共外交概念界定及作用 ……………………………………… 60

第三节　多元行动主体的角色与功能 …………………………… 65

**第四章　舆论与公共外交** ……………………………………………… 77
　　第一节　理解舆论 ………………………………………………… 79
　　第二节　舆论的构成要素 ………………………………………… 85
　　第三节　舆论的形成 ……………………………………………… 89
　　第四节　舆论的力量 ……………………………………………… 93

**第五章　智库与公共外交** …………………………………………… 97
　　第一节　智库研究概况 …………………………………………… 100
　　第二节　理解智库公共外交 ……………………………………… 106
　　第三节　作为行动主体的智库公共外交 ………………………… 109
　　第四节　作为传播媒介的智库公共外交 ………………………… 117
　　第五节　作为目标受众的智库公共外交 ………………………… 124
　　第六节　中国智库建设与公共外交 ……………………………… 132

**第六章　媒体与公共外交** …………………………………………… 143
　　第一节　媒体公共外交的概念和功能 …………………………… 146
　　第二节　电影媒介与公共外交 …………………………………… 151
　　第三节　好莱坞电影与公共外交 ………………………………… 154
　　第四节　中国电影与公共外交 …………………………………… 166

**第七章　中美关系与公共外交** ……………………………………… 175
　　第一节　美国公共外交的历史演进 ……………………………… 178
　　第二节　美国对华公共外交 ……………………………………… 188
　　第三节　特朗普赢得大选的舆论视角分析 ……………………… 191
　　第四节　中美公共外交面临的舆情态势 ………………………… 194

第五节  提升空间与舆论战略 ………………………… 210

**附文  中国公共外交亟须加强**（Strengthen China's Public
　　Diplomacy）………………………………………… 230

**参考文献** ………………………………………………… 233

**致谢** ……………………………………………………… 254

# Contents

Preface (**Zhao Qizheng**)　　China's Public Diplomacy Entered the
　　　　　　　　　　　　　　　　New Era　　1
Preface (**Wei Liqun**)　　New Era: Actively Promote China's Public
　　　　　　　　　　　　　　Diplomacy to a New Step　　1
Introduction　Constructing Cross-disciplinary and Cross-border
　　　　　　　　Pluralistic Public Diplomacy System　　1


**Chapter One　Current Situation and Trend of Public Diplomacy**　　1
1.1　Definition of Public Diplomacy　　4
1.2　Analysis of Domestic and Overseas Research Status　　8
1.3　Pluralistic Perspective and Research Tendency　　15

**Chapter Two　Theoretical Map for Public Diplomacy Research**　　29
2.1　Communication Science Theory and Public Diplomacy　　31
2.2　International Relations Theory and Public Diplomacy　　38
2.3　Public Relations Theory and Public Diplomacy　　42
2.4　Culture Theory and Public Diplomacy　　47

## Chapter Three  Construction for Theoretical Framework of Pluralistic Public Diplomacy Theory    53

3.1　Current Theories and Faults    56

3.2　Definition and Effects of Pluralistic Public Diplomacy    60

3.3　Roles and Functions of Pluralistic Behavior Actors    65

## Chapter Four  Public Opinion and Public Diplomacy    77

4.1　Understanding Public Opinion    79

4.2　Components of Public Opinion    85

4.3　Environment for Public Opinion Formation    89

4.4　Power of Public Opinion    93

## Chapter Five  Think Tank and Public Diplomacy    97

5.1　General Situation of Think Tanks Research    100

5.2　Understanding Think Tank Public Diplomacy    106

5.3　Behavior Subject Dimension of Think Tank Public Diplomacy    109

5.4　Communication Mediums Dimension of Think Tank Public Diplomacy    117

5.5　Target Audience Dimension of Think Tank Public Diplomacy    124

5.6　China Think Tanks Development and Public Diplomacy    132

## Chapter Six  Media and Public Diplomacy    143

6.1　Definition of Media Public Diplomacy    146

6.2　Unique Advantages of Movies in the Media Public Diplomacy    151

6.3　Hollywood Movies and Media Public Diplomacy    154

6.4　Chinese Movies and Public Diplomacy    166

**Chapter Seven  Sino-U. S. Relations and Public Diplomacy**  175

7.1  Historical Development of U. S. Public Diplomacy  178

7.2  General Situation of U. S. -China Public Diplomacy  188

7.3  From Public Opinion Perspective: Analysis of Trump's Victory  191

7.4  Public Opinion Situation of Sino-U. S. Public Diplomacy  194

7.5  Room for Improvement and Public Opinion Strategy  210

**Appendix**  230

**Bibliography**  233

**Acknowledgements**  254

# 第一章
# 公共外交研究现状与趋势
## Research Status and Trend

当今世界正处在大发展、大变革、大调整时期，国际格局和国际形势正在发生自冷战结束以来最深刻、最活跃、最重大的变化。各国相互联系、相互依存和利益交融达到了前所未有的程度，要和平、谋发展、促合作已成为不可阻挡的时代潮流，国际关系的模式和理念正在酝酿新的重大变化。正是在这样的历史和国际背景下，公共外交在各国外交事务中受到极大的关注，世界各国特别是主要大国都高度重视公共外交，加大人力和财力投入，制定相关战略，强化相关机制。

当前我国参与新一轮全球化所面临的重大困境在于：中国经济已经走向世界，但是对全球及各个区域的经济、社会、政治和文化等基本层面的公共外交能力却严重不足。换言之，中国之"大国崛起"在公共外交方面的不足，已经导致在全球博弈中处于不利地位。随着中国的逐步崛起，作为一个国际舞台上的新兴发展中大国，中国正在步入一个在承受着诸多压力中寻求发展的新环境，面对来自各方面的误解、偏见和疑虑。在这一进程中，中国的对外传统外交势必会遇到许多障碍。而与传统外交相比，公共外交在中国和平崛起道路上能起到独特效应，公共外交是增强我国软实力的重要途径，是国家间关系的"润滑剂"，国际政治新秩序和经济新秩序的建构需要公共外交的参与。

公共外交这一概念的前提即对公众力量的重视，其背后更根本的逻辑是成熟而有力量的公民社会和公众舆论对政府内政与外交的强大制约力量。相对于传统外交来说，公共外交更能促进国外公众理解本国的外交政策，进而促使该国制定对自己有利的政策。传统公共外交理论认为，公共外交是以政府为行动主体，以国外公众为目标受众的外交行为。而随着世界政治格局的不断变化、全球化的持续深入和信息技术的飞速发展，传统公共外交已经不能适应日益复杂的国际关系需要，新公共外交应运而生，新公共外交的行动主体从政府拓展为以政府为主导，智库、利益集团、媒体和普通公众等多元化的行动主体，共同构成了当今活跃在世界外交舞台的多轨公共外交体系。公共外交作为一个国家"二轨外交"和"软实力"构建的重要途径，在新媒体时代具有更为重要的意义。

本章对公共外交概念进行界定，从文献的维度对公共外交研究现状与趋势进行分析，以期对这个领域目前的研究有一个较为清晰的图景。

## 第一节　公共外交概念界定

"公共外交"作为一个术语，首次出现是在 1965 年，当时美国塔弗兹大学弗莱舍法学院系主任埃德蒙德·古利恩将其定义为："超越传统外交范围以外的国际关系的一个层面，它包括一个政府在其他国家境内培植舆论、该国国内的利益团体与另一国国内利益团体在政府体制以外的相互影响、以通讯报道为职业的人如外交官与记者之间的沟通联系，以及通过这种过程对政策制定以及涉外事务处理造成影响。"[①] 当时，公共外交主要指美国新闻署所从事的非传统性外交活动，如包括国际广播在内的信息活动及教育文化交流活动等。

1987 年，美国国务院《国际关系术语词典》把公共外交定义为："由政府发起的、意在引导或影响其他国家公众舆论的项目，利用出版物、电影、文化交流、电视和电台等信息传播手段，了解、获悉和影响

---

① Harold Nicolson, *Diplomacy*, Washington, D.C.: Georgetown University Press, 1988, p. 73.

其他国家的舆论，减少其他国家政府和民众对美国产生错误观念，避免引起关系复杂化，提高美国在国外公众中的形象和影响力，进而增加美国国家利益的活动。"① 1990年，"美国之音"前执行主任汉斯·塔奇在《沟通世界：美国在海外的公共外交》一书中提出公共外交是一种为了更好地增进对美国的理想与理念、机构与文化，以及国家目标与当前政策的理解，而由政府开展的与外国公众交流的努力。②

在英国，学者们则通常将公共外交称为"文化外交"，认为一国政府所从事的对外文化交流就是公共外交。文化外交的目的是在其他国家塑造自己的良好形象，以获取国外舆论的理解、支持，从而为外交政策的实施铺路搭桥。日本对公共外交的定义为，在国际社会提高本国的存在感，为提升本国形象，加深外界对本国理解，以对象国国民而非政府为对象去做工作的外交活动。其包括政策的发布、文化交流（人文交流、文化艺术交流以及人员交流等）、对外广播等活动。③印度学界认为，公共外交包含的内容非常广泛，既是为了赢得拥护，也劝说别人，它在不同形式的非政府人士的支持下，影响外交事务。④中国学者唐小松认为，公共外交是一国政府通过对外信息传播和对外文化交流等方式，对他国民众进行说明、说服工作。⑤曲星将公共外交解释为"政府向国外公众提供信息并施加影响的行为"⑥。

以上对公共外交概念的界定，基本上都遵循着以政府为公共外交主

---

① 唐小松、王义桅：《美国公共外交研究的兴起及其对美国对外政策的反思》，《世界经济与政治》2003年第4期，第27—34页。
② Hans Tuch, *Communicating with the World: U. S. Public Diplomacy Overseas*, New York: St. Martin's Press, 1990.
③ 赵启正：《公共外交和跨文化交流》，《新媒体与社会》2014年第5期，第56—65页。
④ Kishan Rana, *Bilateral Diplomacy*, New Delhi: Manas Publications, 2002, p. 24.
⑤ 唐小松：《中国公共外交的发展及其体系构建》，《现代国际关系》2006年第2期，第42—46页。
⑥ 曲星：《公共外交的经典含义与中国特色》，《国际问题研究》2010年第6期，第4—9页。

体进行公共外交活动的思路。随着全球化的不断推进和媒介技术的飞速发展，以及全球范围内民主政治的发展和公众舆论影响力重要性的不断增强，公共外交的主体不再局限于政府，新公共外交应运而生。在中国知识界，赵启正是新公共外交的大力支持者和推动者。他认为，公共外交也叫作公众外交，就是面对外国公众，以文化的交往或日常的往来为主要方式，在交往中表达本国文化、国情和政策。公共外交的主体包括政府、社会精英和普通公众三个方面，其中政府是主导，社会精英是中间，普通公众是基础。① 赵可金认为，公共外交是一个国家为了提高本国知名度、美誉度和认同度，由中央政府或者通过授权地方政府和其他社会部门，委托本国或者外国社会行为体通过传播、公关、媒体等手段与国外公众进行双向交流，开展针对全球公众的外交活动，以澄清信息、传播知识、塑造价值观而更好地服务于国家利益的实现。② 赵启正与赵可金对公共外交主体理解的不同之处在于，前者认为政府主导即可，后者认为必须有政府授权或者委托才可称之为公共外交。学者郑华在《新公共外交内涵对中国公共外交的启示》一文中对新公共外交定义为，在以社会媒体为代表的新媒体技术日趋活跃的信息传播环境中，由政府主导，由民间非政府组织和私人机构参与，旨在他国公众中培植对本国良好认知，以文化交流活动为主要载体的针对他国公众尤其是精英阶层的外交活动。③ 这一定义明确了公共外交主体的多样化。方匡在《新公共外交之"新"》一文中，对新公共外交相对传统公共外交的新特点进行了总结：主体多元化、社交媒体的广泛运用、"内外有别"信息传递方式的淡化。④

---

① 赵启正：《公共外交与跨文化交流》，中国人民大学出版社2011年版，第4—5页。
② 韩方明：《公共外交概论》，北京大学出版社2011年版。
③ 郑华：《新公共外交内涵对中国公共外交的启示》，《世界政治与经济》2011年第4期，第145页。
④ 方匡：《新公共外交之"新"》，《国际关系学院学报》2011年第3期，第53页。

尼古拉斯·卡尔在《公共外交：历史的经验》一书中概括了传统公共外交与新公共外交的不同之处。① 卡尔分析指出，传统公共外交与新公共外交在行为主体、媒介技术环节、传播空间、理论来源、核心术语、传播模式、传播意图这七个方面都存在区别。他认为，传统公共外交主要是自上而下的垂直传播模式，即国家行为主体向外国公众进行的大规模传播。新公共外交是由任何行为主体推动的水平传播模式，即由国家与非国家行为主体以更小众化、细分化、更平等的方式进行的传播。对于这一传播模式的分析，笔者很认同。但是，卡尔对于理论来源和传播意图的分析，笔者认为过于简单化。卡尔认为，传统公共外交的理论支撑建立在宣传理论上，而新公共外交的理论支撑在于企业品牌塑造和社会网络理论。传统公共外交重在定向传播信息，新公共外交重在建构关系。事实上，无论是传统公共外交还是新公共外交，其理论来源都离不开传播学、国际关系学、社会学、心理学、公共关系学这几大学科，其传播目的或者说意图，也不仅仅是传播信息或者建构关系，而是两者的综合。

以上中外知识界对公共外交的界定，大多从传播主体、传播内容和目标的角度来阐释了公共外交，但对公共外交实施过程中的重要传播载体并没有做出非常明确的界定。另外，对于公共外交的传播主体以及传播主体之间的关系，也未做出明确阐释。结合已有的研究成果，本书对公共外交进行概念界定：

公共外交是指在一国政府主导和政策支持下，通过以智库、媒体、企业等为主的多元化的行动主体，以政治、经济、文化、军事为传播内容，通过人际交流、广播、电视、电影、网络、报刊、书籍等全方位的传播媒介，以国外公众为目标受众进行的信息传播与文化交流活动。在

---

① Nicholas Cull, *Public Diplomacy: Lessons from the Past*, Los Angeles: Figueroa Press, 2009, pp. 11 – 17.

多元化的行动主体中，政府始终处于主导地位，进行顶层设计和战略指导，智库是重要的思想源泉和议程设置者，媒体发挥着舆论塑造和引导的重要功能。公共外交的最终目标是服务于国家利益，提升国家形象、为本国发展塑造良好的国际舆论环境，最终提升国家软实力。

## 第二节　公共外交研究现状分析

**美国的公共外交研究**

公共外交作为一种外交实践古已有之，但理论层面上对公共外交的研究则是在二战之后。从国别的角度，美国的公共外交研究成果相对而言也是最为丰富。美国是公共外交起步最早、规模最大的西方国家之一。美国国务院有专门负责公共外交的副国务卿，有政府资助的专门从事公共外交的机构，企业有公共外交部门，大学有公共外交中心。无论从公共外交理论还是公共外交实践而言，美国都处在世界前沿。而且，美国的公共外交研究与现实的国际关系变化和外交政策需求一直是相辅相成的。其公共外交研究可分为一战和二战、冷战时期、"9·11"至今三个阶段。其具体的研究领域和视角，经历了从最初战争期间的对外宣传研究到培育有利于国家交往的舆论环境，再到构建国家形象研究的三个过程。在两次世界大战期间，公共外交的研究主要集中于对外宣传。哈罗德·拉斯韦尔的著作《世界大战中的宣传技巧》，立足于战争期间的宣传实践与现实需求，对宣传技巧与效果进行了深入的研究分析。[①] 严格来说，这一阶段的研究还处于公共外交的前学术阶段。

在冷战时期，公共外交逐渐成为一门显学，这段时间的研究集中于对公共外交实践进行分析以及对苏的宣传策略研究。1965 年，美国马萨

---

① 哈罗德·拉斯韦尔：《世界大战中的宣传技巧》，张杰等译，中国人民大学出版社 2003 年版。

# 第一章
## 公共外交研究现状与趋势

诸塞州塔夫斯大学弗莱彻法律与外交学院院长埃蒙德·格里恩在爱德华·默罗公共外交中心成立仪式的演说中，首次提出公共外交的概念。1964年，菲利普·库姆斯的著作《对外政策的第四个维度：教育与文化事物》和1965年查尔斯·弗兰克尔的著作《对外事物中被忽视的领域：美国在海外的教育与文化政策》，都从实践的角度对美国的公共外交进行了分析总结。1968年罗伯特·埃尔德的《信息机器：美国新闻署与美国外交政策》和1969年约翰·亨德森的《美国新闻署》等著作的出版，详细介绍了美国新闻署对苏东宣传的相关做法及政策建议。1986年，理查德·斯塔尔的《公共外交：美国与苏联》对美苏的公共外交实践进行了比较分析。1989年艾伦·汉森在他的专著《美国新闻署：信息时代的公共外交》中，系统地研究了美国公共外交制度和机制，并对其未来可能演进的逻辑以及第三世界国家如何开展公共外交等问题进行了比较深入的探讨。1990年汉斯·塔克在《与世界沟通：美国海外公共外交》一书中认为，公共外交是由政府开展的塑造海外交流环境的努力，目的在于减少美国同其他国家之间的误解和猜疑，从而更好地推行美国的对外政策。20世纪90年代以来，随着政治多极化、经济一体化与科技信息化，和平、发展、合作日益成为国际社会的主题。这一时期的公共外交研究，逐渐向国家间的良性互动倾斜。许多学者们开始触及"形象管理""传播控制"等领域。冷战结束以后至"9·11"事件之前，美国知识界关于公共外交的研究集中探讨美国政府实施的公共外交活动在推动东欧剧变、苏联解体过程中所发挥的作用和影响。

冷战结束之后，公共外交在美国一度受到冷落，不但财政预算大幅削减，负责公共外交事务的美国新闻署也被合并到国务院。"9·11"事件是美国公共外交发展的转折点。公共外交研究在经历了冷战后的低潮时期之后重新受到高度重视。针对美国国家形象现状，尤其是伊斯兰世界愈演愈烈的反美情绪，美国知识界掀起了"为什么他们恨我们"的大讨论，学界和政界开始反思美国的对外政策，知识界普遍认为美国政府

公共外交
多元理论与舆论战略研究

在后冷战时代大幅削减公共外交财政预算，由此导致的在中东地区的公共外交缺位是导致美国国家形象低落的重要原因之一。2002年，四位美国重量级学者克里斯托弗·罗斯、爱德华·考夫曼、拉米斯·阿多尼以及安东尼·布林肯在《华盛顿季刊》春季号上分别发表了《公共外交时代以及来临》《赢得媒体战争的广播策略》《事实胜于雄辩》以及《打赢观念之战》四篇文章，论证了美国开展公共外交的必要性和紧迫性。布什政府也随之于2002年7月和9月成立了"全球传播办公室"和"战略沟通政策协调委员会"，试图加强公共外交。很多学者的研究关注对公共外交效果的考察，继而反思政府公共外交行为不能奏效的深层动因，有学者的分析直指问题的关键，公共外交的成败"不在于政策的表现形式，而在于政策本身"，一国政府的公共外交目标若与其外交政策和军事行动不一致，将很难获得成功。[1] 文章《外国公众的反美主义因素：美国公共外交的前线回顾》一文中对外国民众对美国公共外交的实践反馈进行了分析。分析认为，反美国主义主要有四个方面，即标签化的信息、文化、政治和价值观。政策因素是对公共外交进行量化分析的最主要衡量因素，其次是信息因素、文化因素和价值因素。过于强调外交目的的行动和行为可能促使负面看法的产生，美国的傲慢和自利影响了公众的信任。[2] 约瑟夫·奈2008年3月发表在《美国政治科学季刊》的《公共外交与软实力》一文中指出，一项聪明的实力战略在于结合运

---

[1] William Rugh, *American Encounters with Arabs: The "Soft Power" of U. S. Public Diplomacy in the Middle East*, London: Praeger Security International, 2006; Nancy Snow, *The Arrogance of American Power: What U. S. Leaders Are Doing Wrong and Why It's Our Duty to Dissent*, Lanham: Rowman & Littlefield, 2007; Carnes Lord, *Losing Hearts and Minds? : Public Diplomacy and Strategic Influence in the Age of Terror*, London: Praeger Security International, 2006; Nicolas Cull, *The Cold War and the United States Information Agency: American Propaganda and Public Diplomacy, 1945 – 1989*, Cambridge and New York: Cambridge University Press, 2008; Nicolas Cull, *Selling War*, Oxford: Oxford University Press, 1995.

[2] Kathy Fitzpatrick, Alice Kendrick, Jami Fullerton, "Factors Contributing to Anti-Americanism Among People Abroad: A Retrospective View from the Frontlines of U. S. Public Diplomacy", *International Journal of Strategic Communication*, Vol. 5, No. 3, 2011, pp. 154 – 170.

用软、硬两种实力资源，并明确指出针对跨国恐怖主义的斗争是一场赢得人心和观念的斗争，而目前美国过度依赖硬实力的策略并不能够取得成功。"公共外交是体现巧实力的重要工具，而开展巧妙的公共外交，需要能很好地理解可信度、自我批评和公民社会在推行软实力过程中所扮演的角色。"① 美国政治与社会科学学会于2008年3月以"变革世界中的公共外交"为题进行了专题讨论，十几位学者从不同视角探讨公共外交理论的发展演变，除了为后布什时代的美国公共外交战略出谋划策外，专题还介绍了中国、古巴、委内瑞拉等其他国家和地区的公共外交实践。

美国的公共外交研究近年来在新媒体方面也做了很多探索。美国学者威廉·达顿等学者探讨了美国政府在中东设置的"数字外联小组"这种新媒体公共外交进展的情况。② 克雷格·海登等学者对2012年美国总统大选中以及美国的公共外交中社交媒体发挥的作用进行了研究。

**中国的公共外交研究**

中国公共外交的研究相对起步较晚，初始于20世纪90年代。进入21世纪之后，中国的公共外交研究全面地展开。自2008年中国主办奥运会以来，中国公共外交研究日益着眼于文化传播与国家形象的塑造。但是，从整体来看，中国的公共外交研究仍处于起步阶段，大多数研究成果是对西方公共外交理论、经验的分析和总结。基于中国实际的中国公共外交理论体系还未建立。另外，中国学界从事公共外交研究的学者目前大多集中在国际关系学、传播学、外交学、公共政策学领域，不同学科之间缺乏有效的协同研究机制，学界与政府也缺乏信息沟通，这都

---

① Joseph Nye, "Public Diplomacy and Soft Power", *Annals of the American Academy of Political and Social Science*, Vol. 616, No. 1, March 2008, pp. 94 – 109.

② Lina Khatib, William Dutton, Michael Thelwall. "Public Diplomacy 2.0: A Case Study of the US Digital Outreach Team", *The Middle East Journal*, Vol. 66, No. 3, 2012, p. 453

严重制约了中国公共外交理论研究和战略研究的创新能力，进而影响了中国公共外交实践的有效性和大国软实力构建。

南开大学的韩召颖编著的《输出美国：美国新闻署与美国公众外交》一书是国内最早系统介绍和研究美国公共外交的学术著作，该书探讨了美国新闻署的历史发展脉络、主要活动和使命，揭示了美国公共外交与美国对外政策之间的关系及其在美国整体外交中的地位。"9·11"事件后，公共外交研究开始逐渐成为一个重要的研究领域。出现了一批文章和专著。赵可金的《公共外交的理论与实践》和《软战时代的中美公共外交》，赵启正的《公共外交与跨文化交流》，檀有志的《美国对华公共外交战略》等都属于代表性的著作。近几年来，"公共外交"更是引起了中国政界和学界的高度关注，"公共外交"在中国逐渐成为重要的显学，研究议题非常广泛，研究性质集中于实践操作类，其中，对中国和美国公共外交的政策研究最多。[①] 议题主要集中在：公共外交的概念界定、理论分析；美国、英国等世界其他国家的公共外交理论与实践；公共外交与软实力；中国公共外交的问题与思路等。

对于新公共外交的研究，也是学界关注的热点。郑华在《新公共外交内涵对中国公共外交的启示》一文中对新公共外交进行了分析，认为"新"主要体现在：强调行为主体多元化，并且更多聚焦非政府行为体在公共外交中的作用和职能；关注以 Web 2.0 为代表的社会媒体活跃所引发的海量信息生成及其为公共外交专业工作人员带来的严峻挑战；强调公共外交与国内公共事务相一致原则，淡化传统公共外交信息传递"内外有别"的传统套路；关注对公共外交实施效果的考察。[②] 蒋昌建在《波动中的软实力与新公共外交》中认为，新公共外

---

[①] 吴泽林：《中国国际政治学界对公共外交理论与体系的构建》，《国际关系学院学报》2012年第5期，第71—78页。

[②] 郑华：《新公共外交内涵对中国公共外交的启示》，《世界经济与政治》2011年第4期，第143—153页。

交之所以新,除了在公共外交的三个概念,或者说三个维度上与传统外交有所区别之外,还包括非政府组织使用网络参与公共外交的活动。① 钟新在《新公共外交:软实力视野下的全民外交》中指出,在全民动员的新公共外交时代,政府的角色也应比在传统公共外交中的角色有所扩展。政府有关部门不仅仅是重大公共外交活动平台的设立者,更是全民外交的总体设计师、倡导者和培训者。② 沈本秋在《大数据与公共外交变革》中认为,在大数据时代,大数据将从四个方面推动公共外交变革:一是促使网络公共外交模式发生变革,二是促使公共外交的调查方法科学化,三是提升公共外交的预测能力,四是促使公共外交决策模式发生变革。③

对于当前中国公共外交存在的问题,学者们进行了诸多分析。唐小松在《论中国公共外交的两条战线》一文中指出,正因为中国长期以来对对外传播工作重视程度不够,且传播活动缺乏先后、主次之分,西方国家才对中国硬实力的快速发展感到不安。④ 赵可金认为,由于各个部门之间缺乏战略规划和统筹协调,导致中国的公共外交体制比较散乱,"政出多头",调集资源的能力十分有限。⑤ 庄恩平、田辰山、王义桅等学者从跨文化沟通能力的角度分析了中国对外开展公共外交所面临的挑战。由于公共外交开展的对象是外国公众,不同的国家有其不同的历史背景和文化传统,语言不通、文化隔阂、思维方式差异等导致国际社会读不懂中国、误读中国。另外,西方民众一贯对政府持不信任态度,较为排斥官方渠道的信息,而中国公共外交官方色彩又过于浓厚,也让西

---

① 将昌建:《波动中的软实力与新公共外交》,《现代传播》2011 年第 8 期,第 55—60 页。
② 钟新:《新公共外交:软实力视野下的全民外交》,《现代传播》2011 年第 8 期,第 51—55 页。
③ 沈本秋:《大数据与公共外交变革》,《国际问题研究》2015 年第 1 期,第 29—42 页。
④ 唐小松:《论中国公共外交的两条战线》,《现代国际关系》2007 年第 8 期,第 42—46 页。
⑤ 赵可金:《硬外交、软着陆——试论中国外交新思维的形成与影响》,《国际观察》2005 年第 5 期,第 8 页。

方民众难以产生信任感和亲切感。①

周庆安在《从传播模式看21世纪公共外交研究的学术路径》一文中指出，媒体和国际政治是公共外交工作的两大外围环境，也可以将其称之为两种建构因素。这两种因素建构了公共外交当前的传播模式，进而深入改变公共外交的行为模式。②谭峰在《跨文化传播理论模式中的公共外交》中指出，跨文化传播和公共外交有着某种内在的联系，这种联系为两个不同学科的嫁接和借鉴提供了思路和方法。公共外交可以通过对跨文化传播中认知模式、理解模式和行为模式的借鉴，整合出适合自身理论体系发展的重要研究体系。③

针对拓展公共外交和提升中国软实力的具体政策建议，国内学者也有大量论述。目前，"公共外交处"虽然升格为"公共外交办公室"，但还是隶属于外交部新闻司，独立性不强，成立的公共外交咨询委员会也只能提供咨询建议，无权统筹协调各部门工作。学者们普遍认为，应加强对公共外交的规划和引导，将公共外交提升至战略高度，使之与政府外交形成"一体两翼"的格局。④裘援平认为，要突破实际存在的意识形态藩篱，必须了解差异、尊重差异、超越差异，构建一套能与国际社会沟通、有助于树立党和国家良好形象的对外传播话语体系，准确地阐述中国的基本制度、发展道路、内外战略政策，而不能简单照搬国内说法，造成外界更多更大的误解。⑤郑华认为，从西方新公共外交发展体现出的行为主体日益多元化的新趋势，提出应该淡化公共外交的官方色

---

① 宋黎磊、王义桅：《中国对欧公共外交——目标、进展与挑战》，《现代国际关系》2011年第8期，第44—51页。

② 周庆安：《从传播模式看21世纪公共外交研究的学术路径》，《现代传播》2011年第8期，第60—63页。

③ 谭峰：《跨文化传播理论模式中的公共外交》，《公共外交季刊》2013年第3期，第64—70页。

④ 韩方明：《公共外交概论》，北京大学出版社2011年版；赵可金：《公共外交的理论与实践》，上海辞书出版社2007年版。

⑤ 裘援平：《中国的和平发展与公共外交》，《国际问题研究》2010年第6期，第1—3页。

彩，将一切有利于推动民间交流的资源集中起来，使之成为公共外交项目的可靠依托。①

## 第三节 多元视角与研究趋势

近十年来，国外学界公共外交的研究视角和维度不断向多元化、跨学科化拓展。在文化、教育、经济、军事、恐怖主义、科技等方面都有与之相关的研究。在具体研究维度上，对公共外交与反恐、公共外交与社交媒体、公共外交与文化、公共外交与大众传媒、公共外交与公共关系等方面，学界比较聚焦。在国别研究上，虽然依然以美国为主，但也渐趋多元。有一个重要的国别研究趋势就是国外学界对中国公共外交实践的研究不断增长。另外，对公共外交的研究大多集中于案例研究和历史研究，公共外交作为一个学科，自身的核心理论创新依然不足。

**公共外交与反恐**

把反恐与公共外交结合起来进行研究，是 2012 年以来的一大研究趋势。本章选取了《从公共外交角度看国际媒体上如何讲述恐怖主义故事》、《媒介化公共外交：美国与塔利班对巴基斯坦媒体的影响》、《恐怖组织对公共外交的使用：有限斗争与完全斗争》这三篇文章，从中透视国际学界这方面的研究动向与思考。

莫兰·亚齐在文章《从公共外交角度看国际媒体上如何讲述恐怖主义故事》中分析指出，②讲恐怖主义的故事有两种因素，一种是情境因

---

① 郑华：《新公共外交内涵对中国公共外交的启示》，《世界经济与政治》2011 年第 4 期，第 143—153 页。
② Moran Yarch, Gadi Wolfsfeld, Tamir Sheafer & Shaul R Shenhav, "Promoting Stories about Terrorism to the International News Media: A Study of Public Diplomacy", *Media, War & Conflict*, Vol. 6, No. 3, 2013, pp. 263 – 278.

素，指被恐怖袭击国的政策接近度，被袭击国家受媒体的影响，以及此前的恐怖主义记忆；另一种则是焦点事件因素，主要是恐怖事件报道中的新闻属性。国际媒体的记者更愿意将报道重点放在构建宏大的故事上，因此焦点事件的因素影响记者更大一些。劳夫·阿里夫在《媒介化公共外交：美国与塔利班对巴基斯坦媒体的影响》一文中罕见地提出塔利班在巴基斯坦记者中塑造议程的能力要强于美国，这是因为随着反恐的深入，塔利班和其他宗教团体在巴基斯坦媒体上呈现了一种受损的弱势形象，同时还和巴基斯坦记者共享天然的语言、社会和政治文化。反恐公共外交需要构建文化和政治上的一致性，否则将会非常困难。①《恐怖组织对公共外交的使用：有限斗争与完全斗争》一文划分了恐怖组织的两种类型，即有限斗争的恐怖组织与完全斗争的恐怖组织，并分别以哈马斯和黎巴嫩真主党、"基地"组织与伊斯兰国为例，分析恐怖组织在传达信息时对公共外交的使用。② 文章指出，随着互联网等科技的发展，恐怖组织的斗争不仅表现在军事层面，更表现在媒体层面。越来越多的恐怖组织开始通过网络向国际社会辩护其恐怖行动、宣扬其价值理念，从而实现其获得公开宣传和吸引公众注意的核心目的。然而，不同类型的恐怖组织对公共外交的态度有所不同。有限斗争的恐怖组织希望被国际体系认可并加入其中，因而试图通过公共外交来影响公众看法，创造有利于自己的外交政策；而完全斗争的恐怖组织则希望改变甚至推翻国际体系，因此他们传递的信息以传播责备和恐惧为主，并没有同国际社会产生双向的沟通，因而不属于公共外交范畴。

### 文化与公共外交

公共外交的核心是信息的传播与文化的交流。自公共外交诞生以来，

---

① Arif Rauf, "Mediated Public Dplomacy: US and Taliban Relations with Pakistani Media", *Media, War & Conflict*, Vol. 7, No. 2, 2014, pp. 201 – 217.
② Yarchi Moran, "Terror Organizations' Uses of Public Diplomacy: Limited versus Total Conflicts", *Studies in Conflict & Terrorism*, 2016, pp. 1 – 29.

文化就是其关键支撑点之一。对于文化与公共外交的研究，也一直是学界的研究热点。随着近些年来中国在全球建设孔子学院，不少国外学者从这一角度对中国文化与公共外交进行了研究。也有学者从体育和教育的视角切入进行研究，其观点对中国政府和知识界颇有裨益。另外，国外学界对于文化视角的公共外交理论探讨也有不少成果，并用文化维度理论分析公共外交的跨文化传播。

安尼塔·惠勒在文章《文化外交中的语言培训计划——以内罗毕大学孔子学院为例》中分析指出，随着中国在非洲地区不断增多的经济及政治参与，政府需要在非洲民众中保持良好的国家形象。借助软实力外交以及语言计划理论，作者从非洲和中国政策制定者的角度分析了中国在非洲开展的孔子学院高等教育的影响。

作为文化的重要内容，体育和教育在外交领域一直扮演着重要的角色。它既可以发挥缓解冲突、推进和平的作用，也可以成为国家增强软实力的一种工具。史蒂文·杰克逊在《全球竞争视野下的体育外交》中对当前一些体育机构或者体育盛事在国家外交中的作用进行了探讨。[1] 对于像北京奥运会这样国际性的体育盛会在公共外交中发挥的作用，沃夫曼·曼泽瑞尔在《西方想象中的中国北京奥运会：软实力的缺乏》一文中指出，北京奥运会是开展公共外交的一种工具。但是从全球舆论调查的数据看，北京奥运会在改变世界对中国形象方面的影响是非常微弱的。一场体育盛会在提升国家形象方面的作用被高估了。[2]《教育外交与东部伙伴关系计划国》从文化的角度分析了交换留学生对克服不同国家和文化之间的障碍、促进国际合作的作用。[3] 文章以伊拉斯谟计划为例，阐述了该计划

---

[1] Steven Jackson, "The Contested Terrain of Sport Diplomacy in a Globalizing World", *International Area Studies Review*, 2013, pp. 274–284.

[2] Wofam Manzenreiter, "The Beijing Games in the Western Imagination of China: The Weak Power of Soft Power", *Journal of Sport and Social Issues*, 2010, pp. 29–48.

[3] Derelkowska-Misiuna A., "Educational Diplomacy and the Eastern Partnership", *Eurolimes*, 2016, pp. 287–295.

背后深层次的政治因素，即加强欧洲共同体之间的纽带、培养欧洲整体意识和平衡欧洲各国之间在教育水平上的差距，最终提升欧洲整体教育质量和大学竞争力。探析了该计划在东部伙伴关系计划国不太成功的原因：第一，这些国家复杂的内政以及同俄罗斯的关系影响了该计划的实施；第二，适应欧洲高等教育体系的标准对这些国家而言有些困难；第三，人才流失的隐患。文章最后指出，教育外交的主体是教育机构而非政府，这也决定了发达国家与发展中国家在教育外交中的关系是不平等的，在进行教育外交时要注意其受众的实际情况，更全面地考虑问题。

西蒙·马克在《重新思考文化外交：新西兰以及加拿大联邦和魁北克省的文化外交》一文中，认为当前文化外交的作用并没有得到相应程度的学术关注以及投入。由于这一忽略，至今关于文化外交的定义以及实践的方式都很少达成一致。[①] 文章探讨了文化外交实践中之前没有得到挖掘的三个方面：文化外交在呈现国家形象方面所扮演的角色及其作用，文化外交实践在支持和保护文化主权方面的角色，以及对达成国内目标方面的贡献。文章《文化在公共外交中的角色：预测和预防危机》以 2013 年美印间的一场外交风波为案例，用文化维度理论和关系模型理论分析了文化在公共外交中的奠基石作用。作者通过分析美印两国在个人主义或集体主义、权力距离、规避不确定性、男性化或女性化、长期取向或短期取向这五大文化维度上的鲜明差异，以及在彼此共享模式、权威排序模式、平等匹配模式和市场定价模式之间的不同取向，还有两国复杂的国内政治因素，梳理了这场外交风波背后复杂的文化因素。文章指出，在进行公共外交的过程中要注意和了解各国文化上的细微差异，从而防止一起偶然事故演变为外交危机。[②]《跨文化交流与公共外交中的

---

[①] Simon Mark, "Rethinking Cultural Diplomacy: The Cultural Diplomacy of New Zealand, the Canadian Federationand Quebec", *Political Science*, 2010, pp. 62 – 83.

[②] Anagondahalli D., Zhu L., "Culture's Role in Public Diplomacy: Predicting and Preventing Crises", *The Journal of International Communication*, 2016, pp. 64 – 81.

"关系"》从公共外交与公共关系的理论和实践两个层面探讨了文化价值观,尤其是中国以"关系"和"面子"为核心的和谐价值观。① 对国际文化差异有三种理解方式:两分法、探讨价值取向,以及文化的变异性。文化维度理论表明社会现实在一定程度上是由文化价值观构建起来的,文章探讨了中国的"关系"与南欧"侍从主义"之间的异同,以及各国文化中"面子"的不同内涵。阐释了中国一些主流媒体在对外传播时将国家利益、媒体利益以及受利益杂糅,从而造成了中国新闻报道与公共外交之间矛盾的紧张局势。文章建议在未来的亚洲传播研究中要超越"去西方化",更重视以亚洲文化为中心。

**社交媒体与公共外交**

社交媒体的不断发展变化对于公共外交理论与实践带来巨大的影响。社交媒体使用带来的公共领域的扩展应当成为公共外交的核心目标,社交媒体时代的公共外交信息应当与目标群体有较高的接近性而非自利性。伴随着公共外交形式的多样化、公共外交新特点的出现,一些研究者尝试提出新的模型,对公共外交的新变化进行解释。

《公共外交中社交媒体使用的"战略问题管理"法》一文提出,公共外交中社交媒体的使用应当采用"战略问题管理"的方法,通过骆家辉访华和美国大使馆测量中国空气质量两个案例,考察中国网民的社交媒体使用。揭示了"战略问题管理"四个阶段,即问题发酵和病毒式传播阶段、主动出击阶段、反应阶段和议题衰退及新议题发酵阶段。② 这种新的模式体现了公共外交中社交媒体使用的新特点。《网络化社会中的公共外交》一文采用网络分析法对中国与国际 NGO 进行的公共外交活

---

① Jan, Servaes, "Guanxi in Intercultural Communication and Public Relations", *Public Relations Review*, Vol. 42, No. 3, 2016, pp. 459 – 464.
② Juyan Zhang, "A Strategic Issue Management (SIM) Approach to Social Media Use in Public Diplomacy", *American Behavioral Scientist*, Vol. 57, No. 9, 2013, pp. 1312 – 1331.

动进行分析，作者发现中国政府能够与国际 NGO 进行战略性的沟通。国际媒体对中国对抗艾滋病的报道中采用了更多的积极框架。① 文章《"公共外交2.0"的漫漫长路：美国网络公共外交》中谈到，美国数字外交的出现是由于冷战之后美国的单极化又遭受到"9·11"的挑战。"公共外交2.0"表现出来三个主要特点：第一，技术的发展使创建社交网络和构建网络关系变得更加容易；第二，"公共外交2.0"依赖于用户从反馈和评论中生成的内容；第三，"公共外交2.0"的根本技术是使本来纵向分级排列的内容可以进行横向流通，改变了曾经1.0时代信息流通模式。②《"公共外交2.0"：对美国数字外联小组的分析》一文中，介绍了美国国务院建立的由阿拉伯语、波斯语和乌尔都语人才组成的数字外联小组的主要情况。数字外联小组共有10个工作人员，他们有自己的 Facebook、Twitter、Youtube 等账号，他们的使命就是在互联网上发布信息，防止美国的外交政策遭到误传。文章谈到，在过去的几年中，美国对中东的外交手段有所创新，由从前的单向传播变为如今通过广播和印刷媒体的互动传播模式，即政府参与对话的传播方式。文章通过分析"公共外交2.0"模式中数字外联小组的工作开展情况，评估这种新模式的公共外交手段的作用。世界各地的外交官员都应意识到在网络时代下双向沟通的价值。无论美国在公共外交中投入多少，应对中东最好的解决办法就是改变对其的态度，从而赢得广大民众的支持，得到当地社会的信任，这都是美国政府在"公共外交2.0"时代面临的重大战略性挑战。③《新公共外交及其在国际上的影响》一文提出，随着全球化和科技的不

---

① Aimei Yang, Maureen Taylor, "Public Diplomacy in a Networked Society—the Chinese Government: NGO Coalition Network on Acquired Immune Deficiency Syndrome Prevention", *International Communication Gazette*, Vol. 76, No. 7, 2014, pp. 575–593.

② Nicholas Cull, "The Long Road to Public Diplomacy 2.0: The Internet in US Public Diplomacy", *International Studies Review*, Vol. 15, No. 1, 2013, pp. 123–139.

③ Lina Khatib, William Dutton, Michael Thelwall, "Public Diplomacy 2.0: A Case Study of the US Digital Outreach Team", *The Middle East Journal*, Vol. 66, No. 3, 2012, pp. 453–472.

断发展以及20世纪90年代大量新兴民主国家的涌现,通过新公共外交减弱这些国家的人民对政府的信赖成为欧美国家对外政策的重点。[①] 新公共外交主要体现在其行为者更多的是非政府组织,更注重品牌营销和软实力,而非其声誉和国际形象,同时更注重个体对个体之间的交流与国际交流。文章指明了新媒体在新公共外交中的重要作用,分别以20世纪末东欧的例子说明本地独立媒体在打开封闭的国门、促进当地自由民主上发挥着关键作用。文章阐述了实现美国公共外交目标的七大支柱,即对外政策宣传、提供政策背景资料、信息一致的可信度、向不同受众传播不同信息、媒体角色、与个人和非政府组织合作、对话与交换。文章还分析了公共外交六大要素:倾听、宣传、文化外交、人员交换外交、国际性事件、心理战。

**公共外交与大众传媒**

大众传媒在公共外交中发挥着重要的舆论扩散器的作用,同时其自身也是重要的公共外交行为主体。国外学者对于新闻媒体、电影、电视、报刊等媒介在公共外交中的影响和作用进行了诸多研究。大众传播媒介中流行文化的影响十分广泛,将其作为公共外交的手段,其潜力显而易见。

文章《跨国新闻、公共外交、虚拟国家》指出,作为一个公共外交的媒介,国际媒体(主要是广播)长期以来一直被世界各国政府高度重视。对于潜在的巨大的受众群,它是一种高效和廉价的宣传方式,可以汇集世界各地的各种信息,并且在信息中还可伴随政府的公信力。广播电视业本身不再仅仅是广播和电视,还包括了富有创意的基于互联网的媒体,而这些新媒体可以扩大其覆盖面和影响力。对于促进公共外交和

---

① Elena Gurgu, Aristide Cociuban, "New Public Diplomacy and Its Effects on International Level", *Journal of Economic Development, Environment and People*, Vol. 5, No. 3, 2016, p. 46.

获得公众的信任，传播者应当遵守既定的规则，特别是当传统广播电视传播中的新闻量减少时，新的国际新闻模式应当及时跟进。①《好莱坞在中国的盗版现象：一个全球化背景下美国公共外交的偶然案例？》一文指出，好莱坞文化产品在中国的盗版传播虽然非法，但是却有效地扩大了美国在中国的影响力和文化的嵌入与扩散。这种超出了公共外交的目标受众和影响力的现象，无论是有意还是无意的都具有很大的国际影响力。国家和政府往往会对目标受众失去控制，然而跨国文化的交流现象却能偶然地在全球范围内扩大，这种现象对于美国和中国都是不可预测和不可量化的结果。②文章《把评论专栏当作公共外交的战略性工具》分析了《纽约时报》自1970年推出的评论专栏作为一个交流不同观点的平台和热点问题的专业板块是如何在埃及革命时影响政策和舆论的。文章指出，对于评论的研究大多局限于有限范围的新闻背景进行分析，评论可以作为公共关系的工具提供给政治家、社会问题的倡导者和专家相关的舆论和观点，已达到告知和影响在全球性问题中国际公众的看法。③文章《流行文化作为国际公共外交的手段：以韩流对亚洲公众的影响为例》指出，近年来外交格局已经发生了关键性的转变，包括从传统的政府对政府外交变为公共外交。尽管公共外交受了越来越多的重视，在与外国民众进行沟通时，政府并没有在这种新型外交结构的影响下配备正确的工具和策略。文章通过韩国流行文化输出的案例探讨了流行文化如何成功地成为新一代的外交工具。韩流可以在短时间内通过隐藏在娱乐文化背后的价值观的输出改善外国民众对韩国这一民族品牌的看法。大众传播媒介中流行文化的影响十分广泛，将其作为公共外交的手段，

---

① Philip Seib, "Transnational Journalism, Public Diplomacy and Virtual States", *Journalism Studies*, Vol. 11, No. 5, 2010, pp. 734 – 744.

② Paolo Sigismondi, "Hollywood piracy in China: An accidental case of US public diplomacy in the globalizationAge?" *Chinese Journal of Communication*, Vol. 2, No. 3, 2009, pp. 273 – 287.

③ Guy Golan, Terrance Carroll, "The Op-Ed as a Strategic Tool of Public Diplomacy: Framingof the 2011 Egyptian Revolution", *Public Relations Review*, Vol. 38, No. 4, 2012, pp. 630 – 632.

其潜力是显而易见的。但这样功能强大的输出效果同样有它的副作用，那就是外国公众不可避免地产生"耐药性"，所以要避免流行文化从"输出"变成"入侵"。①

**公共外交与公共关系**

公共外交作为一个学科，其自身的理论研究和创新始终是一个重要问题。公共关系学作为公共外交的核心支撑理论谱系之一，其理论与公共外交的交叉与融合，国际学界给予了高度的关注和研究。有学者认为公共关系是一国外交的重要方面，两个学科领域存在诸多共同性，公共外交是一种建立关系的外交手段，其最终目的是在不同国家之间建立相同的价值观。也有学者探讨了公共外交与公共关系的交集，认为公共外交战略和公共关系的信息策略之间有很强的关联性，建议两个学科可以合并。还有学者探讨了公共关系是如何在公共外交中起作用，从而促进国家形象转型。

《公共外交的关系理论》一文指出，在公共外交中应当加强公共关系方面的工作，这是最有效和最能被人接受的，同时我们还应该加强扩展个人和组织之间的关系。此外，公共外交工作中还应努力建立在世界各地的美国驻外机构与当地非政府组织之间的关系。这些关系将促进人际交往和战略沟通，从而创造社会资本，并传播参与的、民主的、宽容的价值观。②《未来的公共外交与公共关系的作用：公共外交的演变》一文分析了公共外交的世界观、国际自由主义和社会学中的全球化，并重新审视传统公共外交的跨国界、两段式的传播过程。文章预测，在这样

---

① Jiyeon SO, "Pop Culture as an Instrument for Global Public Diplomacy: A Case Study of the Influences of the Korean Wave on Asian Publics", Paper Presented at the Global Communication and Social Change Divisionat ICA, Chicago, 2009.

② Michael Kent, "Toward a Relational Theory of Public Diplomacy", Conference Paper, National Communication Association, 2008.

的一个人流不断迁移的时代，社会学全球化是未来公共外交的一个新背景。预测主要包括：第一，通过直接和总体的媒介接触，开放的民间社会将比政府的作用更重要；第二，社会学的公共外交将被看作政府的"内部事务"，外国民众将作为政府的公共事务的一部分；第三，社会学背景下的公共外交中，"软实力"并不是一个可储备的国家资源，而是建构主义和具有流动能力的，可以创造互信互利的价值。[①]

文章《通过关系管理提高国家的外交能力：中等力量外交中公共关系的作用》探讨了公共外交与公共关系的交集。具有适量军事和经济资源的国家可以达到和平、福利、卫生、教育、人权、可持续发展等更高级的目标。而公共关系具有建立和管理关系的功能，从而为外交伙伴关系服务。文章通过实证研究，分析了公共关系对于公共外交的贡献，在国家发展中建立战略外交伙伴关系是可以实现的，或许还有新的外交关系衍生出来，而这些新型关系都可以添加到当前的公共关系范畴中。此外，通过运用公共关系的相关方法，政府可以识别有相似国际价值观和目标的公众，并可以与这些战略性的公众保持良好的关系以及管理这些关系。公共关系的理论也可以观察通过政府力量整合的战略性公众的相互关系，从而促进国家发展。[②]《公共关系的信息策略与公共外交2.0：对中东欧和西方国家大使馆推特账号的实证研究》结合公共外交和公共关系学者的相关研究，对41个代表中东欧和西方国家大使馆的推特账户及其482条推文进行了研究。[③] 文章指出，相较而言，西方国家的大使

---

[①] Seong-Hun Yun, Elizabeth Toth, "Future Sociological Public Diplomacy and the Role of Public Relations: Evolution of Public Diplomacy", *American Behavioral Scientist*, Vol. 53, No. 4, 2009, p. 493.

[②] Baiba Petersone, "Increasing a Nation's Diplomatic Capabilities through Relationship Management: Public Relations Contributions to Middle Power Diplomacies", Paper Presented at the International Communication Association, 2008.

[③] Melissa Dodd, Steve Collins, "Public Relations Message Strategies and Public Diplomacy 2.0: An EmpiricalAnalysis Using Central—Eastern European and Western Embassy Twitter Accounts", *Public Relations*, Vol. 43, No. 2, 2017, pp. 417 – 425.

馆有推特账号的比例较高,平均的粉丝数量也多,但是波兰驻美大使馆的推特账户却获得了最高的影响力评分。公共外交战略和公共关系的信息策略之间有很强的关联性。在公共外交战略上,西方大使馆主要从事宣传活动,中东欧大使馆主要从事文化外交,而倾听则是西方和中东欧国家大使馆最不常采取的方式。至于公共关系策略,西方和东欧的大使馆推特账户则主要以信息共享(而不是说服力或合作等)作为信息策略。总的来说,各大使馆的推特账户的目的是外交沟通,但缺乏战略性。该文章建议公共外交与公共关系两门学科合并。

此外,文章《新的国家公共关系:国家形象如何影响公共外交的安全性?》探讨了公共关系是如何在公共外交中起作用,从而促进国家形象转型的。文章指出,在未来可能的情况下,国家品牌可能会影响公共外交的地位。公共外交应当保持与国家安全相关的功能,但这种功能并不能规避在自主传播中遇到的风险。在跨国公共外交的过程中,国家安全可能会完全消失,而国家的公共关系将会变为国家的营销。[1]《从公共关系到企业公共外交》一文指出,随着国际商贸和海外投资增长,企业为创造和维持其在海外活动的合法性、吸引世界人民和提供可持续的解决方案,需要从注重公共关系过渡到开展公共外交。[2] 文章对中国在缅甸的密松水电站计划被叫停一事做了案例分析,分别从克钦人的反对和伊洛瓦底江水电公司的企业外交两个方面阐述了这一计划被叫停的原因,作者指出克钦人对其居住地有深深的依恋并建立了悠久的文化,其立场赢得了众多组织的支持;而中国公司未能同原住民进行沟通,反而将其反对归结于缺少了解、别有用心和迷信等,没能在克钦人中获得建立水

---

[1] Rasmus Kjargaard Rasmussena, Henrik Merkelsenb, "The New PR of States: How Nation Branding Practices Affect the Security Function of Public Diplomacy", *Public Relations Review*, Vol. 38, No. 5, 2012, pp. 810–818.

[2] Kirsten Mogensen, "From Public Relations to Corporate Public Diplomacy", *Public Relations Review*, Vol. 43, 2017, pp. 605–614.

电站的合法性，同时政府间签订合同所带有的强制性也加剧了克钦人的不信任感，导致了该项目的失败。这一案例启示跨国企业应开发符合当地公众利益的项目并直接同当地民众进行协商，尊重民意从而获得民众的信任与支持，而非一味同官方建立联系以寻求合法性。相关文章还有《软实力和公共外交：公共关系的新领域与中美之间的国际交流》，该文章介绍了在经济和金融力量不断变化的过程中，"软实力"也在不断变化，如媒体传播、公共关系、公众舆论、公共外交。文化和大众传播在塑造组织和公众之间的关系时起到了十分显著的作用。中美的外交交流之间尤其如此。①

文章《公共外交：一个理论著作》，作者表示现阶段引导公共外交的理论框架从根本上缺乏合理性。基于对过去美国公共外交实践的分析，在这一领域的努力主要是通过单项的信息流动和图像管理，主要使用的是美国的例外主义、东方主义、文化帝国主义的理论观点。文章指出，为了使公共外交超越"宣传"，它需要结合双向沟通和对称性，之所以有些学者批判当下的公共外交还在延续冷战时期的风格就是因为目前的公共外交实践都是单向的。此外，公共外交并没有作为一种与外国公众建立对称的关系的工具。基于公共关系卓越理论上的"对称性"，公共外交意味着传播双方（即美国政府和民众）应该是开放和可变化的，而这种变化是可以进一步加强各方的共同利益的。因此，除了象征性的关系，公共外交还应注重实际行为的关系。②在文章《对公共外交的二元研究之上：了解多极世界的关系》中，作者通过对2011年利比亚争端中中国的公共外交表现来阐释多元世界中的公共外交实践活动和发展方向，

---

① Jan Servaes, "Soft Power and Public Diplomacy: The New Frontier for Public Relations and International Communication Between the US and China", *Public Relations Review*, Vol. 38, 2012, pp. 643 – 651.

② F. Izadi, "U. S. Public Diplomacy: A Theoretical Treatise", *Journal of Arts Management Law & Society*, Vol. 46, 2009, pp. 13 – 21.

试图提出新的理论框架。文章采用了语义网络分析的方法进行研究，揭示出一般情况下，一个国家如何在更广泛的范围内对公共外交的工作进行定位。"形象塑造"和"关系管理"是公共外交最基础的框架。文章指出，目前公共外交的研究重点一般为如何实现软平衡，虽然软平衡是公共外交战略的一个重要功能和目的，但许多其他国家还试图通过其他方式来完成他们公共外交的目的。所以未来的研究方向应当建立一个普适的方法来研究其他情况下的公共外交的有效性。[①]

---

① Aimei Yanga, Anna Klyueva, Maureen Taylor, "Beyond a Dyadic Approach to Public Diplomacy: Understanding Relationships in Multipolar World", *Public Relations Review*, Vol. 38, No. 5, 2012, pp. 652–664.

# 第二章
# 公共外交的理论图谱
# Theoretical Map for Public Diplomacy

公共外交作为一个重要的跨学科研究领域，其研究与发展建立在多学科理论的基础之上，国际关系、传播学、舆论学、公共关系、文化研究构成了其核心理论支撑图谱。公共外交发挥影响力的机制是通过影响舆论，进而推动国家形象建构和软实力提升。而舆论影响力的实现需要借助各种传播媒介和模式，需要多元化行动主体和内容的支撑，公共外交舆论影响力的实现正是在跨文化传播的语境和国际关系的大背景下展开的。

本章对公共外交支撑学科的主要和基本理论进行分析，但公共外交的相关理论并不仅仅局限于此。本章只是做了基础的分析。公共外交研究应借助其他成熟学科的理论来丰富和完善自身的理论体系。公共外交发挥影响力的机制是通过影响舆论，进而推动国家形象建构和软实力提升。从这个意义上，舆论学理论是公共外交的首要支撑理论。本书在第四章专门分析舆论与公共外交，在此就不赘述。

## 第一节　传播学理论与公共外交

迈克尔·曼在《社会权力的来源》一书中明确提出，国家权力由经济权力、军事权力、意识形态权力和政治权力构成，其中每一种权力都贯穿着弥散性的意识形态权力，而且意识形态权力是其他权力相互作用的"网络"。意识形态的权力来源于人类寻找生命终极意义的需要，来源于与他人分享规范与价值以及参与审美和仪式实践的需要。迈克尔·曼的国家权力研究，让我们在观念上突破了政治—经济关系二维分类或韦伯式文化主义论。世界不仅仅是客观存在，而是观念化的建构，对于"世界"的认知和态度，取决于一系列信息的选择组合、议程设置、框架建构。按照迈克尔·曼的社会权力分析框架，公共外交所发挥的作用和影响属于一种意识形态权力，公共外交所影响的是人的思想观念，要实现这一目标，需要通过各种传播媒介和方式的选择，需要对信息进行优化组合。在这个意义层面上，传播学理论毫无疑问是公共外交的重要支撑理论。

**议程设置理论**

议程设置理论认为，通过日复一日的新闻筛选与编排，媒体影响我们对当前什么是重要的事件的认识。这种影响各种话题在公众议程上显要性的能力被称为新闻媒体的议程设置作用。① 议程设置理论为公共外交通过各种传播媒介发挥影响力、如何对受众进行有效的议程设置提供了有力的理论支撑。

1968年，麦库姆斯和唐纳德·肖对北卡罗来纳州教堂山的一次选民调查进行了试探性的研究。他们采用民意调查和内容分析方法相结合。一方面，选定100名投票意向不明确的选民，要他们指出当前他们认为最重要的议题。另一方面，对九种主要新闻来源的媒介进行内容分析，根据一段时间内关于各个议题的新闻条数，将议题从高到低排列成媒介议程。他们发现，"议题在选民心中的重要性"与"议题在新闻中的显著性"这两个变量间相关性高。② 1972年美国总统选举期间两位学者在夏洛特市进行了补充调查，排除了公众议程影响报纸议程的可能，确立了这一理论。议程设置理论在此后的近30年间都是传播学领域最受欢迎的理论。其发展主要在三个层面上进行：最基础的研究主要关注媒介议程和公众议程之间的因果关系，并就验证的时间、媒体、议题和地理范

---

① 麦库姆斯：《议程设置：大众媒介与舆论》，北京大学出版社2008年版，第188页。
② Maxwell McCombs and Donald Shaw, "The Agenda-setting Function of Mass Media", *Public opinion Quarterly*, Vol. 36, No. 2, 1972, pp. 76–187.

围拓展。第二个层面的研究详细阐述议程设置的起源、影响和议程设置效果的各种偶发因素。一个重要的理论突破来自于麦库姆斯和他的学生韦弗,他们提出了"导向需求"的概念,试图从心理学上解释议程设置发生的原因,即心理上的"关联性"和"不确定性"两大因素影响了人们是否受媒介议程的影响。① 还有学者关注了议程设置效果的时滞性,从自然历史角度看,议题显要性从媒介议程到公众议程的转移通常在四到八周之内。② 近年来,由谁设置了新闻媒体的议程也成为了研究的热点。麦库姆斯给出了答案:首先是新闻的常规来源,例如重要人物、公共信息官员以及其他代表重要信息来源的公关人员以及各类宣传活动。其次是精英新闻媒介经常对其他新闻媒介的议程施加较大影响。同时伴有传统的把关人功能的过滤。③ 第三个层面的研究则扩展了媒介议程的影响范围,将效果从对客体议程的关注扩展到对属性议程的理解。麦库姆斯认为,媒介通过强调议题的某些属性,决定人们如何思考某个议题并评价其价值,以此构建公众议程。学者们的研究对这一观点有不同程度的证实。议程设置理论还试图将框架分析和启动效应并入这一层次的内涵中。④

**框架理论**

框架理论一般会追溯至社会学家欧文·戈夫曼的《框架分析》一书。戈夫曼认为,人们的日常生活隐含或使用了特定的诠释框架,它在特定行动场景下意义自明,使原本混沌的情景变得具有某种意义。在这

---

① David Weaver, "Audience Need for Orientation and Media Effects", *Communication Research*, Vol. 7, No. 3, 1980, pp. 361–373.

② Gerald Stone and Maxwell McCombs, "Tracing the Time Lag in Agenda-setting", *Journalism Quarterly*, Vol. 58, No. 1, 1981, pp. 51–55.

③ 麦库姆斯:《议程设置:大众媒介与舆论》,北京大学出版社2008年版,第188—190页。

④ Maxwell McCombs, "A Look at Agenda-setting: Past, Present and Future", *Journalism Studies*, Vol. 6, No. 4, 2005, pp. 543–557.

里,"框架"指在某个特定的时间点用来理解社会情境的一套特定的期望。① 最终框架理论延伸到更广阔的社会和政治语境中。在公共外交研究中,框架理论主要可以用来分析大众传媒在公共外交中如何发挥作用、提升效果。另外,通过框架理论的分析,可以让我们明晰影响大众传媒公共外交效果的影响因素主要有哪些。

框架分析在新闻传播学领域主要有三大研究范畴:(1)从内容研究的角度来考察媒体框架是什么;研究者采用内容分析以及话语分析的方法,对新闻报道的文本进行解读,关注符号的意义。通常来说,学者们会选择一个有争议的重要议题,然后对文本通过量化的方法进行解构,再谈文本背后的意识形态意义。② (2)从新闻生产的角度来研究媒体框架如何被建构;这一范畴带有批判的色彩,学者们关注媒体如何决定常规与非常规的社会和政治事件,媒体如何阐述什么在政治上是真实和具有合法性的;媒体如何为社会的需求建构一定的政治议程并采用、传播和排除其他的事件以及如何塑造社会运动的景象等问题。③ (3)从效果研究的角度来分析受众如何接收和处理媒介信息,即受众框架。④ 在个体认知层面,学者们主要关注两类框架效果。著名的研究是特维斯基和塔尼曼的研究,即相同的信息经过不同的组织框架会引发人们做出不同的决策。⑤ 另一类是不同的框架如何改变人们的意见。⑥

---

① Goffman Erving, *Frame Analysis: An Essay on the Organization of Experience*, New York: Harvard University Press, 1974, pp. 19 – 20.

② 潘忠党:《架构分析:一个亟需理论澄清的领域》,《传播与社会学刊》2006年第1期,第17—46页。

③ Todd Gitlin, "*Media Sociology: The Dominant Paradigm*", *Theory and Society*, Vol. 6, No. 2, 1978, pp. 205 – 253.

④ 陈阳:《框架分析:一个亟待澄清的理论概念》,《国际新闻界》2007年第4期,第19—24页。

⑤ Amos Tversky and Daniel Kahneman, "The Framing of Decisions and the Psychology of Choice", *Science*, Vol. 211, No. 4481, 1981, pp. 453 – 458.

⑥ James Druckman, "On the Limits of Framing Effects: Who Can Frame?" *Journal of Politics*, Vol. 63, No. 4, 2001, pp. 1041 – 1066.

第二章
公共外交的理论图谱

**涵化理论**

宾夕法尼亚大学传播学院以乔治·格伯纳为领导的研究小组在20世纪70年代提出了"涵化分析"理论,该理论的核心假设为花更多的时间看电视的人更倾向于以电视中常见的信息作为思考的依据理解现实世界。涵化理论为我们分析和理解影视媒介对于公共外交效果的影响,提供了理论支撑和分析工具。

涵化理论认为:电视的重度收视者培养出了对于受害、不信任、危险夸大的感知以及无数对于犯罪和法律方面的不准确的看法。与轻度收视者相比,他们更容易认为大多数人不可相信,并且大多数人只为自己考虑,出现"卑鄙世界综合征"。[①] 为了进一步完善涵化理论,格伯纳和他的合作者们根据来自各方面的批评意见,增加了两个有关涵化效果产生过程的概念:(1)主流化。该假说认为看大量电视的人有更多的机会接触主流的、同一的、标准化的意识形态及世界观;因此,这些人之间的相似性应该大于那些同他们类似但收看电视较少的人。在这种情况下,由其他社会因素所造成的人与人之间的不同之处在电视热衷者中间却被大大削弱,甚至不复存在了;(2)共鸣过程——"人们在电视中看到的情景同其日常生活的所见所闻(甚至是对现实的信念)不谋而合时,两者的叠加会强化电视信息的作用,并显著提升涵化效果"[②]。

**两级传播与创新扩散理论**

两级传播与创新扩散理论对于我们理解和分析公共外交的传播过程与效果、对于我们制定有效的公共外交传播策略,都给予了直接的理论

---

[①] Michael Morgan and James Shanahan, "The State of Cultivation", *Journal of Broadcasting & Electronic Media*, Vol. 54, No. 2, 2010, pp. 337–355.

[②] 郭中实:《涵化理论:电视世界真的影响深远吗?》,《新闻与传播研究》2005年第4期,第58—64页。

帮助。

两级传播理论是拉扎斯菲尔德于 1940 年总统选举期间在美国俄亥俄州伊里县所进行的一次关于人们投票行为的研究中的意外发现。研究员们修改了正在进行的调查，通过对人际交流的数据分析，得出了如下推论：在研究的个人中，有些人起到了意见领袖的作用，他们会把自己从媒体得来的第一手信息，连同他们自己对其独特的意义解释一起，传播给其他人。为了对这一假设进行检验，1945—1946 年研究团队在迪凯特进行了再一次的研究，团队通过滚雪球的抽样方式，对产生了观点影响力的人进行了访谈。1955 年，该研究结果发表，卡茨和拉扎斯菲尔德正式提出了"两级传播"理论，即观点经常从广播和印刷媒体流向意见领袖，然后再从他们流向不太活跃的人群。[①] 之后，卡茨等人开展了追踪新闻扩散的过程研究。在此基础上对两级传播理论进行了补充和修正：意见领袖存在于社会的各个层面；人际间影响的效果反映在初级群体的观点和行为的相似性中。意见领袖主要影响和自己相似的人，影响力不是垂直地从社会地位高的人流向低的人；意见领袖通常更爱社交、使用媒体更为活跃，但并不是依赖媒体；意见领袖存在不同的领导类型。并且，他们存在多级的传播流动而不是绝对两级流动。[②]

罗杰斯通过系统阐述传播流思想，进一步发展和完善了"两级传播"理论。1962 年，在对农村革新事物的普及过程进行考察之后，罗杰斯认为信息的传播可以是"一级"的，也就是说媒介的信息可以直接抵达受众，一步到位，并不需要意见领袖这一中介，而信息的影响力可以是两级的甚至是"N 级"（多级）的。[③] 创新扩散研究把二级传播理论扩

---

[①] 洛厄里·德弗勒：《大众传播效果研究的里程碑》，中国人民大学出版社 2009 年版。
[②] Herbert Menze and Elihu Katz, "Social Relations and Innovation in the Medical Profession: The Epidemiology of a New Drug", *Public Opinion Quarterly*, Vol. 19, No. 4, 1955, pp. 337–352.
[③] 崔波涛：《两级到多级：两级传播论发展综述》，《新闻传播》2014 年第 5 期，第 163—164 页。

展为多级传播理论,认为大众传播的效果是一个复杂和长期的过程,但是大众传媒最终会起到改变社会共识、推动创新的作用。大众传媒在传播新的信息方面具有明显作用,但需要人际传播作为中介。此项研究将人们接受新事物的过程分为发觉、说服、决定采用、开始实施和确认使用五个阶段。大众传媒在这个过程中的作用主要体现在创新传播的初期,他可以让目标群体中的先行者发掘和知晓新事物的特性,在此之后,通过人际传播逐级扩散,最终改变受众的观念和行为。

**说服理论**

公共外交的目的就是影响受众的认知、态度、行为,这一过程的核心就是通过信息传播与文化交流说服目标受众接收我们所传播的信息与理念。说服理论所聚焦的正是如何通过有效的手段说服受众。

心理学家和社会学家对大众传播的说服研究始于20世纪20年代和30年代二战期间,美国军方为了执行思想训练计划,召集学者对士兵进行研究。卡尔·霍夫兰作为这一计划的负责人通过对观看军事纪录片的士兵进行研究,考察了说服信息在说服士兵改变态度方面的效果。研究发现:士兵可以获得信息,但态度改变不明显。二战结束后,他回到耶鲁大学继续研究,发现信息说服力的变量包括:传播者的信誉、不同信息传播的先后次序及组合方式、群体压力的影响、态度变化的持续性、受众个性等,这些因素不同程度地影响着媒介说服力。1946年至1961年间,他们进行了50余次的实验,发表了大量研究成果。并对说服过程中的几个主要问题做出回答。

第一,传播者的可信度对态度改变有什么影响?可信度高的传播者比低的更能改变人们的态度,而可信度主要与专门知识的掌握、公正的态度以及相同性有密切的联系。第二,对于一个争论性的问题,到底以完全正面的理由更能说服人,还是正反面兼顾的传播更能说服人?如果受众一开始便反对传播者的立场,采用正反意见说服更有效,但如果受众原本就信服传播者的立场，片面的正面说服更有效，对受教育程度较高的人而言，应采用正反意见并陈，较低者则采用片面的说服。第三，争论问题时，要点应当先说还是后说？研究最终发现它们各有利弊，与传播内容以及传播者的身份、立场有关。第四，究竟用哪一种诉求方式更有效？需要视传播内容和受众而定，轻度的恐怖诉求具有良好的效果；第五，是否应该明示结论？与其让受众根据线索自己下结论，不如明白地告诉他。第六个问题关注受众的个人特性。研究结论是，服从团体、重视适应社会环境的人更容易被说服。在研究的过程中，霍夫兰等人还发现了休眠效应：是指在态度改变过程中，劝说效果随着时间的推移，不是降低，而是增强的一种现象。①

## 第二节　国际关系理论与公共外交

国际关系是公共外交研究的另外一大支撑学科，目前从事公共外交研究的学者主要来自国际关系和新闻传播学。大量公共外交研究也是在国际关系学相关理论基础上展开。基于国际关系范畴下现实主义、自由主义、建构主义三大主流理论分析框架，公共外交从自由主义的认识论出发，以现实主义所注重的国家利益为最终目标，将建构主义强调的角色、身份和认同理念贯之于实践。现实主义理论认为，公共外交可通过对国家行为施加影响从而改变外国公众舆论；从自由主义理论角度而言，公共外交的主体除国家外还包括非国家行为体；建构主义理论认为公共外交项目可作为国外公众辩论的触发工具。② 对于公共外交的研究与实践，必须建立在对国际关系基本理论的理解基础之上。

---

① 陈丽玫、吴国庆：《态度改变：说服策略研究的回顾与展望》，《社会心理科学》2008年第6期，第8—13页。

② Efe Sevin, "Pathways of Connection: An Analytical Approach to the Impacts of Public Diplomacy", *Public Relations Review*, Vol. 41, No. 4, 2015, p. 567.

## 第二章
## 公共外交的理论图谱

**现实主义、自由主义、建构主义理论**

现实主义认为冲突是国际政治的根本特征。现实主义理论认为实力是关键因素，大国间的实力分配是维持和平的根本机制。现实主义的外交理念生成的似乎只能是政府外交和实力外交的逻辑。但即使是追求权力的现实主义也在理论上为公共外交提供了某些依据。经典现实主义者摩根索强调国外公众舆论对一个国家外交政策成功与否的影响，而争取公众舆论的支持则是公共外交的直接目标之一。"对于政府来说，只引导本国的公众舆论支持及其外交政策是不够的。它还必须赢得其他国家的公众舆论对其国内外政策的支持。""国家的权力不仅依赖于外交的技术和武装力量的强大，而且依赖于它的政治哲学、政治机构和政治政策对其他国家的吸引力。"[①] 即使是新近发展起来的备受争议的进攻性现实主义也肯定了公共外交在增进国家权力上的重要性。进攻性现实主义的代言人米尔斯海默就曾积极倡导美国在反恐战争中要推行"赢得人心"的战略。[②]

自由主义有几个核心假定：第一，无论在国内政治还是国际政治中，个人或者团体是最重要的行为体。个人行为与世界政治有直接的关联。第二，国家（或个人意志的代表）也是世界政治的基本行为体。但自由主义视角下的国家只是国内社会利益的集合体。其政策与行为是由国内社会团体与个人的偏好累积而成的。第三，自由主义从国家与社会关系出发考察国际政治，重视社会因素的作用。第四，自由主义承认国际社会的无政府性，但认为这种无政府性只是由于类似国内社会中的制度安排未被推及国际社会的结果，国内政治经验可以应用并普及于国际政治，并最终使世界政治步入秩序状态。[③] 自由主义国际关系理论延伸到外交领域，认为民族国家只是外交关系中的角色之一，个人和团体在国际事

---

① 汉斯·摩根索：《国家间的政治》，中国人民公安大学出版社1990年版，第230页。
② John Mearsheimer, "Hearts and Minds", *National Interest*, No. 69, 2002, pp. 13–16.
③ David Manning, *Liberalism*, St. Martin's Press, 1976, pp. 14–23.

务中的地位不容忽视；决定外交政策的首要因素是价值观念，而不是物质利益；一个国家不应该只关注国家权力问题，而应该重点关注经济福利、人权、价值观念等；针对国际社会存在的无政府状态和种种战斗和冲突行为，自由主义强调运用道德力量、舆论力量和价值观念的力量去克服。自由主义的外交逻辑是更加注重在民众中开展深入细致的工作，更加注意用充满情感的道义行动，赢得大众的支持，发动人民大众利用理性和良知来避免战争和冲突。因此，自由主义呼吁外交公开化，提倡民主外交和大众外交，建立新的制度和国际规范。总之，自由主义理念指引下的外交逻辑实际上是公共外交的逻辑，认为一个国家的外交行为应该尽可能的透明，尽可能保证广大的民众参与进来。

建构主义国际关系理论强调观念的作用，表现在反物质主义、反理性主义、反国际体系特征的恒定性三个方面。在某种角度上可以这样说，公共外交是构建主义国际关系理论在外交领域的体现。具体表现在以下三个方面：一是从目的看，公共外交的目的是提升本国的国家形象，改善国外民众对本国的政治态度。就像马克斯·韦伯所说，"直接影响人的行为的因素不是意念，而是物质和精神的利益。但是'观念'造就的'对世界的认识'却往往像扳道工一样起到确定方向的作用，使被利益驱动的行动沿着这个方向行进"①。公共外交的实施国推行公共外交的目的就是要改变对象国公众的观念，从而改变对象国的利益方向。二是从内容看，公共外交的主要内容是对外信息传播和对外文化交流，其主要表达形式是信息和语言。与传统的"权力政治"不同，公共外交注重的是"心灵政治"。② 三是从过程看，公共外交的行为方式是间接的，采取的是一种"迂回"战术，以国内政治与国际政治之间理性与非理性的交

---

① 朱迪斯·戈尔斯坦、罗伯特·基欧汉：《观念与外交政策》，北京大学出版社 2005 年版，第 49—50 页。

② Arquilla John and David Ronfeldt, *The Emergence of Noopolitik: Toward An American Information Strategy*, Santa Monica, CA: Rand Corporation, 1999, p. 190.

织互动方式进行。某种程度上这与建构主义强调施动者和结构的互构是相同的。

**软实力理论**

软实力理论是近些年来我们分析公共外交广为运用的理论分析工具。约瑟夫·奈在1990年出版的《注定领导世界——美国权力性质的变化》一书中，首次提出了"软实力"这一概念。软实力理论可以概括为以下几个要点：软实力通过吸引和诱惑而不是强制或劝说发挥作用。一国可以通过文化、意识形态以及制度本身的投射性使外部行为者产生学习和效仿的愿望，从而实现国家的战略目的；软实力反映了一国倡导和建立各种国际制度安排的能力；软实力具有认同性。认同性可以是对价值和体制的认同，也可以是对国际体系判断的认同，有助于一个国家获得国际上的合法性。[①] 2004年，约瑟夫·奈出版了《软实力：权力，从硬实力到软实力》，分析并强调了软实力在当今国际政治中的重要性，再从文化、价值观、外交政策等方面追溯了美国软实力的来源和构成，探讨美国如何在公共外交实践中运用软实力。[②]

约瑟夫·奈的"软实力"概念是政治学和社会学领域里"实力"概念的延伸。"软实力"是相对于"硬实力"而言，在约瑟夫·奈看来，"硬实力"指的是硬性命令式权力，它来自一个国家的军事和经济实力，一般通过经济或军事等手段来引诱或威胁他人改变自己的意志或行为；而"软实力"是指通过吸引力让他人自愿追求你所要的东西的能力。约瑟夫·奈强调了"要了解吸引力在何种条件下发挥作用"[③] 的重要性。

---

① Joseph Nye, *Bound to Lead: The Changing Nature of American Power*, New York: Basic Books, 1990.
② 约瑟夫·奈：《软实力：权力，从硬实力到软实力》，马娟娟译，中信出版社2013年版，第xv页。
③ 约瑟夫·奈：《软实力：权力，从硬实力到软实力》，马娟娟译，中信出版社2013年版，第21页。

所有实力都依赖环境（谁和谁在何种条件下）发挥作用。相比硬实力，软实力的使用具有如下局限性：在全球化信息时代，非官方的软实力资源正变得日趋重要，但许多关键的软实力资源并非掌握在政府手中。比如，好莱坞电影、高校、基金会、教会以及其他非政府组织都能够开发出自己的软实力，这些软实力资源有可能强化了官方的外交政策目标，也有可能与之相左。因而，政府无法完全掌控所有软实力资源；相比硬实力，软实力更加依赖自发的解读者和接受者，其效果在很大程度上取决于受众的接受程度，因而更具多变性；软实力通常具有扩散效应，产生的是一般性影响，而不是某种具体可见的行为效果；软实力往往通过塑造政策环境间接地发挥作用，有时候要耗费数年时间才能获得预期效果，具有长时性和不稳定性。纵观约瑟夫·奈的软实力理论，他反复强调，在全球一体化日趋明显的信息时代，国家软实力的作用比过去愈加重要，它可以巩固扩大一个国家的国际影响力，有助于增强一个国家的外交政策在其他国家眼中的合理性和合法性。公共外交的核心目标之一正是提升一个国家的软实力。

## 第三节　公共关系理论与公共外交

19世纪末20世纪初，公共关系学就作为"塑造大众舆论"的行业在美国诞生。今天，无论是政客的选举，还是跨国公司的危机控制；无论是美军的战争动员，还是美国国务院的"公共外交"都离不开公共关系。[①] 近年来，很多西方学者探讨公共关系与公共外交两者直接的关系和融合性，运用公共关系的核心理论分析研究公共外交。有西方学者指出，公共关系的理论也可以观察通过政府力量整合的战略性公众的相互

---

① 张巨岩：《权力的声音——美国媒体和战争》，生活·读书·新知三联书店2004年版，第113—114页。

关系，从而进行利用和促进国家发展。还有学者结合公共外交和公共关系学者的相关著作的分析，给建议及预测公共外交与公共关系两门学科的合并提供了一定依据。为了使公共外交超越"宣传"，它需要结合双向沟通和对称性，之所以有些学者批判当下的公共外交还在延续冷战时期的风格就是因为目前的公共外交实践都是单向的。此外，公共外交并没有作为一种与外国公众建立对称的关系的工具。基于公共关系卓越理论上的"对称性"，公共外交意味着传播双方（即美国政府和民众）应该是开放和可变化的，而这种变化是可以进一步加强各方的共同利益的。①

**国家品牌理论与身份竞争力理论**

公共外交的目的之一就是构建良好的国家形象，提升国外受众对一国国家形象的认知度和好感度。在这个意义上，如何建构一个国家的品牌并对其进行有效的传播是公共外交的重要研究内容。1996年，英国的西蒙·安霍特最先提出国家品牌化这一概念，认为国家声誉具有与公司品牌形象类似的功能，对国家的发展和繁荣具有至关重要的作用。2001年，荷兰国际关系学院高级研究员皮特·汉姆在美国《外交》杂志上发表《品牌国家的兴起》一文，进一步阐述了品牌国家的理念和操作实践，从而使品牌国家的理念正式进入公共外交研究的领域。正如品牌最好地反映出顾客对特定产品和服务的感知，品牌国家也包含了外部世界对特定国家的信任和满意度。形象与声誉已经成为国家战略资本的核心部分。品牌国家运用其历史、地理和民族主题以建构其独特的形象。②

国家品牌营销是指一个国家有计划地、通过各种不同的传播工具，将该国的优点和特色长时间、一致并且清晰地传达到任何可能对该国利

---

① Foad Izadi, "US Public Diplomacy: A Theoretical Treatise", *The Journal of Arts Management, Law, and Society*, Vol. 46, No. 1, 2016, pp. 13–21.

② Peter Ham, "The Rise of the Brand State", *Foreign Affairs*, Vol. 80, No. 5, 2001, pp. 2–3.

益产生影响的海外受众中。综合吉姆·休斯和南茜·西克斯的研究，"国家品牌营销"实施的过程包含了两个要素：在品牌发展阶段，着眼于发掘和定位一国与众不同、具有核心竞争优势的理念和特性。而品牌营销阶段，则侧重于表达，即采用多种营销手段的组合策略，将一国的特性和核心理念在长时间内频繁传达，并且所有接触点传达的信息，需与国家的整体营销策略一致。国家品牌越鲜明，在信息海洋中就越容易辨识，只有确保多点传达的信息一致，国家品牌营销才能达到最优效果。经常使用的国家品牌手段包括：视觉形象标识，即将一国的理念和特色凝练、准确地加以外化，让一国的特质能够超越异质文化交流的障碍，便于海外公众迅速识别一国信息，产生联想和认同，留下深刻印象；国家形象广告，具备直观的冲击力、到达广泛，能够有效地增加国家品牌在国际上的曝光度，提升海外公众对本国品牌的认知；经过精心整合的官方门户网站，不仅能为有意了解该国资讯的海外公众提供快捷、全面的真实信息，还能指使他们如何便捷地获取所需服务；事件营销，指国家整合本身资源，在一系列有创意的特色大型活动中推广既定的一致定位，通过吸引媒体报道和目标公众群体的参与，达到提升国家品牌认知的目的。

　　近年，西蒙·安霍特进一步发展国家品牌理论，提出身份竞争力概念，认为国家品牌塑造与国家身份更有关系，而不是商业领域通常理解的品牌塑造。① 安霍特在《身份竞争力：国家、城市和地区的新品牌管理》一书中阐释了身份竞争力理论，其核心思想为：国家声誉往往表现为刻板印象，这种印象无论好坏很少真正反映国家的现状。改变国家形象需要从影响国家声誉的六大主要方面开始，即旅游体验、出口产品与服务、对内对外政策制定、投资环境及对外来人才的吸引力、文化产品

---

① Keith Dinnie, *Nation Branding: Concepts, Issues, Practice*, London: Routledge, 2008, pp. 20 – 22.

交流与输出、从领袖明星到普通国民在国内外的言行。六大方面必须协同努力建构有内在竞争力的国家身份才能帮助这个国家摆脱刻板印象。创建有竞争力的国家、地区和城市身份80%依靠创新，15%依靠协调一致、5%依靠传播。国家需要制定身份战略并动员大量企业和机构致力于创造新事物，如新思想、新政策、新法律、新产品、新服务、新行业、新建筑、新艺术、新科学、新知识产权。当来自同一地方的创新事物积累到一定程度，足以吸引人们的注意力和广泛议论时，人们才会做好改变刻板成见的准备，这个地方的声誉才会开始改变。[①]

**卓越公共关系理论**

公共外交追求的理想效果是传播主体与受众之间建立一种和谐、互信、共赢的关系，这与卓越公关的诉求完全一致。

1985年，国际商业传播者协会资助格鲁尼格研究小组开始了一项研究。该研究被命名为公共关系与沟通管理的卓越研究公共关系研究，简称卓越研究。研究历时15年，包括了加拿大、英国以及美国三个国家，针对327个组织进行问卷调查以及深入访谈，包含了1700个问题以及涵盖了25个质化的个案研究，总共访问了3400个组织中的员工、CEO和传播部门的负责人员。1992年，格鲁尼格等人出版《卓越公共关系与传播管理》，标志着卓越公关理论的提出。卓越研究的概念框架在1992年的《卓越公共关系与传播管理》中得以详细阐述，而后续的两本著作则分别报告了用量化与质化方法进行实证研究的结果。具体研究发现如下：首先，公共关系对组织的价值主要体现在两个方面。第一，帮助组织达成其与战略公众间所设定的目标；第二是帮助组织建立与战略公众之间长期且良好的关系。公共关系可以在以下五个执行层面的维度协助组织

---

① Simon Anholt, *Competitive Identity：The New Brand Management for Nations, Cities and Regions*, Basingstoke：Palgrave Macmillan, 2007.

的战略管理：一是参与组织的决策过程，界定会对利益相关方可能造成的影响；二是进行利益相关方与公众的区隔化；三是使用传播工具或沟通来建立并维护与战略公众之间的良好关系；四是影响管理层的行为；五是进行关系质量的评估。此外，研究还发现卓越公共关系对提升组织的投资回报亦有所贡献。①

　　卓越公共关系的十大原则：（1）战略管理必须成为公共关系实践的核心。富有成效的组织通常制订长期的战略计划，这种战略计划使组织能够确定适应于自身环境的目标和任务。开展战略性公关工作的组织能够针对组织可能出现的威胁和机遇，策划战略传播计划，寻求与内外公众建立良好的关系。（2）必须将公共关系纳入组织的权力中心。公关人员在组织中拥有一定的权力或向高层管理者直接报告的权力。公共关系战略管理必须是组织整体战略管理的一个不可分割的组成部分。富有成效的组织设置独立的公共关系部门，高级公关经理拥有实权或随时能够接近高层管理者。（3）整合的公共关系功能。卓越的公共关系部门能把各种公共关系功能整合到一个部门或建立一种机制来协调各部门的公共关系工作。公共关系唯有在一个整合系统中才能针对不断变化的战略目标，策划出新的战略传播计划。（4）公共关系作为一种管理功能独立于组织的其他管理功能，公共关系必须与其他管理职能进行区分（譬如：行销部门）。（5）公共关系部门由一位管理人员而不是技术人员来担任领导；公共关系人员在组织内扮演两种角色：制订战略传播计划的管理人员和编写、制作传播沟通材料的技术人员。如果没有管理人员来协调组织的公共关系活动，公共关系部门就不可能成为组织战略管理的一个组成部分。（6）公关工作采用双向平衡的模式。双向平衡的公共关系模式强调公关工作要建立在调查的基础上，通过传播沟通解决与战略公众

---

① 黄懿慧、吕琛：《卓越公共关系理论研究三十年回顾与展望》，《国际新闻界》2017年第5期，第129—154页。

的冲突并增进彼此的了解。卓越的公共关系部门采用双向平衡模式来开展大多数公共关系活动,尽管它们时常将双向非平衡模式的因素融于其中。(7) 公关部门必须具备管理与对等沟通的知识。(8) 组织内部必须实施对等沟通系统。(9) 组织内部必须采用多元化的理念,尊重女性、尊重少数民族及弱势族群。(10) 组织必须恪遵企业道德,并履行社会责任。公共关系工作的一个基本职责就是确定这种与公众交流的社会责任,并监测组织对这种社会责任的落实情况,这一点在跨国组织中尤为重要。简言之,卓越理论是一整套理论的名字,包含了一系列中层理论,如公众理论、公共关系和战略管理、公共关系模式、公共关系评估、雇员沟通、公共关系角色、性别、多样化、权利、激进主义、道德与社会责任、全球公共关系等。卓越理论特别强调对等沟通,认为无论是单一使用双向对等沟通模式,还是将其与双向不对等沟通模式混合使用,在培养建立与维系良性关系上均优于其他沟通模式,即新闻代理模式与公共资讯模式。同时,卓越理论认为公共关系只有具备了对等的特质时,才可能是最有价值的。

## 第四节　文化研究与公共外交

传播学研究的两大路向是经验学派和批判学派,批评学派这一路向就包括了传播政治经济学、文化研究与文化帝国主义。文化研究作为一个学科,发端于欧洲,从西方马克思主义的鼻祖卢卡奇的物化思想到法兰克福学派的批判理论,从法国结构主义的传媒符号分析到伯明翰大学的传媒文化解剖,从贝尔的资本主义文化矛盾到詹明信的资本主义文化逻辑等,这一研究领域包罗广泛。[①] 雷蒙·威廉姆斯、斯图亚特·霍尔、罗兰·巴特等学者都是文化研究的代表。在公共外交研究中,我们需要

---

[①] 李彬:《传播学引论》,新华出版社 2003 年版,第 299 页。

借助文化研究的基础理论和方法,分析公共外交中跨文化传播和国家形象建构等问题。在公共外交的具体实施中,文化是核心内容,也正因为此,很多国家把公共外交等同于文化外交。公共外交作为一种作用于国际受众的外交与信息传播活动,需要克服诸多跨文化传播中面临的文化障碍。

**编码与解码理论**

斯图亚特·霍尔是英国文化研究的杰出代表人之一。曾任英国伯明翰大学的"当代文化研究中心"主任。终身致力于媒介和大众文化的研究。他最广为人知的重要贡献是提出了编码与解码理论,认为受众对媒介文化产品的解释,与他们在社会结构中的地位和立场相对应。其理论基础来自马克思主义政治经济学理论的生产、流通、使用(包括分配或消费)以及再生产四个阶段。

霍尔批判了大众传播研究根据信息流通将传播过程概念化为"发送者、信息、接收者的线性特征",并提出电视话语"意义"的生产和传播存在"主导的复杂结构"。还以此为起点对电视话语的生产流通划分为三个阶段。第一阶段是电视话语"意义"的生产,即电视专业工作者对原材料的加工。这也是所谓的"制码"阶段。这一阶段占主导地位的是加工者对世界的看法,如世界观、意识形态等。第二阶段是"成品"阶段。霍尔认为,电视作品一旦完成,"意义"被注入电视话语后,占主导地位的便是赋予电视作品意义的语言和话语规则。此时的电视作品变成一个开放的、多义的话语系统。第三阶段也是最重要的阶段,是观众的"解码"阶段。

霍尔认为,事物本身并没有意义,而是存在这么一些表征系统,通过概念和符号构成了意义。意义生产依靠于诠释的实践,而诠释又靠我们积极使用符码——编码,将事物编入符码——以及靠另一端的人们对意义进行翻译或解码来维持。

霍尔意识到无论制作者如何精心,解码始终是一个复杂的实践过程。他提出了三种假设的受众解码立场,也就是霍尔模式:其一,主导—霸权立场。假定观众的解码立场与电视节目制作者的编码立场完全一致。其二,协商立场。大多数观众一方面承认支配意识形态的权威,另一方面也强调自身的特定情况。观众与支配意识形态处于一种充满矛盾的商议过程。第三种立场是对抗。观众有可能完全理解话语赋予的字面和内涵意义的曲折变化,但以一种全然相反的方式去解码信息。这三种立场中,后两种解读方式的提出无疑显示了文化研究力图摆脱阿尔图塞结构主义思想的影响,并开始导入葛兰西霸权理论。不再认为文本结构将主导受众信息接收的结果,而是认为意识形态与被统治者的社会经验之间存在着持续不断的矛盾,其交汇处就是一个意识形态进行斗争的场所,受众成为不断抗争的积极主体。"霍尔模式"改变了实证主义研究对信息传递者与受众关系的线性理解,认为意义不是传者"传递"的,而是受众"生产"的。这种视角的转变不仅仅意味着发现了积极"生产"意义的受众,而且把受众纳入到了主体间传播关系之中,揭示了阐释过程中所隐含的社会经济关系。意识形态被传送不等于被接受。电视观众远不是呆头呆脑的"沙发上的土豆"。[①]

### 文化维度理论

吉尔特·霍夫斯泰德认为,文化的层次关系就像是洋葱一样由多层次组成,每一层都影响着更高层次。在他对文化层次的分析中,价值观被认为是文化的核心部分,是早已在人们头脑中生根的不被意识到的假设、价值、信仰等,具有行为规范性维度,是社会行为的决定性因素。它们解释并直接影响人们的信仰、思想、观念、行动以及社会行为,告诉了我们某个群体这么想、这么做的内在原因。而一旦了解了人们的基

---

① Stuart Hall, *Culture*, *Media*, *Language*, London: Hutchinson, 1996.

本价值观，就可以比较有把握地推测出对方在特定的情况下很可能做出的反应，也就可以解释其行为方式了。

霍夫斯泰德的文化维度理论把文化分解成易于辨识的要素特质，为人们提供了观察不同文化差异性的"坐标系"，使人们可以按照不同的文化维度来认识不同国家文化差异，处理文化冲突。① 1967年到1973年，霍夫斯泰德在著名的跨国公司IBM（国际商业机器公司）进行了一项大规模的文化价值观调查。他的团队对IBM公司的各国员工先后进行了两轮问卷调查，用二十几种不同语言在72个国家里发放了116000多份调查问卷并回收了答案。调查和分析的重点是各国员工在价值观上表现出来的国别差异。在此基础上，1980年霍夫斯泰德出版了巨著《文化的影响力》，后又采纳了彭麦克等学者对他的理论的补充，总结出衡量文化的五个维度：（1）权力距离指某一社会中地位低的人对于权力在社会或组织中不平等分配的接受程度。各个国家由于对权力的理解不同，在这个维度上存在着很大的差异。欧美人不是很看重权力，他们更注重个人能力。而亚洲国家由于体制的关系，注重权力的约束力。（2）不确定性的规避指一个社会受到不确定的事件和非常规的环境威胁时是否通过正式的渠道来避免和控制不确定性。回避程度高的文化比较重视权威、地位、资历、年龄等，并试图以提供较大的职业安全，建立更正式的规则，不容忍偏激观点和行为，通过绝对知识和专家评定等手段来避免这些情景。回避程度低的文化对于反常的行为和意见比较宽容，规章制度少，在哲学、宗教方面他们容许各种不同的主张同时存在。（3）个人主义/集体主义维度是衡量某一社会总体是关注个人的利益还是关注集体的利益。个人主义倾向的社会中人与人之间的关系是松散的，人们倾向于关心自己及小家庭；而具有集体主义倾向的社会则注重族群内关系，关心大家庭，牢固的族群关系可以给人们持续的保护，而个人则必须对

---

① 霍夫斯泰德：《文化与组织：心理软件的力量》，中国人民大学出版社2010年版。

族群绝对忠诚。(4)男性化与女性化维度主要看某一社会代表男性的品质如竞争性、独断性更多，还是代表女性的品质如谦虚、关爱他人更多，以及对男性和女性职能的界定。男性维度指数的数值越大，说明该社会的男性化倾向越明显，男性气质越突出；反之，则说明该社会的女性气质突出。(5)长期取向和短期取向维度指的是某一文化中的成员对延迟其物质、情感、社会需求的满足所能接受的程度。这一维度显示有道德的生活在多大程度上是值得追求的，而不需要任何宗教来证明其合理性。长期取向指数与各国经济增长有着很强的关系。20世纪后期东亚经济突飞猛进，学者们认为长期取向是促进发展的主要原因之一。

**能指与所指**

现代语言学之父索绪尔将言语活动分成"语言"和"言语"两部分。语言是言语活动的社会部分，不受个人意志支配，是社会成员共有的，是一种社会现象。而言语带有个人发音、用词、造句的特点。索绪尔认为，任何语言符号是由"能指"和"所指"构成的，"能指"指语言的声音形象，"所指"指语言所反映的事物的概念。符号的任意性就是说，所指与能指的联系是任意的，两者之间没有任何内在的、自然的联系。在任意性这一点上，索氏指出，语言符号与象征不同，因为后者永远也不会是完全任意的。索绪尔认为，某个特定的能指和某个特定的所指的联系不是必然的，而是约定俗成的。能指与所指联系的随意性，保证了它们各自的独立，即："能指"无法被缩减为概念（即索绪尔所说的"所指"），而"所指"也不依附于一种特定的"能指"（即一个特定的语言单元）。一个孤立的"能指"可以具有多种含义，这就是多义性；反之，一个概念也可以在不同的能指中得到表达，这就是同义词。自索绪尔之后，相信语言符号是由"能指"和"所指"共同构成的理论，逐渐成为文论领域的普遍话题。罗兰·巴特在《当代神话》中对于索绪尔的概念"能指/所指"做了进一步的阐释和延伸，并在此基础上自然而然地产生了语言系统中第一系统、第二系统等的区分。能指是我们通过自己的感官所把握的符号的物质形式,所指是符号使用者对符号所涉及对象所形成的心理概念。①

---

① 陆扬、王毅:《文化研究导论》,复旦大学出版社 2006 年版,第 160—163 页。

# 第三章
# 多元公共外交理论框架建构
## Pluralistic Public Diplomacy Theory

公共外交作为一个跨学科领域，其基础理论支撑之一基于国际关系范畴下现实主义、自由主义、建构主义三大主流理论分析框架。现实主义理论认为，公共外交可通过对国家行为施加影响从而改变外国公众舆论；自由主义理论认为，公共外交的主体除国家外还包括非国家行为体；建构主义理论认为公共外交可作为国外公众辩论的触发工具。[①] 公共外交从自由主义的认识论出发，以现实主义所注重的国家利益为最终目标，将建构主义强调的角色、身份和认同理念贯之于实践。

20世纪90年代初，美国学者路易斯·戴蒙德（Louise Diamond）和约翰·麦克唐纳（John McDonald）在其著作《多轨外交——通向和平的多体系途径》中首次提出"多轨外交"的概念，在"二轨外交"的范式划分的基础上，进一步细分了非官方外交这一多元化的领域。此书出版至今，多轨外交理论对公共外交的研究和实践发展产生了重要影响，但是该理论所存在的明显缺陷以及随着新公共外交时代公共外交传播主体的不断拓展，使得这个理论框架越来越滞后于公共外交实践的发展与需求。

本章从跨学科视角，在舆论学、传播学、国际关系学、社会学、心理学、公共管理学、公共关系学等相关理论基础上提出"多元公共外交"理论框架，并对多元公共外交中多元化的行动主体之间的关系和角色进行分析和界定。一方面对公共外交的理论研究有着重要的学术增益，

---

① Sevin Efe, "Pathways of Connection: An Analytical Approach to the Impacts of Public Diplomacy", *Public Relations Review*, Vol. 41, No. 4, 2015, p. 567.

另一方面对公共外交实践有一定理论指导意义。

公共外交的核心目的是缔造和平，而缔造和平的前提是各国之间建立信任、避免误解与误判。公共外交的作用机制是通过影响舆论、进而影响国家外交政策。多元公共外交理论框架要回答的几个问题是：多元公共外交的概念，多元公共外交的作用，多元公共外交系统中不同主体的角色。

## 第一节  现有理论及其不足

学界和业界对于公共外交存在多元化行动主体的认知早已有之，很多学者对此进行了研究，多轨外交理论就是这一领域的重要成果。多轨外交理论对公共外交的研究和实践发展产生了重要影响，但是该理论所存在的明显缺陷以及随着新公共外交时代公共外交传播主体的不断拓展，使得这个理论框架越来越滞后于公共外交实践的发展与需求。

早在公共外交作为一个学术术语诞生之初，对于公共外交行为主体的认识就是多元的。1965年美国塔夫茨大学弗莱彻法律与外交学院院长埃德蒙德·格利恩在该院成立爱德华·默罗公共外交研究中心时首次提出："公共外交旨在通过引导公众的态度来对政府外交政策的制定与实施产生影响。它包括了超越传统外交的诸多国际关系领域：一国政府在其他国家境内公众舆论的培植开发；一个国家的私人、利益集团与另一国的相应团体之间的互动；对外交事件的报道及其对政策的影响；从事交流事业的人员如外交使节与外国记者之间的沟通；不同文化之间的交流等。公共外交的核心是信息和理念的跨国界流通。"[①] 这个概念虽然没有明确指出公共外交的行为主体有哪些，但已经超出了国家/政府这一单一轨道。1968年，阿瑟·霍夫曼对公共外交概念的界定明确指出了多元

---

① Harold Nicolson, *Diplomacy*, Washington DC: Georgetown University Press, 1988.

化的主体：政府、个人及团体直接或间接地去影响那些能对其他政府的外交政策决策直接施加压力的外国公众的态度和舆论。① 1994年，加洛尔·曼海姆在《战略公共外交与美国外交政策》一书中认为，有两种形式的公共外交：民众对民众与政府对民众。前者以文化交流为特征，被用来解释维护本国政策以及向外国公众描绘该国；后者则是一国政府为了使对象国的外交政策朝向自己有利的方向转变而努力去影响该国的公众或精英舆论。曼海姆的分析侧重于后者，他特别强调针对目标客体的"战略性公共外交"。② 2003年，美国公共外交研究的重镇——南加州大学公共外交研究中心提出，公共外交应聚焦于一个国家（或者多边组织如联合国）通过官方和私人个体及机构有意地或者无意地与其他社会的公民沟通。③

以上对公共外交主体多元化的认识，还处于描述层面，对于公共外交多元化主体进行了系统分析并且提出了理论框架的，当数路易斯·戴蒙德和约翰·麦克唐纳。20世纪90年代初，路易斯·戴蒙德和约翰·麦克唐纳在其著作《多轨外交——通向和平的多体系途径》中首次提出"多轨外交"的概念，在"二轨外交"的范式划分的基础上，进一步细分了非官方外交这一多元化的领域。政府外交官、冲突解决专家们都习惯于将主权国家委派的代表们之间正式的、官方的、政府对政府的互动看作是第一轨外交活动。"二轨外交"一词由约瑟夫·蒙特维尔在1982年提出，用以描述正式的政府体系之外的外交手段，指的是平民百姓或者私人团体（有时也称作平民外交官或者非国家行为体）之间的非政府、非正式和非官方的交往和活动。戴蒙德和麦克唐纳认为，多轨外交

---

① Arthur Hoffman, *International Communication and the New Diplomacy*, Bloomington: Indian University Press, 1968.
② Jarol Manheim, *Strategic Public Diplomacy and American Foreign Policy*, Oxford: Oxford University Press, 1994.
③ http://uscpublicdiplomacy.com.

共有三个主要目标：通过促进交流、增进了解和改善关系来减少或者消除集团或者国家间的冲突；通过使"敌人的面孔"人性化和使人们亲身感受对方，来缓解紧张关系，消除愤怒、恐惧或者误解；通过提出最根本的原因、感受和需要，通过毫无偏见地探索各种外交选择，从而为更正式的谈判或重新制定政策奠定基础，来影响第一轨的思想和行为。

多轨外交理论发轫于东欧剧变、苏联解体的大背景下。人们日益认识到世界是相互依存的整体，特别体现在环境保护方面。媒体的发展使得人们可以目睹发生在远方的战争、自然灾害以及痛苦的灾民。苏联解体以后，地区冲突此起彼伏，而人类缺乏有效手段应对国家内部和跨越国界的不同集团之间的地区和种族冲突。各种致命武器的潜在毁灭性后果使人们意识到仅仅一场冲突就是世界范围的毁灭，这关系到全人类的生死存亡。在这样的历史大背景下，非政府的外交活动越来越活跃，二轨外交理论已经不能涵盖平民参与的多样性和深度广度。多轨外交理论应运而生。多轨外交的理论模型包括了九大轨道：政府，或曰通过外交缔造和平；非政府/专业人士，或曰通过专业的冲突解决方式缔造和平；商业，或曰通过商业缔造和平；平民，或曰通过个人参与缔造和平；研究、培训和教育，或曰通过学习缔造和平；社会行动，或曰通过倡导缔造和平；宗教，或曰通过笃信行动缔造和平；资助，或曰通过提供资源缔造和平；传播与媒体，或曰通过信息缔造和平。具体而言：

第一轨：政府，代表部门是外交部。其作用是：进行谈判、调解、危机干预等；增进国家间的信赖和信任；寻求防止战争。当今世界是一种以民族国家为基础的国际关系体系。各国的政府是各国最高权力的载体。外交世界的文化是政治性的、官僚化的。该领域活跃于主流外交舞台，是国家利益的官方代表。这一轨的地位是指挥功能，为其他各组成部分设置议程。第二轨：非政府/专业人士——通过鼓励冲突双方的交流、理解，寻求共同解决问题的途径。非官方交流能提供一种政府外交无法达到的自由度，有助于参与各方抑制冲突、克服心理障碍、建立关系。这一轨的行动主体专业性强、有扎实的知识和学术积淀。在多轨中居于前沿地位，弥补第一轨的诸多不足。第三轨：商业——通过商业达致和平。商业的主要任务是建立关系并开创交流和联系途径。许多冲突的根源是贫困和物质匮乏，商业外交可以部分解决这一点。这一领域的行动主体由跨国公司和商业协会构成。国际商务想要畅通无阻，商人们就必须打破种族中心主义，对当地的社会和文化政治有所了解，这客观上加深了双方的了解。第四轨：平民——通过个人参与缔造和平。通过参与许多类型的组织和协会，平民能够与其他国家和文化的人民建立个人关系。第五轨：研究、培训和教育——通过学习缔造和平。主要任务是生成并且传播有关和平与冲突、缔造和平及解决冲突等问题的信息。这一领域主要由智库和教育机构构成。崇尚知识，重视通过严谨、科学的方式研究社会问题。这一轨是多轨外交的大脑，发挥智力支持作用，为其他诸轨提供分析和建议等。第六轨：社会行动——通过倡导缔造和平。通过社会行动来改变现行制度、态度和政策。这一轨是战斗先锋，强烈的道义感使其成为对第一轨必要的制衡力量。第七轨：宗教。宗教外交的来源是信仰的巨大驱动力。宗教可以达成其他轨无法达到的成果。致力于把祷告和冥想作为开展工作的主要工具，通过传教和社区参与来开展工作。这一轨是多轨外交的良心。第八轨：资助——通过提供资源缔造和平。主要为多轨外交各项活动提供财政支持，通过遴选项目为该领域设置议程，确定重要问题和决定轻重缓急，扮演守门人角色，掌握财政大权。第九轨：传播与媒体——通过信息缔造和平。利用传媒告知公众、设置议程，使其关注和平发展、冲突解决和国际关系。

通过以上对多轨外交理论的分析，可以看出，这个理论框架最明显的缺陷是对于多轨道的分类标准不清晰，存在诸多模糊和重合之处。比如对于政府和非政府/专业人士的划分，是基于行动主体的维度。但是对于宗教、商业、研究、培训与教育的划分，显然不是同一维度。再比如，非政府/专业人士这一轨与研究、培训与教育这一轨在行动主体的层面上是重合的。这一理论框架存在的第二大缺陷是，多轨外交作为一个系统的分析很薄弱，对于各轨之间的关系，在多轨中的角色与功能未能做出清晰阐释。

## 第二节 多元公共外交概念界定及作用

**多元公共外交概念界定**

多元公共外交作为一个系统，一种意识形态权利网络，主要由国家权力、思想权力、舆论权力和经济权力构成。在多元公共外交系统中，政府、智库、媒体、企业以及普通公众形成了多个相互独立的中心并且存在着多元的舆论互动。这些多元的行为主体共同服务于国家利益，通过各种传播媒介和方式，在国际舆论空间提升国际形象和软实力、构建信任与和平。政府是多元公共外交系统中的宏观政策和行为规则制定者，同时运用经济、法律、政策等多种手段为多元公共外交提供依据和便利。智库是多元公共外交系统的思想源泉，同时也是最具公信力的行为主体。媒体是多元公共外交系统的舆论扩散器和媒介镜像构建者。企业是多元公共外交系统中的经济权力。

公共外交的影响力属于一种软权力。为了实现这种软权力的力量，多元公共外交需要通过多种媒介和方式，选择恰当的时机进行信息的传播。根据影响力实施方式的不同，可以将多元公共外交方式简化为两大类别：一类侧重于文化和教育交流，另一类则侧重于信息传播，目的都是建构关系、加强信任。与传统的"权力政治"不同，公共外交注重的是"心灵政治"。[1] 关于多元公共外交的作用，可以具体分为以下两个层面：在国际关系中建构互信；提升国家软实力。

---

[1] Arquilla John and David Ronfeldt, *The Emergence of Noopolitik*: *Toward An American Information Strategy*, Santa Monica, CA: Rand Corporation, 1999, p.190.

# 第三章
## 多元公共外交理论框架建构

**多元公共外交的作用**

关于多元公共外交的作用,可以具体分为以下两个层面:在国际关系中建构互信;提升国家软实力。

**第一,在国际关系中建构互信。**社会学领域中对于互信问题的研究主要从理性选择的路径出发,这一理论的代表人物是美国社会学家哈丁,这一路径对信任的定义是"融合的利益"。[1] 另一位社会学家彼得·什托姆普卡指出,信任可以分为三个维度:信任是一种直接或间接的交换关系;信任是一种人格特质,属于社会情感的一部分;信任是一种文化规则,社会可以分为高信任和低信任文化。[2] 从文化角度来解释信任,信任文化兼具特殊性和普适性,它是流动的而不是固定的,是建构出来的。[3] 霍夫曼从社会认同理论出发,认为"当领导人认为和可能要去信任的另一国的领导人是属于同一社会集团时,国家间信任关系会得到发展"。因为"共同的群体成员身份可以在成员之间创造出一种责任,这种责任会因为群体和群体价值观的认同得以增长"[4]。

国际关系领域对于信任和认同的研究,主要分为理性选择视角、国际机制视角和综合视角等几种类型。理性选择视角认为信任是一种对外政策。在这一视角下,国家的决策者通过分析对方的行为,做出对自己国家最有利的选择。这一研究以量化分析作为主要方法,其中主要相关变量为国家的相对实力、对抗的成功概率、成功的收益、失败的损失等方面建立数学模型进行分析。[5] 机制研究认为,一国对他国的战略信任

---

[1] Russell Hardin, *Trust and Trustworthiness*, New York: Russell Sage Foundation, 2002, p. 3.

[2] 参见彼得·什托姆普卡《信任:一种社会学理论》,程胜利译,中华书局2005年版。

[3] Mark Saunders, *Organizational Trust: A Cultural Perspective*, Cambridge: Cambridge University Press, 2011.

[4] Aaron Hoffman, *Building Trust*, New York: University of New York State, 2006, pp. 41–42.

[5] Andrew Kydd, *Trust and Mistrust in International Relations*, Princeton: Princeton University Press, 2005, p. 31.

并不是从利益的信息中决定的。这一研究的代表人物美国南加州大学政治学者罗斯本,他提出了总体信任的观点,认为其对最初发起信任有很大意义,对长期合作有好处,对信息不足的时候的合作有好处。① 中国学界对国际关系信任的研究也取得了诸多成果,有学者指出,国家间互信是一种理性选择和互动的结果;国家间互信是两个民族之间尤其是决策者之间情感与心理的融合;国家间互信是两个国家间文化的相互认同。即使在两国之间互信程度不高的阶段,通过文化维度来加强互信,比从理性选择和情感心理路径进行,更容易实现。也就是说,文化因素对于国家间互信的影响既取决于两国的基本文化认同度,也会在文化沟通中建构出来。这是一个流动的过程,而不是一个固定的结果。②

基于目前关于信任的理论研究成果,公共外交作为一种构建和平的手段,可以通过信息与文化的沟通交流,在国与国之间建构互信。而在多元公共外交系统的不同行为体中,智库作为一种独立于政府的非国家行为体,其独立性和专家地位赋予了其特殊的地位,使其更容易被公众所信任。以中美两国关系和公共外交为例,随着中美硬实力对比的变化,中美关系进入了一个新的发展阶段,其中一个突出的特征就是两国间战略竞争和战略猜疑的加剧。在这样的背景下,中美两国通过多元的公共外交,加强两国在智库、媒体、企业等方面的互动和交流,有利于加强理解、建立互信、避免战略误判。

**第二,影响舆论、提升国家软实力**。公共外交的目的是缔造和平,其主要手段是通过信息的传播与沟通影响舆论,改变受众的认知、态度和行为。在权力的范畴,公共外交是一种软权力,属于意识形态权力的范畴。

---

① Brian Rathbun, *Trust in International Cooperation: International Security Institutions, Domestic Politics and American Multilateralism*, Cambridge: Cambridge University Press, 2012.
② 陈丽颖、蔡佳禾:《国家间互信形成与维持的理论探索》,《南京社会科学》2016 年第 4 期,第 72—78 页。

## 第三章
## 多元公共外交理论框架建构

经典现实主义者摩根索认为,"对于政府来说,只引导本国的公众舆论支持及其外交政策是不够的,还必须赢得其他国家的公众舆论对其国内外政策的支持"。"国家的权力不仅依赖于外交的技术和武装力量的强大,而且依赖于它的政治哲学、政治机构和政治政策对其他国家的吸引力。"① 进攻性现实主义的代言人米尔斯海默也积极倡导美国在反恐战争中要推行"赢得人心"的战略。② 马克斯·韦伯指出:"直接影响人的行为的因素不是意念,而是物质和精神的利益。但是'观念'造就的'对世界的认识'却往往像扳道工一样起到确定方向的作用,使被利益驱动的行动沿着这个方向行进。"③

约瑟夫·奈在1990年出版的《注定领导世界——美国权力性质的变化》一书中,首次提出了"软实力"这一概念。"软实力"概念是政治学和社会学领域里"实力"概念的延伸。"软实力"是相对于"硬实力"而言,在约瑟夫·奈看来,"硬实力"指的是硬性命令式权力,它来自一个国家的军事和经济实力,一般通过经济或军事等手段来引诱或威胁他人改变自己的意志或行为;而"软实力"是指通过吸引力让他人自愿追求你所要的东西的能力。④ 一国可以通过文化、意识形态以及制度本身的投射性使外部行为者产生学习和效仿的愿望,从而实现国家的战略目的。⑤

迈克尔·曼在《社会权力的来源》一书中明确提出,国家权力由经济权力、军事权力、意识形态权力和政治权力构成,其中每一种权力都贯穿着弥散性的意识形态权力,意识形态权力是其他权力相互作用的"网络"。弥散性就意味着意识形态权力以一种本能的、无意识的方式渗

---

① 汉斯·摩根索:《国家间的政治》,中国人民公安大学出版社1990年版,第230页。
② John Mearsheimer, "Hearts and Minds", *National Interest*, No. 69, 2002, pp. 13–16.
③ 转引自朱迪斯·戈尔斯坦、罗伯特·基欧汉编《观念与外交政策》,北京大学出版社2005年版,第49页。
④ 约瑟夫·奈:《软实力:权力,从硬实力到软实力》,马娟娟译,中信出版社2013年版,第9—10页。
⑤ Joseph Nye, *Bound to Lead: The Changing Nature of American Power*, New York: Basic Books, 1990.

透到其他权力之中,从而成为国家权力的网络核心。意识形态的权力来源于人类寻找生命终极意义的需要,来源于与他人分享规范与价值以及参与审美和仪式实践的需要。经济权力来源于人类提取、转化、分配和消费自然产品的需要。经济关系之所以强大,在于它将劳动力的集中动员与更广泛的交换网络联系在一起。军事权力是一种集中而毁灭性的暴力,政治权力体现为对社会生活的集中和领土化管理。

针对有怀疑论者反对"软实力"这种提法,约瑟夫·奈指出,要了解吸引力在何种条件下发挥作用,所有实力都依赖环境发挥作用。[①] 在全球化时代,非官方的软实力资源正变得日趋重要,美国的软实力大部分由民间社会所产生,所有的一切来自于高校和基金会,好莱坞和流行文化,而不是来自于政府。[②] 相比硬实力,软实力更加依赖自发的解读者和接受者,其效果在很大程度上取决于受众的接受程度,因而更具多变性;软实力通常具有扩散效应,产生的是一般性影响,而不是某种具体可见的行为效果;软实力往往通过塑造政策环境间接地发挥作用,有时候要耗费数年时间才能获得预期效果,具有长时性和不稳定性。纵观约瑟夫·奈的软实力理论,国家软实力的作用比过去愈加重要,它可以巩固扩大一个国家的国际影响力,有助于增强一个国家的外交政策在其他国家眼中的合理性和合法性。

按照迈克尔·曼对国家权力的分析框架,约瑟夫·奈提出的软实力属于意识形态权力,是国家权力网络的核心。对于"世界"的认知和舆论是观念化的建构的结果,取决于一系列信息的选择组合、议程设置、框架建构。这种权力就是意识形态的权力,没有什么权力比能操纵人的观念、思想和意念的权力更有力量。

公共外交是提升一个国家软实力的重要途径和手段。一方面,通过

---

① 约瑟夫·奈:《软实力:权力,从硬实力到软实力》,马娟娟译,中信出版社2013年版,第21页。

② 约瑟夫·奈:《美国世纪结束了吗》,北京联合出版公司2016年版,第71页。

公共外交的信息与文化交流传播，一国的软实力更广泛地被国外受众所感知，另一方面，通过长期的公共外交，通过倾听、交流和对话，各国之间加强了理解、建构了互信，从而提升了国家软实力，促进了国际和平。以好莱坞电影为例，从一战、二战直至苏联解体，好莱坞电影作为美国公共外交的重要媒介占据着世界电影市场的垄断地位，影响着全球观众的思想观念和审美品位。从战争期间带有明显宣传色彩和意识形态的电影到现在风靡全球的好莱坞大片，好莱坞电影在全世界播放的同时，塑造了全球公众的视觉思维和听觉类型，定位了他们的价值取向和审美趣味，乃至重新整合了他们的历史记忆和文化认同。

## 第三节　多元行动主体的角色与功能

多元公共外交作为一个系统，一种意识形态权力网络，主要由国家权力、思想权力、舆论权力和经济权力构成。在多元公共外交系统中，政府、智库、媒体、企业以及普通公众形成了多个相互独立的中心并且存在着多元的舆论互动。这些多元的行为主体共同服务于国家利益，通过各种传播媒介和方式，在国际舆论空间提升国际形象和软实力、构建信任与和平。但是，这些多元的行为主体，因其各自特点不同，在多元公共外交系统中承担着不同的角色与功能，从而也保证了这个系统的正常运作。

**第一，政府是多元公共外交系统中的宏观政策和行为规则制定者，同时运用经济、法律、政策等多种手段为多元公共外交提供依据和便利。**

社会学家约翰·加尔东认为："舆论是由人们的社会地位所决定的，每一个社会公众都对政策问题有意见、看法、态度与主张，但是由于人们所处的社会地位不同，不同人的舆论对政策的影响力是不同的。"[①] 加

---

① Johan Galtung, "Foreign Policy Opinion as a Function of Social Position", *Journal of Peace Research*, Vol. 1, No. 3 – 4, 1964, pp. 206 – 230.

尔东把影响公共政策的舆论分为三个部分：核心舆论、中心舆论、边缘舆论。核心舆论是指政策制定者的舆论，中心舆论是指经常能对政策施加影响的智库、大众传媒等精英舆论，边缘舆论是指普通公众的舆论。加尔东划分核心、中心、边缘舆论的标准是信息的获取量和舆论表达的渠道。处于核心地位的人充分占有信息、又是政策制定者，因此他们的舆论是核心舆论。处于中心地位的社会各界精英，他们也具有条件了解与政策相关的信息，也可以通过各种渠道表达意见，因而是中心舆论。而广大普通公众，即无法掌握大量政策信息，又缺少渠道表达观点，因而是边缘舆论。

加尔东的"舆论社会分层理论"为我们提供了一个从舆论维度分析政府在多元公共外交系统中所处角色的理论视角和思维路径。按照这个理论框架，政府在多元公共外交中占据着核心舆论的地位。

文森特·奥斯特罗姆与埃莉诺·奥斯特罗姆夫妇共同提出的多中心理论认为，在私有化和国有化两个极端之间，存在其他多种可能的治理方式，并且能有效率地运行。作为一种治理思路，多中心治理意味着在公共物品生产、公共服务提供和公共事务处理方面存在着多个供给主体。[①] 多中心的治理模式则跳出了传统的非此即彼的思维局限，主张政府和市场既是公共事务处理的主体，又是公共物品配置的两种不同的手段和机制，主张在公共事务的处理中，既充分保证政府公共性、集中性的优势，又利用市场的回应性强、效率高的特点，综合两个主体、两种手段的优势，从而提供了一种合作共治的公共事务治理新范式。多中心治理不意味着政府从公共事务领域的退出和责任的让渡，而是政府角色、责任与管理方式的变化。

奥斯特罗姆夫妇的多中心理论为多元公共外交提供了一个基础的理

---

① 参见埃莉诺·奥斯特罗姆《公共事物的治理之道——集体行动制度的演进》，生活·读书·新知三联书店 2000 年版。

论支撑点。在多元公共外交系统中，政府、智库、大众传媒、企业以及普通公众形成了多个相互独立的中心并且存在着多元的舆论互动。这些多元的行为主体共同服务于国家利益，通过各种传播媒介和方式，在国际舆论空间提升国际形象和软实力、构建信任与和平。其中，政府在公共外交中的角色并没有因此而弱化，而是其角色和管理方式的转变。在多元公共外交中，政府的角色不再既是政策制定者又是唯一的行为主体，政府成为其中一个主体，政府的管理方式也从以往的直接管理变为间接管理。在多元公共外交系统中，政府负责制定宏观框架和参与者的行为规则，同时运用经济、法律、政策等多种手段为多元公共外交提供依据和便利。

**第二，智库是多元公共外交系统的思想源泉，同时也是最具公信力的行为主体。**

多元公共外交的核心目的之一是在国际关系中建立互信，对于行为主体而言，其公信力是赢得受众信任的关键，其公信力和信任程度如何也决定了在多元公共外交系统中的作用与角色。罗伯特·加斯和约翰·赛特尔认为公信力由三大主要维度——专业能力、可信度和友好善意构成。专业能力是公信力的最重要维度，主要是指能力或资格。一个具有公信力的行为主体必须对事物了如指掌、有能力处理事物，并能够做出最佳决策。可信度是开展任何合作的前提，得到受众的信任是传播者实现有效互动的基本条件之一，基于国家利益的特殊性与相互排斥性，媒体与媒体之间、传播者与受众之间存在一定的不信任和敌对。建构可信度比提高专业能力更难。在客体眼中，对其表示友好善意、对其福祉诚挚关注的行为主体具有公信力。[①]

按照罗伯特·加斯和约翰·赛特提出的公信力理论框架，在多元公

---

① Nancy Snow, Philip Taylor, *Routledge Handbook of Public Diplomacy*, London: Routledge, 2009, pp. 154–162.

共外交中，智库是最具公信力的公共外交行为主体。首先，智库在机构属性上属于非国家行为体，其目的是进行公共政策研究、服务于公共利益。欧美国家在一个多世纪的智库发展中构建了智库作为一个国家和民族思想源泉、其研究具有高质量和独立性的声誉与可信度。其产生和存在的主要目的是向全社会提供智力资源和思想服务，是国家发展不可缺少的智力支撑。智库作为一种知识密集型组织，是知识经济时代的国家创新动力之源。这些对智库的认知经过长时间的建构已成为一种意识形态影响了受众对智库的认知与态度，使得智库所传播的信息和表达的观点具有很高的可信度。其次，智库是知识密集型组织，主要由受过高等教育的知识分子组成，具有高度的专业性。智库的专家学者们既是维护人类基本价值的知识分子，又是政策领域的学术权威。学者的属性不但为政策专家们提供了不可或缺的知识权威，而且为他们提供了将其与游说者、政策活动家、咨询家分离开来的重要手段。从社会角色的角度，普遍认为知识分子天生具有批判精神，并以此形成他的社会角色，即作为真理、正义的代表而存在。今天西方学界常常称知识分子为"社会的良心"，认为他们是人类的基本价值，如理性、自由、公平等的维护者。知识分子一方面根据这些基本价值来批判社会上一切不合理的现象，另一方面则努力推动这些价值的充分实现。作为学术权威的政策专家应当基于严格的实证数据积累知识，并以出版书籍和文章为目的。应当具备聪明的头脑、敏锐的分析能力、严谨的学术训练以及超脱于党派偏见和政治与经济羁绊的自由。最后，从友好善意的维度讲，智库是非营利组织，从事的研究关乎国家发展、社会民生，提出独立性、专业性的高质量的政策建议，服务于国家利益和公共利益。这应该属于"善意"的最高层次，很易于为公众信任和接受。

20世纪70年代，美国著名的政治学家托马斯·戴伊在其代表作《谁掌管美国》中提出了"寡头论模式"。托马斯·戴伊认为，在政策制定过程中，智库还致力于在国家的精英集团、大众传媒、利益集团、政府官员之间合纵连横,寻找彼此认同的契合点,"正是在这里,那些事先被界定出的问题被更加详细地加以确认,并研究出具体的解决办法。智囊团里酝酿出的报告和推荐的意见方案会以书籍的形式出版,也会以文章的形式在报刊上发表。所有这些都为在新闻媒体和华盛顿即将进行的什么样的政策讨论提供一幅蓝图和预先的参考"[1]。根据戴伊的理论,虽然政府官员名义上是最直接的政策制定者,但事实上他们仅仅将别人早已制定好的政策合法化并执行这些政策而已。按照戴伊的"寡头论",智库在外交政策制定过程中起决定性作用。

"公共政策舆论场"理论是笔者提出的理论框架,是指公共政策形成的具体时空环境。"公共政策舆论场"的构成因素主要包括政府舆论、思想库、利益集团、大众传媒和公众舆论。公共政策的形成是政府、智库、利益集团、大众传媒、公众通过各种传播媒介的互动达成的共识。在"公共政策舆论场"中,智库处于"舆论聚散核心"的地位。一方面,智库是舆论生产的"工厂",是吸引各种各样的观点、看法、主张、建议的融合、碰撞的磁场和聚集地;另一方面,智库是舆论传播的核心,它通过各种传播策略和传播渠道影响其他舆论。

基于以上分析,在多元公共外交系统中,智库是最具公信力的行为主体。也是整个系统的思想源泉。

**第三,媒体是多元公共外交系统的舆论扩散器和媒介镜像构建者。**

传播学的议程设置理论、框架理论、培养理论等经典传播效果研究,都验证了媒体影响了人类对世界的认知和态度。媒体作为一种意识形态权力,通过持续不断的信息传播,建构了人类关于世界的认知。大众传媒提供的"象征性现实"具有特定的意识形态倾向,这种倾向潜移默化地影响着人们的现实观,并且这种影响是一个长期的、"涵化"的过程。本书所指的媒体不仅仅是指大众传媒,也包含社交媒体。自2016年英国

---

[1] 托马斯·戴伊:《自上而下的政策制定》,中国人民大学出版社2002年版,第53页。

脱欧和美国特朗普赢得总统大选之后,传统主流媒体与社交媒体已经在信息传播领域成分庭抗争之势。在当今时代,信息传播渠道日益多元,信息如洪水泛滥,公信力和注意力成为最核心的资源。在多元公共外交系统中,媒体的公信力相较智库而言较弱,但媒体的舆论扩散力依然是其核心优势。对于媒体的传播形式,不仅仅是新闻媒体的信息传播,还包括电影、电视剧等媒介形式。

对于新闻媒体在国际关系和公共外交中的影响力,学界已有诸多研究和论述。伯纳德·科恩早在1963年就在《新闻与外交政策》一书中指出,媒体因其联结政府和关心国际事务的公众而成为外交决策不可或缺的要素,同时,它还处于一种与政府和睦共处的"共生"合作关系中。路易斯·戴蒙德在《多轨外交——通向和平的多体系途径》中将媒体列为外交的第九轨道,认为媒体既可以通过传播信息来塑造舆论,反过来也可以作为一种渠道使公众舆论得以传播。1987年,格伦·费希尔在《全球社会中的美国传播》一书中指出,鉴于我们处在一个公共外交的时代,"政府所采取的行动日益有必要对人民的意愿和判断做出响应,特别是当媒体机构发挥它们的影响以及公共组织更有效地表达它们的关切时"[1]。1991年,赫芬南在其所著的《大众媒介与美国外交政策》中将媒介定义为外交政策的一个快速而有效的信息源。还有学者指出,在塑造国家形象方面,媒体外交意义重大,通过控制本国媒体可以构造本国的本体意识,而只有那些具有全球媒体优势的国家才能在国际上树立本国的良好形象。[2] 还有学者指出,媒体的重要性在于它为不同的国家和民族之间建立必要的沟通,从而搭起一个可靠的和平架构,甚至单靠国际广播就能"维持对话机制以达到一个更为广阔并更具建设性的共存

---

[1] Glen Fisher, *American Communication in a Global Society*, New York: AblexPublishing, 1987, pp. 8 – 9.

[2] 参见刘鸣筝《美国公共外交研究(1917—2009)》,博士学位论文,吉林大学,2011年。

水平"。① 罗伯特·福特纳认为,"开展公共外交,就是利用本国广播直接向外国公众解释本国政府的外交政策或观点,凡是旨在为了国家利益而对某个事件、人物或协议施加影响的新闻报道的努力都可归入公共外交之列"②。门罗·普莱斯在《媒体与主权》一书中认为,"9·11"事件使美国和其他国家都重新审视公共外交的角色,其中当然也包括国际广播这一工具。美国投身的是一场心灵争夺战,军事手段不足以反击那种强力灌输所累积起来的敌视西方的信仰之源,需要借由公共外交尤其是通过国际广播来达到这一目的。③

菲利普·赛博在《跨国新闻、公共外交及虚拟国家》一文中指出跨国新闻是一种相对有效且成本较低的公共外交途径,以新闻的形式向全世界广大潜在的受众传播信息,这种形式对增加公信力有很大帮助。新闻媒体是一个国家普通公众了解其他国家更为重要的渠道;相对于其他类型的渠道,新闻媒体对其他国家报道的正面程度能够在更大程度上影响公众对该国的好感度。④ 媒体效果研究证实,新闻媒体拥有议程设置的能力,能在左右公众认知的基础上影响公众态度的形成。海外媒体上的国际新闻是目标国公众最容易获得的关于其他国家的信息,一国在国际媒体的形象往往会被媒体所在国的公众解读为一国的国家形象,进而直接影响目标国公众对某一国家的认识和态度。绝大部分海外普通公众很少有机会亲身接触到第三国公众,或者有机会亲自走访第三国,亲身

---

① David Abshire, *International Broadcasting: A New Dimension of Western Diplomacy*, CA: Sage Publications, 1976, p. 10.

② Robert Fortner, *Public Diplomacy and International Politics: The Symbolic Constructs of Summits and International Radio News*, Westport: Praeger Publishers, 1994, p. 35.

③ Monroe Price, *Media and Sovereignty, The Global Information Revolution and Its Challenge Lo State Power*, Cambridge: The MIT Press, 2002, pp. 199 - 225.

④ Xiuli Wang, Di Zhang, and Temple Northup, "What Shapes Americans' Opinions about Other Countries: News, Entertainment, and Personal Contact", Paper presented at Mass Communication & Society Division, Association for Education in Journalism and Mass Communication, Washington DC, August 2007.

体验异域文化，媒体是他们认知世界的一面镜子。

对于电影、电视类媒体在公共外交中的影响力，目前学界研究成果较少。笔者认为，在公共外交所使用的媒介中，电影媒介是最具国际影响力的大众媒介，在跨文化传播中具有其他媒介无法媲美的优势。电影是一种以视觉符号为主的、直观的传播形式，与其他传播形式相比，电影最直观和引人入胜，最容易跨越文化和国界的壁垒。观众可以通过电影了解异国的生活方式、信仰体系、社会价值、道德标准等表层及深层的文化。安德烈·巴赞主编的《电影手册》中有这样一段话："电影在西方社会中是为现存社会体制进行辩护的主要媒介之一，它的功能是提供一种意识形态性的辩护。"① 早在 1947 年，德国著名电影理论家齐格弗里德·克拉考尔就提出，电影比其他艺术门类更能反映一个民族的精神。通过电影能够洞察一个民族的无意识动机和集体欲望。②

**第四，企业是多元公共外交系统中的经济权力。**

经济活动与政治、文化之间向来存在着密不可分的关联。迈克尔·曼认为，国家权力由经济权力、军事权力、意识形态权力和政治权力构成。经济权力来源于人类提取、转化、分配和消费自然产品的需要。经济关系之所以强大，在于它将劳动力的集中动员与更广泛的交换网络联系在一起。丹尼尔认为一个国家的企业是该国国家品牌的决定性因素，企业形象和国家形象之间存在双向关系，即企业形象不仅会受到国家形象的影响，而且它还会对国家形象产生影响。③ 任何参与国际竞争的企业之形象、产品和经营行为，都是国家形象的构成要素。

安德森提出的联想网络理论认为，记忆是连接网络的节点，一组节

---

① Michael Ryan and Douglas Kellner, *Camera Politica*: *The Politics and Ideology of Contemporary Hollywood Film*, Indiana: The Indiana University Press, 1988, p.162.
② 谭成才、宫倩：《从好莱坞电影看美国文化软实力的提升》，《电影评介》2011 年第 21 期，第 22—24 页。
③ Keith Dinnie, *Nation Branding*: *Concepts*, *Issues*, *Practice*, London: Routledge, 2015.

点会导致人们联想到其他相关节点,这一过程被称为激活扩散过程。企业形象和国家形象可以定义为二者在情感或认知层面的联结节点,企业形象认知或情感节点的激活会使人扩散联想到国家形象。① 当消费者对某企业产生认同时,该企业所在国家作为关联节点被激活扩散,进而国家形象评价得到提高。全球化浪潮中,信息、资金、人口和文化在世界范围内以空前的速率流转。企业作为世界经济网络的重要节点,在促成资金和商品流通的同时,客观上推动着信息和文化的流通,传播和塑造着一国形象,成为公共外交的重要力量。企业进行公共外交的根本动力来自于其追逐利润最大化的本性。对于跨国企业而言,增进投资国和母国之间的相互理解和沟通,维持两国关系的和谐与稳定,是跨国公司盈利的基本保障,特别是那些直接在投资国设厂买地的跨国公司。一旦投资国与母国发生战争,哪怕是强烈的外交冲突,他们在投资国的固定资本和金融资产将最先受到威胁,甚至公司高管和员工的人身安全也将受到挑战,因此,跨国公司具有积极参与公共外交的主观能动性。

世界各国在开展公共外交的过程中,都高度重视引导跨国企业在国际市场的行为,让其商业活动能够为国家形象和外交政策服务。跨国企业分布世界各地、深入基层社区,已经成为国际关系中的强有力角色。随着跨国企业在全球拓展,其所属国的政治、经济、外交影响也随之扩散出去。对于跨国企业而言,无论是海外投资、跨国并购行为,还是国际市场的开拓、维护过程,无不直接关乎对象国公众的切身利益。对于外国公众而言,通过企业提供的产品和服务以及其市场营销和公共关系活动感受到企业所属国国家的政治、经济和文化内涵,进而形成对一国国家形象的认知和态度。日本前首相中曾根康弘曾说,在国际交往中,索尼是我的左脸,松下是我的右脸。说的也正是一个国家企业与国家形

---

① John Anderson, "A Spreading Activation Theory of Memory", *Journal of Verbal Learning and Verbal Behavior*, Vol. 22, No. 3, 1983, pp. 261–295.

象之间的关系。国家的国际知名度、美誉度时刻影响着其企业在海外的境遇；反之，企业在国际舆论环境中的投射，也是国家形象的重要构成。[①] 企业外交具有传播渠道多、范围广、技能强、成本低，易于赢得公众信任等优势。提高企业的专业能力、交往诚意、友好善意是企业外交公信度建构的基本方面。

改革开放以来，随着中国经济的持续稳健增长和世界经济一体化程度的加深，中国企业同国际社会的联系日益紧密。越来越多的中国企业通过各种形式参与到世界经济竞争当中。以跨国公司为代表的各类企业成为公共外交的重要行动主体之一，通过企业自身形象和企业的产品、提供的服务向世界展示着中国形象、讲述着中国的故事。与此同时，关于中国的误解和曲解，几乎都与经济相关。企业作为经济活动的最基本单位，首当其冲地成为对中国不实指责的最直接受害者。一些国家的某些团体筑起阻碍的壁垒，让原本单纯的经济活动变得复杂。综观当前国际舆论环境，对中国的误解尤以经济相关问题为甚。自2008年金融危机以来，中国经济持续增长，中国企业不断"走出去"，这样的发展态势难免会引起旁观者的不安和警惕。无论是华为美国投资、中海油竞购优尼科，还是中铝注资力拓，失败的原因虽然是多方面的，但企业公共外交的缺失和不到位是重要原因之一。

企业公共外交成功的案例也有很多，以中国五矿集团和三一集团为例，可以为企业公共外交带来有益启示。2014年8月18日，中国五矿集团公司（简称"五矿"）所属的勘查公司与澳大利亚尼姆罗德资源有限公司联合成立勘探技术委员会签约仪式在北京举行，此次签约仪式标志着中国企业的"走出去"战略又推进了一步。此次合作将为五矿发挥自身优势，参与澳洲资源勘探，发现优质矿产资源，提供了技术和方法层面上的国际合作舞台。五矿在澳大利亚的投资发展具有悠久的历史，

---

① 赵启正：《中国企业应成公共外交主角》，《企业观察报》2014年7月29日。

80年代初,五矿在澳大利亚设立了子公司,开展进出口贸易业务,随着集团转型不断深入,业务涉及贸易、矿产开发、房地产等多个领域。2009年,五矿先后斥资13.86亿美元成功收购了澳大利亚第三大矿业公司——OZ矿业公司。在60多年的发展历程中,五矿始终秉承"珍惜有限,创造无限"的可持续发展理念,奉行"友好合作、互利共赢"的原则,遵守澳洲政府的相关规定,在澳大利亚实施本土化经营。五矿成为中国企业走出去的成功案例,它很好地践行了"企业外交"的使命。2013年,五矿的利润总额达到64.72亿元,位列世界500强第133位,在金属类企业中排名第二位。五矿用实力提高了其在国际上的知名度,用服务和理念塑造产品和品牌,打造出企业形象,从而提升了五矿的公众信任度,这也是随后吸引尼姆罗德公司与五矿合作的原因之一。五矿为中国企业走出去提供了良好的借鉴。①

三一集团有限公司主要从事工程机械的研发、制造、销售,是中国最大、全球第六的工程机械制造商。作为一家民营企业,相继在印度、美国、德国、巴西投资建设工程机械研发中心。2010年10月13日凌晨,智利科皮亚波的圣何塞铜矿,气氛紧张而凝重,在场的每一个人都屏住呼吸,目不转睛地盯着井口……随着最后一名矿工成功升井,33名因塌方而被困700米深井69天的矿工被包括中国在内的"多国部队"援助大军悉数救出。在这场创下被困地底时间最长、被困人员全部成功生还的"奇迹救援"中,一个来自中国的庞然大物格外引人注目,这就是作为现场救援两台主要设备之一的SCC4000型履带起重机。这台主臂长42米,最大起吊能力为400吨的起重机有着独特的液压设计,运载平稳,性能稳定。作为现场最大的设备,不仅为救援方案提供了坚实的后盾,而且也给了关注现场的每一个人以信心,很快成了工地上的明星。

---

① 刘洪宇:《企业外交——开启中澳合作新篇章》,《重庆与世界》2015年第5期,第64—67页。

当履带起重机伸展出40余米的长臂在救援现场灵巧挪动时，智利国家电视台及全球多家媒体更是不约而同地将焦点聚集到这个来自中国的庞然大物和三一重工进行大篇幅的报道。三一重工亮相智利救援，被国外媒体称作是"中国制造"一次面向全球的正面公关，"有利于重新打造与提高'中国制造'在全球上的声誉"①。

　　本章对多元公共外交理论框架进行了构建和分析，在接下来的章节中，将对多元公共外交系统中的智库与公共外交在第五章进行专门论述。对于媒体与公共外交这一维度，第六章将选取媒体中的电影媒介，系统分析电影与公共外交。

---

① 参见刘麟《三一重工收购德国普茨迈斯特打造行业领导者》，《经济日报》2012年2月1日；曹昌《三一重工智利救援大揭秘》，《中国经济周刊》2010年12月6日。

第四章

# 舆论与公共外交
## Public Opinion and Public Diplomacy

舆论是贯穿于公共外交理论与战略的核心问题，公共外交的作用机制是通过影响一国公众舆论，塑造公众的认知框架、影响其态度和行为，运用舆论的力量来提升国家软实力。舆论本身是复杂而多变的，公共外交所要面对的国外受众更是多元。世界各国都有着独特的政治、经济、历史、文化、宗教传统，其公众舆论的构成和影响因素也都是千差万别。因此，多元公共外交面临的问题，不仅仅是多元的公共外交主体和媒介，更是多元的公众舆论。对于舆论进行清晰的理解和把握是公共外交研究的重要落点和研究核心之一。

本书对舆论的定义为：舆论是指处于不同社会层次的公众，对公共事务所表达的理性意见的集合。舆论是一种能够影响政府决策的软权力。在中国公共外交实施过程中，政府、媒体、智库、企业等多元化的行为主体运用各种媒介和传播策略，影响国外公众对中国的认知与舆论，从而为国家的发展塑造良好国际舆论环境。

本章对舆论的基本概念和要素进行分析，明确舆论是什么，舆论的构成要素和分层有哪些，舆论的形成环境和影响力。

## 第一节　理解舆论

舆论是一种社会意识和社会存在的反映，社会生活中的各个领域和问题投射于抽象的思维，形成关于政治、经济、文化、道德等不同强度和类型的舆论。对于舆论概念的理解和界定，中外学者众说纷纭。

在西方政治思想史上，舆论的概念可以追溯到对政治性质的思考。1762年，卢梭在《社会契约论》一书中首次提出舆论是人们表达对于社会公共事务的意见。沃尔特·李普曼认为舆论就是"他人脑海中的图像——关于自身、关于别人、关于他们的需求、意图和人际关系的图像"[1]。政治学家汉斯·施派尔认为舆论是一种能影响或决定政府行为、能影响官员决策与政府结构的权力。中国舆论学泰斗刘建明认为，舆论概念有狭义和广义之分，狭义概念是指某种舆论而言，即在一定社会范围内，消除个人意见差异、反映社会知觉的多数人对社会问题形成的共同意见。广义上的概念是指社会上同时存在的多种意见，各种意见的总和或纷争称作舆论。[2] 陈力丹认为，舆论是公众关于现实社会中的各种现象、问题所表达的信念、态度、意见和情绪表现的总和，具有相对一致性、强烈程度和持续性，对社会发展及有关事态进程产生影响。[3] 喻国明认为，舆论是社会或社会群体中对近期发生的，为人们普遍关心的某一争议社会问题的共同意见。[4]

**西方学界的舆论定义**

西方学者对舆论定义的讨论非常之多，其中也不乏偏激和片面性结论，不同的学术背景和研究取向导致学者们对舆论理解的侧重点不同。在西方舆论学研究的重镇美国，讨论和引用较多的舆论定义有以下这些：

如同我们构思的那样，舆论是一个由众多或多或少成熟的意见集合而来的特定合量。[5] 舆论是建立在坚实的事实基础之上并且具备合理决

---

[1] 李普曼：《公众舆论》，上海世纪出版集团2006年版，第154页。
[2] 刘建明：《基础舆论学》，中国人民大学出版社1988年版，第11页。
[3] 陈力丹：《舆论学——舆论导向研究》，中国广播电视出版社1999年版，第11页。
[4] 甘惜分主编：《新闻学大词典》，河南人民出版社1993年版，第37页。
[5] Robert Gault, *Social Psychology: The bases of behavior called social*, New York: Henry Holt and Co, 1923, p.177.

# 第四章
## 舆论与公共外交

断能力的观点。[1] 舆论是由那些构成了公众并与公众事件有关的因素所形成并保持的一种判断。[2] 舆论是对于受普遍关注问题的合适的解决方法的看法。[3] 舆论就是社会中具有同一知觉的全体公众在公开讨论之后，形成的对于一个具有普遍重要性的问题的社会性判断。舆论是在面对一些重要的公众问题时，很大一部分群众的态度、感觉，或者观点。[4] 舆论是一种占统治性优势的信念的表述，并且它是由一个意愿所支持并使其成立的。[5] 还有学者的定义强调了公众舆论的三个约束条件：（1）意见的持有者——"一个有相同知觉的团体"；（2）主要议题——"某一具有普遍重要性的问题"；（3）形成途径——"经过公开讨论"[6]。通过对以上定义的分析可以发现，无论对舆论理解的侧重点如何多元，西方学者都普遍认同，舆论是人的精神与行为的一致公正的表达。但是，西方的舆论定义没有区分不同规模的舆论及其相差悬殊的作用。在理解舆论内涵时，西方学者的分歧还表现在，舆论见解的总和是指"一致的意见"还是"无数个人意见的相加"。马克塞指出："一些人认为公众意见仅仅是人们政治观念与见解的总和。具有这种特征的公众意见是没有能力发挥真正的影响力的，也是不值得任何尊敬的。"他强调舆论是"所有的或者是绝大部分的人们，在相同的明确的结论或者结论基础上的理智和情感的统一"[7]。作为舆论，能够对社会生活发挥真正的、值得注意

---

[1] Arthur Holcombe, *The Foundations of the Modern Commonwealth*, New York: Harper & Brothers, 1923, p. 36.

[2] John Dewey and Melvin Rogers, *The Public and Its Problems: An Essay in Political Inquiry*, Pennsylvania: Penn State Press, 2012, p. 208.

[3] William Graves, *Readings in Public Opinion: Its Formation and Control*, New York: Appleton, 1928, p. 101.

[4] David Minar, "Public Opinion in the Perspective of Political Theory", *Western Political Quarterly*, Vol. 13, No. 1, 1960, p. 33.

[5] John Dafoe, *Public Opinion as a Factor in Government*, Chicago: University of Chicago Press, 1933, p. 6.

[6] Harwood Childs, *Public Opinion: Nature, Formation, and Role*, New York: D. Van Nostrand Company, Inc., 1965, p. 17.

[7] Chester Maxey, *The American Problem of Government*, New York: F. S. Crofts, 1939, p. 352.

的影响,是由某种意愿所支持并使其成立的、但绝不是唯一的意见种类。不要把自己的认识局限在值得尊敬的观点里,无论它们可能具有多么重大的意义。意见就是意见,无关乎它的可敬性。

还有许多学者认为舆论是精英的观点,是一种智慧,而不是普通公众的观念。如约丹所说:"也许听起来有一点苛刻,但是没有什么事物如舆论那样,而且只需要对人性的适度理解,就足以说明不可能存在如公众舆论一般智慧的事物了。"[1] 有学者甚至指出,"目前存在的舆论在智慧的意义上,是从精英意见中提炼出来的"[2]。在舆论研究中,西方普遍的一种惯例是试图将"舆论"一词的含义定义为重要的特定公众群体的意见,这些群体主要指"社会上最见多识广的,最智慧的并且最有道德的人们"。在众多关于舆论的研究者中,布里尔·阿尔蒙德是最早注意到舆论多样性特点的学者之一。他认为作为舆论主体的公众是不同的,他将公众分为三个层次,舆论精英、关注公众和普通公众。[3] 1978年,国际关系学者约翰·加尔东指出,舆论是由人们的社会地位所决定的,根据人们所处的社会地位的层次,他把舆论分为三个部分:核心舆论、中心舆论和边缘舆论。[4] 核心舆论是指政策制定者的舆论,中心舆论是指经常能对政策施加影响的思想库、大众传媒、利益集团等精英舆论。边缘舆论是指普通公众的舆论。加尔东划分核心、中心、边缘舆论的标准是信息的获取量和舆论表达的渠道。处于核心地位的人充分占有信息、又是政策制定者,因此他们的舆论是核心舆论。处于中心地位的社会各界精英,他们也具有条件了解与政策相关的信息,也可以通过各种渠道

---

[1] Elijah Jordan, *Theory of Legislation: An Essay on the Dynamics of Public Mind*, Indianapolis: Progress Publishing Company, 1930, p. 339.

[2] Jules Sauerwein, *The Molders of Public Opinion*, Chicago: University of Chicago Press, 1933, p. 29.

[3] Gabriel Almond and Sidney Verba, *The Civic Culture*, Princeton: Princeton University Press, 1963.

[4] Johan Galtung, "Foreign Policy Opinion as a Function of Social Position", *Journal of Peace Research*, Vol. 1, No. 3 – 4, 1964, pp. 206 – 230.

表达意见，因而是中心舆论。而广大普通公众，既无法掌握大量政策信息，又缺少渠道表达观点，因而是边缘舆论。

的确，精英群体的声音有更多的机会在社会上传播，从而被其他公众了解并进一步影响大众的观点，但这并不代表社会底层人的呼声应被忽略。由于舆论是在经过理性的公共讨论之后形成的，对一个问题的社会判断对于一般公众来说是重要的，它可能首先由精英人物提出或做出解释，但不可能把大众的意见和精英的意见隔离开来。如果有一些意见被隔离开来，就会有明确的界限：哪个意见是理性的和精英的，而另一个是非理性的和大众的。意见是以一种特殊的方式形成的，舆论研究者最重要的任务之一，就是找出在意见形成过程中大众和精英的互动，这就会发现，多数舆论恰恰来自普通大众，又在大众中形成声势。尤其是随着信息传播技术的飞速发展，人类进入了以互动和对话为基础的社交媒体时代，每一个普通公众都具有了更便捷和快速的话语表达通道，公众的意见变得愈加重要。

**舆论的核心特点**

正确的把握舆论，需要理解舆论具有的三个核心特点。

舆论的第一个核心特点是：舆论由个人意见构成，但最终表现为群体意见。个人的意见只是个体的观点、态度的反映，如果不能反映群体的利益和立场，就难以成为舆论。威廉·阿尔必格简洁地概括了个人意见如何转化为公众意见，"我们知道意见是个人的表达。当它在一个群体中受到群体成员交互作用的影响时，就成了群体意见或者公众意见"①。正是通过公众的意见调整社会的政治、经济和道德结构，以满足他们不断变化的需求，才会出现社会舆论。在现实生活中，公众的观点经常不一致，理性的公共讨论使舆论的形成有一个相当大的

---

① William Albig, *Public Opinion*, New York: McGraw-Hill Book Co., 1939, p.210.

扩展过程。

舆论的第二个核心特点是：舆论是"多数人"的意见，其中夹杂着理智和非理智的成分，舆论质量有高低。来自不同社会阶层和领域的人们所发表的意见质量有着相当大的差别，这些意见分为专业或非专业的，理性的或非理性的，激进的或保守的等。每当做出这样的区分，都要对判断的标准做出或多或少的假定，舆论研究的一个复杂问题就是要适当地对个别意见的不同集合做出评估。对于意见质量的重要性的深刻认识，使一些研究者尝试着将舆论这一术语的意义限定为达到出色标准的个体观点的融合。

舆论的第三个核心特点是：舆论表现为意见的强烈的一致性，对公共政策和社会进程产生影响。舆论所发挥的影响或多或少都与它们自身所持有的强烈程度有关。与少数人强烈支持的意见相比，被众多人支持却冷淡处之的意见对于人类事物的进程常常影响较小。有活力、有组织的少数人往往比被动的、无组织的多数人更重要。要预测一个组织的行动、斗争的持久以及对事件与公共政策的反应，仅仅知道他们的意见是不够的，还必须了解意见的强烈程度。舆论的强烈程度首先表现为意见的一致性，形成共同意见。"要想获取公众舆论，就必须在包含了足够数量的人的个人意见中存在一致性。持有意见的强烈程度同样相当重要，公众意见是一个数量与强烈程度的合成体。"① 在一个国家，对国家治理和公共事务的高度一致认同极为重要，这是社会和谐发展的前提。"在任何特定的时候都存在信仰、情感或者根深蒂固的成见，这些意见构成了舆论，或者称之为主流舆论。"② 史密斯在《民主中的舆论》一书中明确强调："除非有一大批人对政府根本的目标达成共识，否则不可能有

---

① William Munro, *The Government of American Cities*, New York: The Macmillan Co., 1931, p. 87.

② Albert Dicey, *Lectures on the Relation between Law and Public Opinion in England in the Nineteenth Century*, New York: The Macmillan Co, 1905.

任何所谓的舆论存在。"① 奥尔波特指出,"舆论是指在一个集合了许多个体的平台上,个人发表自己的意见,赞成或不赞成某些特定的问题,这种意见要在数量、强度和坚决度上达到一定的程度,以致直接或间接地产生扭转局面的影响"②。

## 第二节 舆论的构成要素

舆论的构成要素,简要而言,可以从以下几个方面来把握:第一,舆论主体,即多数公众或群体。这是舆论声音的发出者;第二,舆论客体,各种社会现象和议题。议题来自对公共事务的判断和理解,由见解体系再现舆论内容,通过话语体现为多数人的共同立场;第三,舆论自身,舆论是信念、态度变现的综合体现。具体而言:

**舆论是见解与意见的言说**

舆论总是由若干见解形成意见,表达人们对社会问题的看法。见解作为精辟性的认识,以练达的词语表现说话者的思想,是阐明世界的言说。在古代,思想家们作为当时杰出的舆论领袖,总是以简短、深刻、精湛的见解表达对事物的看法。弗尔森姆在《社会心理学》一书中提出:"一种态度用语言表达时,通常称为意见。"③ 在舆论活动中,意见是表达态度的主要方式。意见不是指单独的一两个观点,而是指对某一事物的见解集合体,凝结着言说者的全部主张。因此,我们给意见下的定义是:人们对事物表明若干观点,阐明其态度的语义手段。众人相互接受意见,并最终取得一致,才能形成舆论。意见是舆论的本体,又是

---

① Charles Smith, *Public Opinion in a Democracy*, New York: Prentice-Hall, 1939, pp. 3–30.
② Floyd Allport, "Toward a Science of Public Opinion", *Public Opinion Quarterly*, Vol. 1, No. 1, 1937, pp. 7–23.
③ Joseph Folsom, *Social Psychology*, New York: Harper & Bros, 1931, p. 446.

舆论存在的基本标志，它对客观事物的评价或阐释，是舆论人表达意志的主要内容。在很多情况下，人们的态度不用意见表达，而是用目光、沉默或某种动作显示。一定数量的公众在某种场合诉诸表意行动，流露出潜在的意见。多数人在一定场合的齐声欢笑或对某人的目光冷漠，也是人们内心言说的透露。意见的语言性和非语言性都是内心思想的凝聚，它的言说形式是多种多样的。

**舆论是公众的集合意识与信念**

公众和加入某一组织或活动的群体是有区别的。公众是不经组织而有一致意向的大众，多数人是不相识的，由于分布在社会不同角落却对社会问题产生共同见解，因而他们是结成一致思想的整体。这和一般意义上的群众和有组织的表意人群是不同的。当成千上万的人被政治寡头动员或胁迫而聚集在广场上，发出万众一声的口号，但这并不是他们内心真实思想的表露，不能说这成千上万的人是公众。公众是具有公民权和独自表意愿望的群体，构成社会行动的主体。正如弗尔森姆所说："当被卷入的群体是一个公共的或间接的组群，而不是一个初始的，面对面直接的群体时，我们就拥有了舆论。"① 作为独立的集合人格，公众自立于社会，是人的社会属性的全面恢复。首先，公众有共同利益的目标，维护共同利益使他们对社会问题显示出强烈的关注，并用共同的见解表示这种关注。其次，公众有一定的价值观和相互认同，成为影响社会变革的力量。共同需要、价值观、利益追求和尊严使许多人加入公众的行列，运用舆论手段解决共同问题。有一定的价值观，才能对事物进行判断并做出评价。集合意识是舆论的内核，无限地溶解了个体意识，是由公众的利益目标和价值观一致而铸成的。个人在修正了不相融的见解后，渐渐汇入集合意识的洪流，舆

---

① Joseph Folsom, *Social Psychology*, New York: Harper & Bros, 1931, pp. 446–448.

论便获得更大的强势。我们强调舆论是一种消化了个体意识的集合意识，并不抹杀个体意识在构成集合意识中的作用和地位。集合意识不可能脱离个人意识孤立地存在，它不过是在个体意识相互影响、相互融汇的基础上形成的，从这种意义上说，没有人的个体意识，也就没有一定的社会集合意识。另外，在一定社会条件下，个人意识还强烈地制约或推动集合意识发生变化，造成舆论态势的演变。当社会问题引起人们的关注时，首先由若干个人产生新的见解，这些个体意识经过新的交融和互补，逐渐形成新的集合意识，推动人们产生新的一致意见。舆论的集合意识是公众意识交互作用的结果。

**舆论是公共话语**

舆论是用话语表达的，而且必须是公众或群体共同使用的、反映公共事务的话语，即公共话语。公共话语是舆论的外化，意见寓于话语之中，构成舆论的物质外壳。公共话语所谈论的是公共生活的内容，成为舆论话题的符号。参与舆论活动的人具有公共话语的语境，展开平等和顺畅的意见交流，思想和言论自由不仅保障民众的话语权，而且能够培育舆论的公共话语体系。

舆论的公共话语基于公共生活和一定文化背景，正确的舆论话语建立在公共理性的基础上。这种普遍的理性，通过公共对话达成对社会与自然的共同理解。人的观点，无论是现实的、历史的还是过去的，都是而且也只能是从一个侧面反映主体的追求、情感和思想。公共话语集中反映多数舆论主体对公共事务的相近或一致的看法。话语负载一定的意义，言语、动作、表情、文字和图像都是话语的表意手段。哈贝马斯认为，"言语"或"言说"则是在话语中使用句子的语言行为，其基本要素为"话语"或"言语行为"。[①] 语是语言，但又不完全等同于语言，话

---

① 艾四林：《哈贝马斯》，湖南教育出版社1999年版，第60—61页。

语是表达主观意向和特定目的的语言，带有表达者的态度倾向，因而它是捍卫一定利益或表现某种意图的语言。所以，公共话语是表达公众或群体共同倾向的语言，民众通过它来评价和批评公共生活，建构公共制度和监督政府的权力。公共话语强烈地表现为民众对公共事务的关注，是主权在民的一种标志。培育大众的公共话语，从而使广泛的舆论活动体现其共同意志，是舆论顺畅传播的基本条件。

人的公共生活由公共话语来维系，公众通过共同语言认识和言说面临的各种问题，从而形成各种舆论。怀特指出："没有语言，我们就不会有政治、经济、宗教和军事的组织；没有礼仪和道德规范；没有法律；没有科学、神学和文学；除了猿猴水平的嬉戏外，不会有游戏和音乐。没有音节清晰的语言，礼仪和礼仪用品就毫无意义。"[1] 语言使生物的人成为真正意义上的社会人，也使舆论得以出现并能够表达。

公共话语中占主要地位的是大众话语。由于不同的文化品格，大众话语总是显露出粗糙、情绪化的倾向。广大公众对利益需求的不同理解，表现为对政治、经济、伦理等方面的不同设想，使大众话语最初以感性化、零碎化和欲望化的表达在民间广泛流传。但大众话语直接来源于人们的实际生活，更能反映社会的一般观念，最终在利益共同化、政治追求统一化和伦理传统化的发展中被融化为对社会的整体认识，纳入公共话语的洪流，其多样化和异质化的倾向只能归于支流。这不仅是以理性为表征的精英话语影响的结果，也是现实矛盾和社会关系失调促使大众寻找正确认识的归宿。精英话语显露出理性化、职业化，多数知识精英倡导公共话语，并以此维护大众利益，成为舆论领袖和社会发展的直接主导者。

如果精英脱离大众，就变成了精英对社会的统治，公共话语也成了他们敌视的、并随时准备排斥的话语。要想发出受社会普遍欢迎的声音，

---

[1] L. A. 怀特：《文化的科学》，山东人民出版社1988年版，第34页。

精英们离不开大众话语。精英不断出现，成为民众的引路人，他们以大众为师，代表大众的利益，以公共话语阐释公共事务。公共话语的形成，只能通过公众面对公共问题相互自由言说而造就出来，最终被领袖人物采用并提炼到新的高度。每个意见表达者发表对公共事务的见解，进行平等的语言交流，最后消除意见差异而形成一致的态度，标志着他们选定了共同认可的话语。这一过程是公众参与公共生活并在信念上相互修正、相互承认的结果，因此，也是大众获取评价公共问题的权利的结果。①

## 第三节　舆论的形成

舆论的形成是一个复杂的、动态的过程，受到一系列主客观因素的影响和制约。简单而言，舆论的形成需要具备三个基本因素：人、环境及其两者的互动。人及其所处的环境如同剪刀的两翼，虽然大小不同、锋利程度各异，但对于意见的作用却同等重要。舆论的产生离不开人们所处的社会环境，人们在社会化过程中习得的相对固定的意识形态、价值观，直接影响着个人意见的基本倾向。李普曼认为，每个人所持有的价值理念在很大程度上决定了所看和所表达的内容。②

舆论的出现是人类生存的需要，成为公众关系的随行物。人类在社会中建立了相互联系，结成一定关系，体现出人的社会性。人的社会活动包括物质生产、精神生产和日常的思想交流，人的活动在一定制度中得以进行，还必须具备许多共同规范，这些构成了舆论的社会环境。人们借助意见互动进行思想交流，又形成了舆论环境。舆论环境是指人们面对的公众意见的指向以及多种意见交叉的意识氛围，包括若干公众意

---

① 刘建明、纪忠慧、王莉丽：《舆论学概论》，中国传媒大学出版社2009年版，第30—32页。

② 李普曼：《公众舆论》，上海人民出版社2002年版，第73页。

见的和谐、对立或冲突。舆论环境是社会意识环境的表征，反映出社会思潮和民众思想状况，并对公众产生一定的影响。

人们的社会关系以社会交往体现出来，公众关系是社会广泛交往的产物。公众的社会交往广泛而深入，动作、语言等直接交流大量出现在每个人身边，文字或其他媒介的间接交往几乎涉及每个人。用语言、行为等接触方式而产生的互动，成为社会舆论形成的第一个环节。公众交往最密切、最能相互了解、最有影响的手段，是直接交流意见，并促成其他交往关系的发生。不同社会交往使公众之间联系的密切程度不同，有些比较松散，有些比较紧密，直接的意见传播和通过各种媒介的交流互动，构成人们彼此沟通的途径，大众传媒是建立间接思想联系最有力的工具。

舆论的形成环境分为宏观环境和微观环境。从宏观环境的维度，主要包括社会环境和意识环境。任何社会都有一套必要的社会规范，要求人们遵从。社会各个方面的规范，如法律、道德、纪律、风俗等不同形式，既是人类社会交往的产物，又是人类交流意见的环境和话题。实际上，每个人从懂事开始就从舆论中认识社会，起初接受典范的熏陶，然后接受组织的灌输，不断听取他人对社会问题的解释，舆论环境放大了公众交往的效果，在每个人心中种下了观念与规范的种子。每个人生活在公众交往中，同时也生活在舆论环境中，他的思想总是受优势意见的左右。舆论的产生，实际是人们对环境的共同反应与应对。人们的物质生活和精神生活、生活水平和生活质量、生活内容和生活方式等，都会促使人们发表意见。舆论环境既基于公众交往，又连绵不绝地促成交往的深入发展，舆论与社会交往始终纠缠在一起。对于公众来说，个体意识总是服从环境中的社会意识。

舆论始终存活在各种意识中，构成整个社会意识的一种最活跃的因素。意识环境是无形的精神文化的交错状态，包括知识、道德、法律、信仰、科学、艺术、风俗等各种形式。舆论与意识形态在实际生活中是

# 第四章
## 舆论与公共外交

紧密联系的，成为意识环境中的一部分，只不过它是前意识、浮动意识和表层意识。社会意识形式的最高、最集中的表现是意识形态，这种系统的思想体系多指阶级或政党的主导思想，掌握政权的政党意识形态往往是社会统治的思想。社会舆论是社会自在的精神状态，作为公众对社会公共问题的意见，受到意识形态的强烈影响。但社会舆论可能不完全接受某种意识形态，更不等同于意识形态。非主流的思想常常以舆论形式表达，并且即使主流的意识形态也分为多支，常以舆论形式表现出来。[①] 舆论在特定意识形态中形成，在一定意义上，意识形态成为舆论的母体。另一面，舆论也反作用于意识形态，有时，甚至突破原有的意识形态，开辟新的认识领域。二者相互渗透，作用于社会的发展进程，但从根本上，正是舆论不断改变和形成新的意识形态，显露社会发展的辉煌蓝图。人们认识社会现实并产生对未来的理想，最终形成普遍的舆论。在多种意识形态活跃的社会，舆论也越趋活跃，因为这些意识形态不断启发人们的思考，各种不同意见就产生出来。人们对自己的生活不是盲目的、非自觉的，很多时候是根据一定意识形态判断它、认识它，意识形态成为舆论的重要意识根源。

舆论都是在具体环境中产生的，起始于某一具体空间，这种微观环境称为舆论场。舆论场包含若干相互刺激因素，是许多人形成共同意见的具体时空环境，表现为公众和环境相互作用的函数，包含多人的体验、现实需要及彼此呼应。

在舆论场中，物理空间的刺激、烘托、容纳、怂恿使带有爆破力的意见很快被众人接受，人们的思想被迅速地扭向同一个方向。优势意见取决于空间中出现的一种号召力，遵循某种原则的人们同这种号召力发生呼应，大规模的共同意见就产生了。构成舆论场的主要因素是同一空间人们相邻的密度与交往频率。人们集结密度越大，也就越有交流意见

---

① 陈力丹：《舆论：感觉周围的精神世界》，交通大学出版社 2003 年版，第 31—32 页。

的条件。许多人共栖于同一个场所，多向地自由倾诉各自的观点，多种意见的交融逐渐形成大体相同或相近的见解，而差异甚大的意见不是相互交融，就是进一步背离，最终形成一种或多种舆论。舆论场的开放度，即舆论场和社会整体环境的相互连接、相互作用的大小，是不容忽视的另一个因素。舆论场开放与否，不仅关系到舆论的形成，而且在一定程度上制约着舆论的正负方向，即产生正确的舆论还是错误的舆论。舆论场与整个社会建立纵横畅达的意见通道，舆论的正确程度就随之增大。在一个闭塞的社会环境中，要么意见表达出现萧条，要么意见单一化使人们对外界的了解偏颇，无法对事物作出全面的判断，即使形成舆论也掺杂一些荒谬成分。舆论场的要素，为舆论的产生聚合了多项外力的作用，当它们刺激其间活动的大多数人，就迅速使人萌发一种信念，并把人们的见解铸成坚不可摧的意志合力，舆论也就由合力的作用而展现出来。

在多元公共外交系统中，世界各国公众关于一国舆论形成主要是在"公共政策舆论场"中。"公共政策舆论场"是指公共政策形成的具体时空环境，构成因素主要包括：政府舆论、智库、利益集团、大众传媒和公众舆论。公共政策的形成是政府、智库、利益集团、大众传媒、公众通过各种传播媒介的互动达成的共识。美国智库的影响力正是在与这些不同舆论因素的互动中得以形成，并通过不同舆论因素所承担的具体功能得以体现。"公共政策舆论场"具有"多中心""网状互动"两大特点。"多中心"是指在公共政策制定这一公共事务治理过程中，政府、智库、利益集团、大众传媒以及公众舆论形成了多个相互独立的舆论中心，共同参与公共政策的制定。"网状互动"是指各种舆论因素之间、各个舆论中心之间不是单向或者双向的线性关系，而是通过各种媒介形成一个相互交错的网络。在"公共政策舆论场"中，智库处于"舆论聚散核心"的地位。一方面，智库是舆论生产的"工厂"，是吸引各种各样的观点、看法、主张、建议的融和、碰撞的磁场和聚集地；另一方面，智库是舆论传播的核心，它通过各种传播策略和传播渠道影响其他舆论。在"公共政策舆论场"中，智库、大众传媒、利益集团、公众舆论之间，形成一种"点、线、面、网"的互动（相互交融、相互影响）关系。一方面，各种舆论力量都努力影响政府舆论，从而在政策制定过程中发挥影响力。另一方面，政策制定主体既倾听其他各种舆论的声音，也在积极引导各种舆论，各种舆论因素之间不是单向性的影响与被影响的关系，而是各种舆论力量在观点的传播、交汇与交锋中逐渐形成占主导地位的舆论，其中智库始终居于舆论领袖、舆论生产者与传播者的"舆论聚散核心"地位。[①]

## 第四节 舆论的力量

尽管学者们对公众舆论抱有理想化的期望，但是在实际的公共政策制定过程中，公众舆论具有多大力量却始终是一个争论不休的问题。学界关于公众舆论的力量有两种完全不同的视角。一种是现实主义的阿尔蒙德—李普曼一致论，也被称为怀疑—否定学派，另一种是自由主义的理论，也被称为肯定学派。

在20世纪之前，对于舆论的力量就有不同的认识，从二战结束后到越战末期的30年时间里，现实主义学者们对公众舆论的影响力达成了阿尔蒙德—李普曼一致论。"公众舆论是反复无常的；公众舆论缺乏内聚力或结构；公众舆论对政策制定产生的影响力是有限的。"[②] 阿尔蒙德在对大量数据和历史案例进行分析和研究之后得出结论：美国民众对外交事务和相关国际事务的基本知识所掌握的信息量十分有限，可以说近乎无

---

[①] 王莉丽：《旋转门——美国思想库研究》，国家行政学院出版社2011年版，第72—75页。

[②] Ole Holsti, "Public Opinion and Foreign Policy: Challenges to the Almond-Lippmann Consensus", *International Studies Quarterly*, Vol. 36, No. 4, 1992, p.439.

知,"如果想避免对威胁的恐慌性反应,就必须时时切记美国公众舆论的摇摆不定和爆炸性潜质"①。詹姆斯·罗森瑙曾以剧院为比喻,将舆论制造者比作舞台上的演员,只有25%左右的观众坐在前排并且能够理解舞台上的表演,其余的大多数观众"置身于剧目之外,看不懂剧情,甚至听不懂台词,分不清演员。这部分人只能做出感性反应,或者一片沉寂,或者猛烈鼓掌仿佛要把剧院地基都要掀起来"②。

对于公众舆论有限影响力的观点,自由主义学者们对阿尔蒙德—李普曼一致论提出了挑战。法国启蒙思想家卢梭早在《社会契约论》一书中就鲜明指出,舆论就是人们心中的法律,"它既不是铭刻在大理石上,也不是铭刻在铜表上,而是刻在公民的内心里;它每天都在获得新的力量;当其他的法律衰老或消亡的时候,它可以复活那些法律或代替那些法律,它可以保持一个民族的创制精神,而且不知不觉地以习惯的力量代替权威的力量"。"没有什么比公共的判断是更加独立于至高无上的权力之外的了。"③奈克尔认为,公共舆论是一种看不见的力量,无法度量,无法监管,城市、法庭甚至国王宫殿都无法抵御舆论的威力。④休谟指出,没有其他力量比舆论更能够支撑统治者。政府仅依赖民意而得以成立。在最专制独裁的政体是如此,在最自由、最孚众望的政府也是如此。⑤托克维尔认为,作为启蒙运动的解放者,公众意见一旦形成,就会成为人们无法想象的强大力量。⑥

---

① Gabriel Almond, *The American People and Foreign Policy*, New York: Frederick Praeger Publishers, 1960, p. 138.
② James Rosenau, *Public Opinion and Foreign Policy: An Operational Formulation*, New York: Random House, 1961, p. 34.
③ 卢梭:《社会契约论》,商务印书馆1980年版,第169页。
④ Keith Baker, *Inventing the French Revolution: Essays on French Political Culture in the Eighteenth Century*, Cambridge: Cambridge University Press, 1987.
⑤ 伊丽莎白·纽曼:《民意——沉默螺旋的发现之旅》,台湾远流出版社1994年版,第102页。
⑥ 托克维尔:《论美国的民主》,商务印书馆1996年版,第527页。

# 第四章
## 舆论与公共外交

哈罗德·拉斯韦尔曾断言："如果在政策制定过程中，缺少关于政策成功所仰赖的公众舆论，那么政策的制定过程就是十分危险的。当政策得以公开时，公众舆论的批评能够补救权力决策的缺陷，使政府在局面失控之前就能觉察和纠正问题，并改正错误。"① 近年来，越来越多的研究表明，公共舆论是理性的和稳定的，应该成为政策制定的基础，公众舆论与公共政策是一种呼应关系，两者之间存在相关性，公众可以通过各种方式表达舆论，而政策制定者也重视来自公众的舆论。罗纳德·辛克里作为里根政府的成员，根据其亲身经历指出，民意测验所反映出的公众舆论扎根于总统决策的全过程。布鲁斯·拉希特对政府军备开支水平和公众舆论之间关系的研究，也清楚地表明公众舆论与政府决策之间存在着呼应关系。②

事实上，无论是自由主义者还是现实主义者，对公众舆论具有政策影响力这一点是能够达成共识的，只是对于公众舆论在多大程度上能够反映出理性的民意，并且对公共政策制定的哪一阶段产生积极的影响的问题上持有不同观点。肯定学派指出了民意对社会管理的目标起着决定性的定位作用，而怀疑—否定学派将重心落在社会公共管理的决策过程中，总之两种学派都指出了民意与社会管理所构成的整个链条中的某一个重要方面。公众影响力的产生受到决策背景、问题领域以及信息环境等诸多因素的制约和影响。"公共政策舆论场"理论认为，尽管在很大程度上公众舆论受到思想库、大众传媒、利益集团的共同影响和塑造，但毫无疑问，公众舆论是一个能够对政策制定产生很大影响力的重要因素。

例如，1964—1965年，林登·约翰逊决定介入越南战事是因为公众支持，后来又由于公众舆论反对慢慢撤了出来。1990—1991年的海湾战

---

① 参见哈罗德·拉斯韦尔《世界大战中的宣传技巧》，张洁、田青译，中国人民大学出版社2003年版。
② Philip Tetlock, *Social Psychology and World Politics*, New York: MacGraw Hill, 1998.

争，美国总统布什是在得知有公众舆论支持的情况下才做出决定出兵攻打伊拉克的。在美国国内政策方面，我们也能看出公众舆论对政府的影响。1964年的《民权法》、1965年的《选民登记法》都是在公众舆论倾向于解除种族隔离、支持民权运动的形势下通过的。1973年最高法院认可堕胎行为合法是经过十年公众舆论反对声渐小的情况下做出的。20世纪70年代初，美国最高法院认定"死刑"不合宪法，后来因公众舆论反对，遂又裁定"死刑"合法。美国公众舆论不仅制约政策的制定，有时还促使某些政策实施或者搁浅。克林顿政府1994年的医疗保障改革计划就是在一片公众舆论反对声中搁浅的。[①] 公众舆论之所以能够在美国公共政策制定过程中发挥实际的影响，从理论上讲是由美国的政治选举制度所决定的。定期举行的选举使得美国选民有机会对领导人的行为进行直接的舆论表达，这种舆论决定了领导人能否当选。而已经当选了的领导人因为面临下届任期的选举，所以会一直关注选民的意见，在做出任何决策之前先评估公众舆论的倾向。但是我们不能由此简单归结为政府根据公众舆论制定政策，而是两者的互动关系在决策中起着重要作用——领导人既要代表民意，又要操纵民意。美国国务院早在第一次世界大战之前就成立了信息处以引导民众对外交政策的态度，对公众舆论的了解和引导成为美国外交决策程序的一部分。二战以后，各种民意调查机构纷纷建立，新闻媒体也不定期进行公众舆论的调查。在当今美国公共决策中，公众舆论所扮演的重要角色是宏观和方向性的。

---

① 王莉丽：《旋转门——美国思想库研究》，国家行政学院出版社2011年版，第90—91页。

# 第五章
# 智库与公共外交
## Think Tank and Public Diplomacy

  **智**库作为多元公共外交系统中的重要行动主体，是最具公信力的行为主体，也是整个系统的思想源泉。基于智库在多元公共外交中的重要地位，本章对智库与公共外交进行专门分析。

  "智库"与"公共外交"作为两个专业词汇，最早都诞生在美国。智库也称思想库，英文是THINK TANK，这个词汇是舶来品，最早出现在二战时期的美国，是指战争期间美军用来讨论作战计划的保密室。后来泛指一切以政策研究为己任，以影响公共政策和舆论为目的的政策研究机构。最近20余年来，智库在全球范围内迎来了一次前所未有的大发展，智库研究也已成为一门重要的跨学科显学。"公共外交"作为一个专业术语由美国塔弗兹大学教授埃德蒙德·古利恩在1965年首次提出，是指那些"在外交政策形成和执行问题上影响公众态度"的做法。传统公共外交理论认为，公共外交是以政府为行动主体，以国外公众为目标受众的外交行为。而随着世界政治格局的不断变化、全球化的持续深入和信息技术的飞速发展，传统公共外交已经不能适应日益复杂的国际关系需要，新公共外交应运而生，新公共外交的行动主体从政府拓展为以政府为主导，以智库、利益集团、媒体和普通公众等多元化的行动主体，共同构成了当今活跃在世界外交舞台的多元公共外交体系。而智库在其中凭借与官方决策的特殊关系以及专业政策研究者的身份，在公共外交中发挥着独特而又重要的功能与作用。

  近年来，随着智库数量的急剧增多和其显性影响力在全球范围内迅速提升，国内外学界对智库及其在国际关系和公共外交中的重要作用，给予了越来越多的关注和讨论。有学者认为智库是外交思想的掮客，是外交议题设置者和政策倡导者。[①] 也有学者认为智库协助外交团队出谋划策，在预防性外交和冲突解决中扮演着重要角色。[②] 更有学者认为智库是外交过程不可或缺的一部分，是"影子政府"。自 2009 年以来，随着中国政府对智库建设与公共外交拓展的高度重视，"智库公共外交"这个词汇也迅速进入了中国精英群体和普通公众的视野。关于探讨智库与公共外交的学术论文和评论文章也不断见诸学术期刊和报纸杂志。然而，对于"智库公共外交"进行深入学术探讨和理论分析的文章，在笔者的视野范围之内还非常少，"智库公共外交"研究还处于前学术阶段。

分析智库公共外交的前提是理解智库，智库作为一个当前重要的跨学科显学，有着自身的研究路径和理论框架。本章首先对智库研究概况进行分析，在此基础上对智库公共外交做出概念界定，并对智库公共外交的三个维度和形式进行界定。进而，对智库公共外交三个维度：作为行动主体的智库公共外交、作为舆论传播媒介的智库公共外交、作为目标受众的智库公共外交，分别进行研究分析。最后，对中国的智库发展与公共外交进行分析。

## 第一节 智库研究概况

关于智库研究的理论渊源，可以追溯到古希腊亚里士多德关于"知识与权力"的论述和马克斯·韦伯关于"学术志业"与"政治志业"思

---

[①] James Smith, *Idea Brokers: Think Tanks and the Rise of the New Policy Elite*, New York: The Free Press 1991. Donald Abelson, *Do Think Tanks Matter? Assessing the Impact of Public Policy Institute*, Quebec, Montreal: McGill-Queen's University Press, 2002.

[②] James McGann and Erik Johnson, *Comparative Think Tanks, Politics, and Public Policy*, Northampton, MA: Edward Elgar, 2005; James McGann, "Think Tanks and Policy Advice in the U.S: Academics, Advisors and Advocates", *Public Administration*, Vol. 87, No. 1, 2009, pp. 148 – 149.

想之中。① 就智库研究整体而言，无论是西方学界还是中国学界，起步都比较晚。"尽管智库的历史可以追溯到19世纪，但即使在西方，20世纪70年代前智库研究也乏人问津。"② 1971年，美国政治学家保罗·迪克逊出版了世界上第一本介绍智库形成与发展的著作《智库》。迪克逊将智库界定为：一种稳定的相对独立的政策研究机构，其研究人员运用科学的研究方法对广泛的政策问题进行跨学科的研究，在与政府、企业及大众密切相关的政策问题上提出咨询。③ 该书出版以后的20多年间，西方学术界有关智库的理论研究依然进展缓慢，"与其他有关非政府组织的研究相比，智库研究很少有人关注，作品稀少"④。

欧美学界对智库的研究主要集中在智库发展的历史、智库的分类、组织结构、传播策略、案例研究、影响力研究以及未来趋势等方面。近十年来，随着智库成为一种全球现象，智库研究也逐渐扩散到世界各国学界，除了对美国智库的研究外，对欧洲、亚洲和非洲国家的研究也越来越多。而关于"中国智库"的研究和探讨，近十年来更是成为中国学界的热点之一，西方学界对此也给予了很多关注。从国际范围来看，学界普遍遵循的是美国经验学派的实证主义研究范式。近年来，欧洲批判学派逐渐引入智库研究。

**全球智库研究的多元化发展**

对于智库研究，国外学界逐渐发展出一套较为成熟的智库理论，形成了智库研究领域的三个传统：历史路径、实证主义和国际比较研究，近年来更是逐渐兴起批判研究和文化研究。关于智库研究的内容和维度，

---

① 参见亚里士多德《政治学》，吴寿彭译，商务印书馆1983年版；马克斯·韦伯《学术与政治》，钱永祥等译，广西师范大学出版社2004年版。
② 金芳、孙震海等：《西方学者论智库》，上海社会科学院出版社2010年版，第13页。
③ Paul Dickson, Think Tanks, New York: Atheneum, 1971.
④ James G. McGann, "Academics to Ideologues: A Brief History of the Public Policy Research Industry", Political Science and Politics, Vol. 25, 1992, pp. 733–740.

近年来也更加多元。

　　基于历史路径的分析方法，主要分析智库兴起的政治、经济、社会背景和历史发展过程，以及对某一智库的产生、发展历程进行案例研究。其中，代表作是杰姆·史密斯1991年的《思想掮客：智库和崛起的新政策精英》，以及大卫·瑞奇1993年出版的《美国政治变革：新华盛顿和智库的兴起》。在实证研究方面，戴安·斯通于1996年出版了《俘获政治意象：智库与政策过程》一书。杰姆斯·迈甘1995年出版了《公共政策研究产业中经费、学者和影响力的竞争》。加拿大学者唐纳德·阿贝尔森在智库研究方面做了深入的探索，在其1996年出版的《美国智库及其在美国外交政策中的作用》一书中，他以美国外交政策的决策过程为大案例，详细分析了智库参与政策决策的过程和机理，并对智库发挥影响力的渠道进行了分析。之后他在2002和2006年又出版了《智库重要吗？评估公共政策研究机构的影响力》《国会的理念》。

　　国际比较研究维度。随着智库的政治地位和影响力的日益提升，各国学者也开始关注本国智库的发展，并从比较的视角进行思考和剖析。詹姆斯·西蒙斯于1993年出版了《思想掮客：智库对英国政府的影响》，邓海姆和加梅特于1998年出版了著作《英国智库和舆论环境》。2008年10月，笔者在美国布鲁金斯学会发布了对中美智库的比较研究报告，并明确指出"对中美两国智库影响力进行比较研究的起点是抛却智库是独立的还是官方的这一概念定义上的争论，美国智库以独立智库为主，中国智库以官方为主，两者各具优势和局限，并且都在各自的政治、经济、文化土壤中生存并发挥影响力"。近年来，还有很多论文对世界各国智库的形态、特点以及趋势进行了深入的分析和探讨。

　　在批判研究方面，哈特维希·波伊茨在论文《重审智库现象》中，讨论了如何运用葛兰西提示的批判性方法来理解智库功能，并且运用哈耶尔的话语联盟概念诠释作为国家外部的促变因素而起作用的智库。①戴安娜·斯通在论文《政策分析机构的三大神话——回收箱、垃圾桶还是智库?》中对智库的功能与角色进行了批判性的思考与探讨。斯通在文中指出,智库的"三大神话"分别是:智库是桥梁;智库为公众利益服务;智库思考问题。"这三种说法被智库(通过年度报告、使命宣言和互联网站)自我宣扬,同时也被用来为智库活动提供合法性。"斯通对三大神话一一剖析并进一步指出,"智库实际参与的诸多活动又大大削弱了上述说法的有效性。尽管如此,由于上述比喻的社会和政治上的实用性,'神话'依然存在"②。斯通近年来还致力于全球"知识—政策"网络和政策转移及智库的角色研究。③对于这种批判视角的研究,笔者认为可以作为对当前全球智库热、智库泛化以及智库过度商业化现象的一种反思,也可以是一种理论层面的多元探讨。

国内学界对于智库的研究起步较晚,始于20世纪80年代,从研究视角上来看,研究智库的学者大多是从美国政治、国际关系、公共政策、外交关系的角度展开对智库的研究。薛澜、丁煌、任晓、朱旭峰、王莉丽等学者对美国智库发展进行了研究,并逐步引向国内智库研究,集中于以下领域:专家决策咨询;公共政策议程设置;中国智库的内涵、社会职能、影响力;智库的旋转门机制等。近年来,中国国际经济交流中心等民间智库的成立、高校下设智库探索以协同创新中心为载体的新型智库建设等中国智库发展的最新状况引起了学界的重视。④

国内学界的智库研究基本上可以分为三个阶段:第一阶段是起步时

---

① 哈特维希·波伊茨:《重审智库现象》,《国外社会科学》2014年第3期,第29—40页。
② 戴安娜·斯通:《政策分析机构的三大神话——回收箱、垃圾桶还是智库?》,《国外社会科学》2014年第3期,第4—16页。
③ Diane Stone, "Global Public Policy, Transnational Policy Communities, and Their Networks", *The Policy Studies Journal*, Vol. 36, No. 1, 2008, pp. 19–38.
④ Li Cheng, "China's New Think Tanks: Where Officials, Entrepreneurs, and Scholars Interact", *China Leadership Monitor*, No. 29, 2009.

期。代表著作包括吴天佑和傅曦于 1982 年编著的《美国重要智库》,张静怡 1985 年编著的《世界著名智库——美国兰德公司、伦敦国际战略研究所等见闻》等。第二阶段是缓慢发展时期。这段时期智库研究仍然停留在智库表象,相关专业著作仍然较少,研究成果主要以论文的形式呈现,代表性的有袁鹏 2002 年的《美国智库:概念及起源》,穆占劳 2004 年的博士学位论文《美国智库与美中关系研究》,薛澜和朱旭峰 2006 年的《中国智库:涵义、分类与研究展望》等。这一时期,关于智库的书籍主要是介绍性的编著。例如北京太平洋国际战略研究所于 2000 年出版的《领袖的外脑——世界著名智库》,中国现代国际关系研究院于 2003 年出版的《美国智库及其对华倾向》和 2004 年出版的《欧洲智库及其对华研究》等。第三阶段是高速发展时期。自 2010 年开始,国内的智库研究成果较之过去呈现出井喷态势。2010 年,上海社会科学院"智库研究中心"出版了系列图书《世界各国智库研究》《国际著名智库研究》和《西方学者论智库》。同年,笔者出版了《旋转门——美国思想库研究》一书。[①] 这一时期,李安方的《中国智库竞争力建设方略》,朱有志等著的《思想库 智囊团——社会科学院初论》,冯绍雷主编的《智库——国外高校国际研究院比较研究》,郑秉文主编的《全球拉美研究智库概览》,笔者的《智力资本——中国智库核心竞争力》等一系列书籍陆续出版。

近两年来,中国学界对智库的研究逐渐从国别介绍、国际比较,转移到中国智库模式的探索和中国特色新型智库建设这两个焦点上。与此同时,中国学界对"智库与公共外交"的开创性研究也逐渐兴起并迅速成为新的研究热点。对于中国智库的具体研究,总体而言,西方学者的研究文献不多。研究焦点主要集中在新中国成立以来智库的发展历程、

---

① 赵宇晨:《英国智库及其在公共外交中的重要作用》,硕士学位论文,中国人民大学,2013 年,第 4 页。

## 第五章
### 智库与公共外交

发展背景、智库的分类、主要智库个案、智库对中国政府决策过程的影响渠道、智库存在的问题等方面。对于中国智库发展中存在的问题和模式的探索，更多研究集中在中国学界，议题焦点集中于对中国智库当下所处的制度困境、独立性缺失、人才创新能力不足等现象和问题的探讨。2012—2014 年，更是集中于对中外智库的比较研究、中国模式、中国特色新型智库建设以及中国特色智库思想市场的探讨上。

对于智库和公共外交的交叉研究，明确将二者作为一个研究领域进行系统研究的非常之少。在中国学界，虽然整体上看关于智库公共外交的研究文献也很少，但是一些学者已经开始对这一领域进行分析和探索。笔者在 2012 年发表的《美国公共外交中智库的功能与角色》一文从公共外交的视角探讨了智库的功能与角色，指出其在美公共外交中发挥着开展"二轨"外交、提供政策建议与智力支持以及构建政策理念与价值观传播网络的巨大作用。在美国公共外交政策的不断演变和调整历程中，几乎每一项政策的出台实施和改革，包括冷战时期美国政府对公共外交的大力倚重、克林顿政府对硬实力与公共外交的双重使用、"9·11"之后小布什政府对公共外交的改革，以及奥巴马政府上台后推行的"巧实力"外交政策，都与智库有着密不可分的关系。① 韩方明在《公共外交概论》提到包括非政府组织和思想库在内的"非国家行为体是公共外交的主力军"，"思想库参与公共外交的运作机制是'项目驱动机制'，即由思想库确定研究项目，然后组织学者进行研究"。"思想库完全可以成为公共外交的人力资源"，"美国思想库的'议题设置'功能和项目驱动机制，为各国开展公共外交提供了一个很好的借鉴"②。2013 年，《公共外交季刊》就"智库与公共外交"专题，组织了 6 篇文章，对智库在公共外交中的角色和作用、中国智库的公共外交功能以及智库外交的案例

---

① 王莉丽：《美国公共外交中智库的功能与角色》，《现代国际关系》2012 年第 1 期，第 39—42 页。
② 韩方明主编：《公共外交概论》（第二版），北京大学出版社 2012 年版，第 70—76 页。

等进行了分析。笔者在其中刊文指出，在公共外交的"多轨道"体系中，智库所从事的第二轨道外交活动不但与政府外交相辅相成、互为补充，而且智库外交是整个公共外交体系的智力和信息中枢，是多轨外交行动主体的"舆论领袖"。中国应重点扶持一批公共外交专业智库。① 王义桅指出，智库可成为公共外交的灵魂工程师，可以通过影响政策、塑造舆论、培养人才这三方面为公共外交发挥作用。② 张春认为，中国智库开展公共外交应当从以下四个方面展开，即关系管理、话语设定、民间交往和技术利用。③ 王文指出，尽管中国智库在国际层面上的二轨对话早已具备和发挥了公共外交的功能，但随着中外互动的频繁与加速，彼此间交流一些智库的公共外交经验，是非常有必要的。④

## 第二节　理解智库公共外交

　　本书对公共外交的概念在前文中已有分析，在此不做赘述。理解智库公共外交的前提是理解智库是什么。智库作为一个国家思想创新的动力和源头，一个国家软实力的象征，其意义已经超越了本身，成为影响世界政治、经济和全人类未来发展的重要力量。同时，智库的发达程度也反映了一个国家的政治、经济、文化发展水平。但是，对于大多数社会公众乃至社会精英而言，智库都是一个模糊的概念，而从事智库研究的学者们和智库的管理者对此也没有统一的认识。可以说每个人都对智库是什么有自己的理解，而且智库的概念在不同的国家也有不同的理解

---

　　① 王莉丽：《中国智库建设与公共外交拓展》，《公共外交季刊》2013年冬季号第3期，第28—33页。
　　② 王义桅：《公共外交需要智库支撑》，《公共外交季刊》2013年冬季号第3期，第11—15页。
　　③ 张春：《中国智库开展公共外交的四策》，《公共外交季刊》2013年冬季号第3期，第34—39页。
　　④ 王文：《公共外交上策：影响他国智库——以20国智库会议为例》，《公共外交季刊》2013年冬季号第3期，第40—46页。

# 第五章
## 智库与公共外交

和定义。

智库最早是个军事用语,用来指称二战期间防务专家和军事战略家们讨论作战计划和制定战略的保密室。目前学界关于智库的定义主要有:

安德鲁·瑞奇:所谓智库就是指独立的、不以利益为基础的非营利组织,他们提供专业知识和建议,并以此获得支持和影响决策过程。在运营层面上,智库是符合501(c)3税法条款的非营利组织,进行公共政策问题相关的研究,并传播研究结果与观点;在政治层面上,智库咄咄逼人,积极力争将其公众可信度最大化,尽其最大努力发现政治突破口,使自己的专家知识与观点能够影响政策制定。① 保罗·迪克逊:智库是一种稳定的、相对独立的政策研究机构,其研究人员运用科学的研究方法对广泛的政策问题进行跨学科的研究。在与政府、企业及大众密切相关的政策问题上提出咨询。② 肯特·威佛:智库是指非营利的公共政策研究产业。③ 詹姆斯·史密斯认为:智库是指运作于正式的政治进程边缘的、非营利的私立研究机构。④ 唐纳德·阿贝尔森对智库的定义是:非营利、非党派的研究机构,其首要目的是影响公共舆论和公共政策。⑤ 约翰·汉默认为:智库有很多种,有的是政府机构内部的,有的是大学附属的,有的是产生于民间的独立的政策研究机构,通常在美国所指的智库是民间智库。⑥ 霍华德·威亚尔达指出:智库是研究、讨论与学习中心,注意力集中在关键公共政策问题上。智库并不是公司,不

---

① 参见 Andrew Rich, *Think Tanks, Public Policy and the Politics of Expertise*, New York: Cambridge University Press, 2004。

② Paul Dickson, *Think Tanks*, New York: Atheneum, 1971.

③ Weaver Kent, "The Changing World of Think Tanks", *Political Science and Politics*, Vol. 22, No. 3, 1989, pp. 563–578.

④ James Smith, *Idea Brokers: Think Tanks and the Rise of the New Policy Elite*, New York: The Free Press, 1991.

⑤ Donald Abelson, *American Think Tanks and Their Role In U.S. Foreign Policy*, MacMillan Press LTD, 1996.

⑥ 引自笔者2008年8月在华盛顿对约翰·汉默的专访。

以营利为目的；智库也不是利益集团，因为各种利益集团的唯一目的是进行游说，而智库只力图影响政策结果。① 杰姆斯·麦甘认为：智库充当着学术界与决策社群之间的桥梁，作为独立的声音服务于公众利益，以简明易懂且可靠的语言及形式，将应用研究与基础研究传递给决策者与公众。②

中国学者对智库的定义也有很多种，有的是在国外智库学者的概念基础上进行概括和总结。如：一个机构之所以被称为智库，必须具备以下几个条件：从事政策研究；以影响政府的政策选择为目标；非营利；独立性。③ 也有的学者针对中国的特点提出智库的定义。薛澜指出，智库主要指以影响公共政策为宗旨的政策研究机构，智库通过公开发表研究成果或其他与政策制定者有效沟通的方式来影响政策制定。④ 孙哲认为，智库特指针对各种内政外交政策问题，由学有专精的学者组成的决策服务团体和咨询机构。⑤

基于各国学界、业界对智库概念理念存在差异，以上不同国家、学者对智库定义的不同，笔者对智库进行明确的定义：智库是指诞生在特定的政治、经济、文化土壤中的，服务于国家利益和公共利益，以影响公共政策和舆论为目的的非营利性政策研究机构，包括官方、大学和民间智库三种类型。质量、独立性和影响力是智库的核心价值，也是智库成就全球声誉和影响力的基石。

明确了智库的概念之后，结合前文对公共外交概念的分析以及对多元公共外交框架的建构研究，所谓"智库公共外交"是指：

---

① Howard Wiarda, *Think Tanks and Foreign Policy*: *The Foreign Policy Research Institute and Presidential Politics*, New York: Lexington Books, 2010, pp. 29 – 30.
② James McGann, "Think Tanks and Policy Advice in the U. S: Academics, Advisors and Advocates", *Public Administration*, Vol. 87, No. 1, 2009, pp. 148 – 149.
③ 参见中国现代国际关系研究所《美国思想库及其对华倾向》，时事出版社 2005 年版。
④ 参见薛澜《思想库的中国实践》，《瞭望》2009 年第 4 期，第 21—22 页。
⑤ 孙哲：《中国外交思想库：参与决策的角色分析》，《复旦学报》（社会科学版）2004 年第 4 期，第 98—104 页。

智库作为一种积极的公共外交行动主体、传播媒介和目标受众的三位一体角色，通过开展跨国议题的政策研究、智库间的国际合作与人员交流、智库间的国际会议以及智库舆论的国际传播等活动，利用人际传播、组织传播、大众传播等各种传播媒介与方式，与国外智库精英和公众进行对话与沟通，从而影响他国公共政策制定和公众舆论。智库公共外交的核心是智库的思想创新与交流，智库公共外交的作用是加深理解，促进和平，根本目的是通过交流与对话，增强本国的文化吸引力和政治影响力，塑造有利于本国发展的国际舆论环境，促进和平与发展。

## 第三节　作为行动主体的智库公共外交

作为行动主体的智库在公共外交中一方面承担了加深理解、促进和平的角色与功能，在国际关系中发挥着缓冲带、助推器、润滑剂的重要作用。另一方面，智库是多元公共外交系统的"大脑""思想工厂"和"议程设定者"，发挥着思想创新和舆论领袖的作用。具体而言：

**智库公共外交是国际关系的缓冲带、助推器、润滑剂**

目前，由于国际交往和相互依赖的加深，全球紧迫性议题以及若干国际事务必须借助跨国组织才能解决。智库作为多元公共外交的重要部分，是国内与国际交流的一个平台，在双边和多边外交事务中发挥着重要作用。在智库公共外交中，智库作为政府外交努力的补充或者作为当官方不适宜介入时的替代者，通过组织对敏感问题的对话和对冲突各方提供第三方调停来承担一种积极的外交角色，通过非正式、长期、频繁的交流能够有效加深双方之间的沟通和理解。与政府外交相比，智库公共外交的行动主体主要是资深的政策研究专家，相比政府外交的行动主体——职业外交官们而言，智库之间人员的接触和交往相对较为容易，氛围也更为宽松，可以使双方在不受特定谈判指标限制的情况下，充分了解对方政策真正意图和深层次问题，进而为政府共同提出有建设性的意见和建议。另外，研究机构中的政策专家是能够理解、建立和保持政府价值的听众。作为政策参与者，他们是支持和巩固政府政策非常重要的力量。

在国际关系中，智库就某些涉及双方利益的重大问题进行合作研究，成为在幕后推动双边关系的"助推器"和"润滑剂"。以中美关系为例，美国政府高层官员在访华之前，通常都会选择一家与政府关系密切的智库进行前期的演讲，并且选择一家智库来打前站。智库则带着访华的一些议题与中国各方面进行接触，试探中国的态度，在掌握了各方情况后，为美国政府的决策做充分准备。2009年10月下旬，就在奥巴马总统出访亚洲四国前不久，布鲁金斯与中方联合在北京钓鱼台国宾馆举办了一场名为"中美清洁能源务实合作战略论坛"的高层论坛。这次论坛的中国合作方是中国智库"中国战略与管理研究会"。中国有官方媒体报道说，中国国务院有关部门负责人、部分省区及副省级城市负责人、国家大型能源企业负责人、能源研究单位专家、美国能源部等政府部门和研究单位代表、世界银行、国际能源机构等国际组织代表等共约350人参加了论坛。美国国务卿希拉里和能源部长朱棣文虽没与会，但通过视频发表了讲话。论坛就清洁能源议题从两大层面进行了探讨：两国政府间的战略层面和具体的项目层面。之后，在北京峰会上，两国元首宣布的有关合作协议，在很大程度上都是源于这次论坛提交的政策建议的推动。[①] 2017年11月1日，在特朗普总统访华前，清华大学与布鲁金斯学会举办名为"大国关系与全球治理：国际趋势与重大挑战"的公开论坛，邀请前布鲁金斯学会会长斯特普·塔尔博特和新任会长约翰·艾伦共同探讨全球治理中的重要国际性议题。约翰·艾伦于2017年11月就

---

[①] 参见袁铁成《布鲁金斯 超级大国的意见领袖——专访美国布鲁金斯学会董事会主席约翰·桑顿》，2010年9月26日［http://finance.sina.com.cn/roll/20100926/10598705071.shtml（上网时间2017年10月7日）］。

第五章
智库与公共外交

任布鲁金斯学会第八任会长。他是退役美国海军陆战队四星上将、前北约驻阿富汗国际安全援助部队司令。在加入布鲁金斯学会之前,他曾任美国打击伊斯兰国组织国际联盟总统特使。关于中美关系,约翰·艾伦认为,可以用"4C"这样一种概念来应对中美关系:首要的 C 就是合作,美国和中国应该寻求一切可能的合作机会,从气候变化到国际发展、脱贫等。第二个 C 就是竞争,我们也该预料到两个大国之间可能会有冲突和竞争,这种竞争应该通过接触和及时的对话来加以控制。第三个 C 就是潜在的对抗,我们应该尽一切可能来控制对抗,从而避免第四个 C,也就是冲突。中美之间曾有过冲突,结果往往是双输的,所以冲突是两个国家都不应该考虑的战略选项。[①] 基于约翰·艾伦的重要军方背景和现任布鲁金斯学会会长的位置,他对中美关系的观点反映了美国舆论界对中美关系的认知并在某种程度上反映了美国军方的观点。

　　除了充当"助推器"之外,美国智库还通过组织对敏感问题的对话和对冲突各方提供第三方调停来承担一种更加积极的智库公共外交的角色。要化解中美不断凸显的矛盾,仅依靠弹性有限的政府外交显然远远不够。智库公共外交特有的灵活和宽松的外交氛围,又可以使双方在不受特定谈判指标限制的情况下,充分展示自己的观点,了解对方政策和行为的真正意图及其政治文化和决策背景的特殊性,从而达至双方更深层次的理解,进而共同提出有建设性的意见和建议。以西藏问题为例,在中国政府与流亡海外的达赖喇嘛集团之间的对话多年来一直未取得实质性进展,而达赖集团在海外的活动又引起国际社会强烈关注的情况下,自 2005 年至 2007 年,布鲁金斯学会中国中心组织专家学者多次与达赖及其"流亡政府"主要成员进行沟通、对话。与此同时,布鲁金斯学会也组织专家学者们与中国的智库——国际战略研究基金会和现代国际研究院的学者们就西藏问题进行交流,提出政策建议。2007 年 10 月中旬,

---

① 资料来源于布鲁金斯学会网站(https://www.brookings.edu/)。

在美国前总统布什授予达赖国会勋章前夕，布鲁金斯学会在华盛顿组织专家学者再次与达赖及其代表进行内部交流、对话（笔者当时作为布鲁金斯学会中国中心访问研究员参加了此次会谈）。此次会谈之后，布鲁金斯学会把政策建议和会谈内容呈交中国政府相关机构和中国驻美大使馆。布鲁金斯学会以非官方身份介入西藏问题，所希望承担的就是一个官方之外进行沟通和对话的平台和论坛，[①] 试图积极推进中国政府与达赖流亡集团之间的相互了解和进一步的对话。

除了布鲁金斯学会之外，其他更多美国智库也把自己的权限扩展到积极参与预防性外交、冲突处理和解决争端。卡内基国际和平基金会从20世纪80年代中期开始，就在华盛顿主持召开了一系列会议，把南非重要的政治家、牧师、商人、劳工代表、学者和流亡的自由派人物，与美国国会成员和行政机构的官员聚集在一起。这些持续了8年多的聚会，帮助美国在微妙的政治转折期对南非的未来增进了了解。同样，国际战略研究中心有一项以改善前南斯拉夫境内的种族关系、调和以色列宗教与世俗的分歧、推动希腊和土耳其对话为目的的计划。

在世界各国思想库中，英国思想库在公共外交中发挥的重要作用也有很多经典案例。伦敦国际战略研究所作为一家军事安全研究领域位居世界前沿的专业智库，在英国的公共外交中发挥着特殊的作用。英国国际战略研究所1958年由英国学术界、政界、新闻界人士发起创建，任务是研究核时代日益复杂的安全问题。自成立以来，一方面通过吸收大批国外会员和聘请国际上著名学者、军事权威和政府要员作为客座研究员来增加其成员的国际性；另一方面，研究内容也不断扩大，不仅限于安全问题的军事方面，而且还包括社会和经济资源，以及武装力量的存在和使用对政治和道德的影响。研究课题包括欧洲防务、亚洲问题、世界军事力量对比、军备控制、战略武器、中东问题和美国问题等。国际战

---

① 王莉丽：《旋转门——美国思想库研究》，国家行政学院出版社2011年版，第201—202页。

## 第五章
### 智库与公共外交

略研究所成立早期曾为无法进行正式会谈的国家安排非正式会面。例如在20世纪70年代初,它曾成功安排苏联及美国的高级军备管制谈判员会面,全程秘密进行,试图使双方超越官方立场进行探讨。70年代他们也曾安排巴勒斯坦人民解放组织跟以色列接触,会议在土耳其进行,远早于双方在80年代展开和平进程之前。通过开展智库公共外交,英国国际战略研究所成为对国内、国际政策具有重大影响力的权力机构。英国国际战略研究所充分发挥其专业优势,每年举办一些高规格安全会议,安排各国政要进行对话,在缓解国际矛盾、避免潜在冲突方面发挥着重要影响力。香格里拉对话就是这样一个由英国国际战略研究所发起、在新加坡政府支持下于2002年开始举办的亚洲安全会议,并因首次正式会议在新加坡香格里拉饭店举行而得名。2002年5月第一次香格里拉对话举办时,印度和巴基斯坦关系十分紧张。英国国际战略研究所邀请了当时的印度国防部长费南德斯以及巴基斯坦的代表。双方在谈论的过程中,非常坦诚地表达了各自的观点。费南德斯一度几乎在人前落泪,因为他担心当时的紧张局势可能会引发核战。当时英、美等国家也参与了这场对话,一起探讨了如何缓和紧张关系。2002年香格里拉对话后,英国、美国以及一些西方强国跟印巴两国关系都非常密切,为缓和印巴紧张积极努力,阻止了一场潜在冲突的发生。自首次举办以来,英国、美国等西方国家和众多亚太国家对香格里拉对话予以了高度重视,大多派出国防部长或副部长与会。[①]

综上所述,通过智库公共外交,智库从独立于政府之外的政策研究机构,逐渐成为对国内、国际政策具有重大影响力的权力机构。智库所承担的公共外交功能有巨大的潜力来使缺乏沟通的国家之间、易发生冲突的地区和遭受战争破坏的社会建立和平、达成和解。智库或者可以作为政府努力的补充,或者可以作为当官方不适宜介入时的替代者。

---

① 资料来源于英国国际战略研究所网站(http://www.iiss.org/en/about‐s‐us)。

### 智库公共外交发挥着思想创新和舆论领袖的作用

在多元公共外交系统中,智库所从事的外交活动不但与政府外交相辅相成、互为补充,而且智库外交是整个公共外交体系的智力和信息中枢,是多元外交行动主体的"舆论领袖"。一个国家推行公共外交成败与否取决于其所传递的思想和价值观,以及其所采取的传播策略。公共外交实质上是一场"思想之战",而智库是公共外交的"大脑""思想工厂"和"议程设定者"。

以美国为例,在美国公共外交政策的不断演变和调整历程中,几乎每一项政策的出台、实施和改革都与智库有着密不可分的关系,无论是冷战时期美国政府对公共外交的大力倚重,克林顿政府硬实力与公共外交的双重使用,"9·11"之后小布什政府对公共外交的改革,还是奥巴马政府上台之后推行的"巧实力"外交政策。回溯美国公共外交的历史,早在艾森豪威尔担任总统期间,美国参议院对外关系委员会曾委托布鲁金斯学会对美国新闻署的组织管理进行研究。尼克松总统任内,美国对外宣传咨询委员会与美国对外教育文化咨询委员会共同委托乔治城大学的战略与国际问题中心主持,设立了由十几名来自美国各个智库的知名人士组成的公共外交教育文化委员会(即"斯坦顿委员会"),就美国的公共外交活动展开全面调查,该委员会结合长期国际形势的分析判断,对美国公共外交战略及具体运作策略提出全面建议,成为福特和卡特政府时期美国公共外交政策辩论和实践的重要基础。[1]

"9·11"事件发生后,如何打赢一场观念与心灵之战,成为小布什政府首要考虑的问题,而这场战争的关键就是公共外交。为此,以布鲁金斯学会、美国企业研究所、对外关系委员会、传统基金会、美国和平

---

[1] Stanton Panel, *International Information, Education and Cultural Relations: Recommendation for the Future*, Washington, D. C.: Center for Strategic and International Studies, 1975.

# 第五章
## 智库与公共外交

研究所、国际战略研究中心等为首的著名智库通过各种形式展开对公共外交的研究，为美国政府如何有效开展公共外交，打赢这场思想之战提出了很多具体的政策建议和方案。美国国会研究部 2005 年 10 月向国会提交了一份题为"公共外交：对过去建议的评估"的报告，对由美国主要智库"9·11"以来所提交的有关公共外交政策的具有代表性的 29 份报告做了总结性评估，这些报告被美国国务院认为是可信度高、包含有价值的建议，每份报告都提出了针对当前公共外交政策的改革建议和反思。[1] 而之后布什政府在公共外交领域展开的一系列变革在很大程度上都是以此为依据。

奥巴马政府执政后，实施所谓柔性"巧实力"外交战略，并在美国总体外交政策和对外战略中赋予公共外交前所未有的重要地位。"巧实力"外交政策及其奉行的公共外交理念也是直接来源于美国智库的政策规划。2006 年，美国国际战略研究中心发起成立了"巧实力委员会"，该委员会由 20 多名国会议员、前政府官员、退役将军和商界精英以及学者共同组成，横跨民主、共和两党，研究重点之一是如何更好地推行公共外交，重塑美国形象。"巧实力委员会"于 2007 年 11 月发表了名为《一个更灵巧、更安全的美国》的报告。该报告建议美国政府在对外战略上应从五个方面进行改进，其中非常重要的一个方面就是推进公共外交。与此同时，如兰德公司、布鲁金斯学会、对外关系委员会、美国全球接触中心等智库也把"巧实力"和公共外交作为美国外交的战略方向，"巧实力"外交逐渐成为美国智库研究界的共识。2009 年 1 月美国国务卿希拉里在参议院提名听证会上表示，美国政府将推行"巧实力"外交政策，有效维护美国利益和国际地位。美国智库为公共外交设置政

---

[1] CRS Report for Congress, Public Diplomacy: A Review of Past Recommendations, October 2005（http://www.opencrs.com/rpts/RL33062_20050902.pdf.）（上网时间 2016 年 7 月 10 日）。

策议程、为政府提供智力支持的作用在这个案例中充分体现。①

　　在英国公共外交政策及活动中，几乎每项政策的出台、实施和改革都与英国智库有着密不可分的关系。以英国著名智库狄莫斯（Demos）参与重塑英国海外形象的"酷不列颠"运动为例。该机构在英国重塑国家形象运动中，源源不断提出新思想与新方案，为英国海外形象提升提供了有力的思想支撑。1997 年，布莱尔政府打着改革旗号赢得大选，上任后决意革新过时、老旧的英国形象。为实现重塑形象的目的，英国国内多个智库纷纷出台英国国家形象研究报告，这些形象研究报告显示，海外公众对英国的印象和英国的自我认知存在巨大落差，英国被视为陶醉在历史的荣光中日益衰落的病人，英国成了古板、严肃、保守等代名词。② 英国智库狄莫斯出版了蓝皮书《不列颠：重拾我们的身份》，梳理了代表英国形象的 6 个特征——世界枢纽、创意之岛、多元包容、自由开放、默默的变革者、正义的使者，认为英国国家形象问题的关键是英国的现实情况从未有效地传达给海外公众，造成海外对英国的印象停留在过去。因此，必须精准地定位英国的国家品牌，并保持信息的一致，以有效的工具传播出去。英国官方几乎全盘吸收了狄莫斯智库的建议，并于 2003 年 5 月出台《公共外交战略》，其中明确指出今后要在信息服务、国家品牌推广与政策制定中，更加一致地传播开放、多元、创新、变革、公平、正义、诚信、合作的价值核心。在此基础上，"酷不列颠"国家形象重塑运动轰轰烈烈展开。英国官方不仅制作了国家形象宣传片，改编摇滚版国歌，在海外组织"动力英国"大型展览等，在智库全面分析与建议的基础上，英国政府的这一系列"酷不列颠"运动对改变海外公众对英国的刻板成见收到了很好的短期效果。

---

　　① 参见王莉丽《旋转门——美国思想库研究》，国家行政学院出版社 2011 年版。
　　② Pink, D. H, The Brand Called UK, 参见 http：//www.fastcompany.com/36415/brand-called-uk-。

## 第四节　作为传播媒介的智库公共外交

　　智库不仅仅是思想的创新源头，也是重要的传播媒介。作为传播媒介的智库，在公共外交中发挥着构建全球舆论传播网络，引导舆论走向的作用。全球化时代，一个国家在国际上是否受其他国家公众的欢迎，取决于其所传递的思想和价值观以及其所采取的传播策略。智库影响力的发挥主要是通过专家知识与舆论力量的充分结合。智库公共外交所进行的国际会议交流、人员互访、国际信息传播等活动，就是通过在国际话语空间提供创新思想从而把专家知识转化为舆论影响力。

　　思想库的发展根植于其所处国家的政治、经济、文化生态中，并受其深刻影响。世界各国思想库无论在形态、架构还是规模上虽然有很大不同，但是，从公共外交的视角，世界各国智库都在构建政策理念和传播价值观方面发挥了不可替代的重要作用。世界各国智库数量众多、类型也很多，其规模和资金不尽相同，但大多数思想库在信息传播的渠道和方式上大致相同，具体而言，智库在公共外交中所采取的主要传播方式有人际传播、组织传播和大众传播。在大多数情况下，三种传播方式都是同时采用，互为补充和促进，从而在全球范围内构建了一个无所不在的传播网络。近年来，欧美国家的大型智库纷纷开拓国际市场，花费巨资致力于通过各种传播媒介和策略影响国外公众舆论，在全球范围内传播本国政策理念和价值观，为本国发展创造良好的国际舆论环境。

　　首先以美国智库为例，对于美国智库而言，维护国家利益，影响舆论和政策制定是其核心目标，美国智库不但花费巨资致力于通过各种传播媒介和策略影响国内政策和舆论，还着力影响国外公众舆论，在公共外交中发挥着全方位传播政策理念和美国价值观，在世界各国政策精英之间构建人际传播网的重要作用。"旋转门"机制为美国智库进行政策理念的传播构造了一个纵横交错的人际传播网。以布鲁金斯学会为例，布鲁金斯协会现任的 200 多名研究员中，有二分之一的人具有政府工作背景，担任过驻外大使的就有六位之多。原中国中心的主任杰弗里·贝德在加入布鲁金斯之前一直服务于美国政府，他曾是美国驻纳米比亚大使（1999—2000 年），也曾担任美国国家安全委员会亚洲事务主任，奥巴马政府上台之后杰弗里又重返政府，2011 年 5 月，杰弗里·贝德再次穿越"旋转门"，成为布鲁金斯学会的研究员。这种人际关系网络带来的最直接的效果就是布鲁金斯学会的政策理念不但可以迅速到达白宫、国会和政府各个机构，也可以通过贝德在从事政府外交期间与世界各国政要建立起的人际网络，影响他国的外交政策。除此之外，美国智库董事会所构建的人际传播网，以世界舆论领袖的地位在全球范围内发挥着影响力。美国智库的最高决策和管理机构是董事会，他们通常由著名的政界、商界、学界、非政府组织的社会精英组成。再以布鲁金斯学会的董事会为例，我们可以窥见一斑。布鲁金斯学会现任董事会主席是约翰·桑顿，董事会成员包括里根政府白宫办公厅主任肯奈斯·达博斯坦、亚洲协会总裁丁文嘉等。达博斯坦是美国著名的舆论领袖，经常出现在各大媒体的访谈节目之中，在世界范围内有着广泛的高层人脉。约翰·桑顿曾经担任高盛公司总裁兼首席运营官，目前是清华大学教授、全球领导力项目负责人、美国艺术与科学院院士、巴里克黄金公司董事长。他不但与南非总统、澳大利亚总理、英国首相、英特尔总裁、福特总裁、新闻集团默多克等众多政界、商界领导人关系密切，与中国的政界高层也有着密切的交往。对于美国智库而言，其董事会成员和他们所构建的全球人际传播网络是智库在公共外交中进行政策理念传播的有力武器。[①]

美国智库所采用的组织传播模式主要是指通过组织国际会议、合作研究、交流培训项目或者在国外直接设立研究中心等方式进行政策理念的传

---

① 参见布鲁金斯学会网页（http://www.brookings.edu/about.aspx）（上网时间 2017 年 5 月 6 日）。

播。首先以交流培训项目为例，布鲁金斯学会东北亚中心的访问学者项目非常值得一提。这个访问学者项目创建于1998年，每年从中国大陆、香港、台湾以及日本、韩国、蒙古邀请一位访问学者到布鲁金斯进行访问研究，为他们提供为期8个月的研究经费，并且安排他们参加各种活动，以加强他们对美国政治的了解。被邀请的访问学者不限于学术领域，也可以是政府官员、媒体从业者和企业界人士。这个项目不但为东北亚地区的学者提供了一个了解、参与美国政治的机会，也同时在东北亚各国的精英群体中建立了一个布鲁金斯学会的政策影响网络，这个嵌入东北亚的政策精英影响网络就像特洛伊木马一样，发挥着重要的舆论引领作用。为了进一步扩大美国智库的国际影响力，近些年来，美国各大智库纷纷在国外直接设立研究中心，其运作模式借鉴跨国公司海外分支机构的方式，力图使得智库成为传播美国政策理念和价值观的海外平台。

再以海外设立的研究中心为例。2006年，布鲁金斯学会在中国北京设立了研究中心（布鲁金斯—清华约翰·桑顿中国中心），直接雇用中国学者开展工作，并向学会的华盛顿总部负责，成立十年来，布鲁金斯—清华约翰·桑顿中国中心举办了大量公开学术活动，会聚了众多中国学界、政界、商界精英，在中国的金融改革、税制改革、企业改革、能源与环境改革、医疗改革问题上提供了大量政策建议。根据布鲁金斯—清华中心网站的信息，2015年1月至2017年12月，共组织了38场会议，其中，2017年组织了11次会议。会议主题主要有：智库发展与公共政策、大国关系与全球治理、中美俄三边关系与全球核不扩散策略、税制改革、绿色经济、"一带一路"、全球气候治理、能源等。2016年组织了16次会议，主要涉及全球经济、可持续发展、全球治理与合作、全球合作、医保、税改、交通问题等，其中与可持续发展主题相关的会议有6次。2015年组织了11次会议，议题也非常多元，主要涉及中美关系、全球治理以及中国公共政策热点议题。对于布鲁金斯学会在中国产生的舆论影响，根据知网"全国重要报纸全文数据库"，以"布鲁金斯学会"为主题进行检索所得结果可略见一斑。2015年1月至2017年12月这个时间段内，中国报纸对"布鲁金斯学会"的相关报道情况为：2017（64篇）、2016（87篇）、2015（117篇）。这个数据一定程度上反映了布鲁金斯—清华约翰·桑顿中国中心在中国本土产生的媒体影响力。在全球范围内，布鲁金斯学会也一向都是主流媒体的信息源，在国际舆论空间有着重要的舆论影响力。除了在中国拓展影响力之外，美国智库在俄罗斯、印度、日本、中东等与美国利益有重要关联的地区和国家不断设立新的智库中心和研究项目，以此为美国公共外交的顺利推行搭建着重要的信息传播平台。

除了人际传播和组织传播外，美国智库也非常注重大众传媒，尤其是新媒体的力量。美国智库鼓励学者们接受世界各国传媒的访问、在国外媒体发表文章，并以此作为考核的重要指标之一。目前，几乎所有的美国智库都有自己的网站，并且通过博客、播客、推特、脸谱等各种新媒体方式进行信息传播。新媒体的传播活动具有开放、多元、瞬时、互动、无障碍等传统媒体难以企及的优势，因此成为表达意见、建立认同、塑造行为的工具，新媒体使得民族国家主权在一定程度上被弱化了。美国智库借助新媒体将本国的外交决策、文化价值观、意识形态等源源不断地传送到"他国"，动摇其民众的文化根基和意识形态，成为提供政治话语权的新战场。在美国众多智库的新媒体传播战略中，卡内基国际和平基金会、布鲁金斯学会、传统基金会应该说是走在最前列的。早在2004年，卡内基就推出了中文网，旨在向中国的政策制定者和学者广泛介绍来自卡内基基金会的著作、杂志、活动及其他信息资源，以增进中美之间国际政治和公共政策领域的学术交流及相互了解。[1] 布鲁金斯学会在2009年正式推出中文网，其主要目的也是提升布鲁金斯学会在中国和整个华语受众群体中的政策影响力。

---

[1] 参见卡内基中文网（http://www.carnegieendowment.org/programs/china/chinese/index.cfm）（上网时间2017年10月7日）。

# 第五章
## 智库与公共外交

近年来，随着新媒体技术和形态的不断发展，美国智库不断调整新媒体传播战略。首先以美国布鲁金斯学会为例。布鲁金斯学会的网站不但发布最新政策主张和学者观点，影响媒介和政治议程，引领社会舆论，而且不断根据信息技术的发展和受众需求的改变调整新媒体传播策略。根据数据统计，他们的网站有约50%的访问量来自非美国地区，遍及欧洲、北美、亚洲、非洲、大洋洲，有着全球性的影响力。据布鲁金斯学会2013年年报显示，美国地区的访问量超过100万次。2013年6月布鲁金斯学会网站推出了仿照纽约时报的"雪崩"（snowfall）模式制作的数字化专题，目的在于激发对重要议题的讨论和辩论。第一期推出后，网页停留时间提高了125%，其中72%的访问者为新用户。① 据布鲁金斯2016年年度报告，其优图的订阅用户在2016年一年中增长了64%，脸谱、推特关注人数也有大幅增长。② 再来看一下传统基金会，这家智库在新媒体传播方面的资金投入一直相当高，2014年6月3日，传统基金会投入预算100万美元，在原有官网之外，创建了新闻网站"每日信号"，发布"政策和政治新闻以及保守党的评论和政策分析"，精准影响目标人群。此外，基金会还通过"脸书"和"推特"等社交网络平台向公众传播思想理念。③ 其社交媒体用户量也一直居于美国各大智库前列。

英国智库活跃在国际舞台上，也发挥着公共外交作用，但与美国不同的是，英国智库虽然都标榜独立和非营利性，但因为资金不足不得不依附于政府或某个主流政党。除狄莫斯公共政策研究所、金融革新研究中心、海外发展研究所等少数几个非党派智库外，其他智库均为中左派或中右派智库。故多数英国智库在参与外交时，一方面能够与政府"一轨"外交相配合，保证了与政府外交的一致性，但从另一方面来看，智

---

① 王莉丽：《以史为鉴：提升中国智库核心竞争力》，《学习时报》2014年11月10日。
② 数据来自布鲁金斯学会网站（Annual Report https://www.brookings.edu/wp-content/uploads/2016/12/2016-annual-report.pdf）。
③ 李凌：《传统基金会：保守主义阵营的思想库》，《光明日报》2017年1月26日。

库较多地渗透了政府的观念与政策影响。[①] 以伦敦国际战略研究所为例，该机构除每年9月举办一次由世界各地的会员参加的年会外，还举办阿拉斯泰尔·巴肯纪念讲座、香格里拉对话等一系列讨论战略问题的学术会议。这些会议的确为各国家与地区就世界及区域性问题的对话提供了平台，但不可否认也为英国参与具有战略意义的地区事务提供了方便，在英国政府不方便出面的场合渗透了英国话语权，也为英国政府进一步展开外交探明道路。再以"香格里拉对话"为例，自2002年以来，每年6月由伦敦国际战略研究所在新加坡政府支持下召开这一"亚洲安全论坛"。"9·11"事件后，亚太地区政治、经济和安全形势发生了重大变化，相关国家和地区都需要及时掌握情况，把握趋势、协调立场，寻求合作，以便在多变的国际环境下争取主动，进行符合国家和地区利益的正确决策和处置。伦敦国际战略研究所在此背景下发起了著名的"香格里拉对话"。该对话致力于为各国国防部门和军方领导人提供与各国专家学者以及媒体面对面交流的机会，邀请亚太地区各国负责国防事务官员、安全问题智库人员和新闻时事观察员，以非正式形式讨论亚太地区安全问题。故具有"一轨半"性质的香格里拉多边对话机制成为了英国参与亚太地区安全研究、安全对话和安全决策的一个高层平台，并显示出比英国政府直接参与该地区共同安全更放松、更灵活的独特优势。

皇家国际事务研究所的核心关注领域是能源、环境与资源。该机构就此成立了多个项目研究组，对世界气候变化、能源与资源安全、环境可持续发展等进行了持续深入的关注和研究，不仅出版了相关书籍与研究报告，还多次举行环境与气候为主题的论坛。2012年，英国皇家国际事务研究所主办第十六届气候变化论坛，以"气候变化：安全、适应与外交"为主题，联合国官员、来自世界各地的气候与环境官员和企业家

---

[①] 王莉丽：《智力资本——中国智库核心竞争力》，中国人民大学出版社2015年版，第136—137页。

及剑桥、牛津大学等世界名校的知名气候专家共约200人参加了此次论坛。① 该机构在其宣传册中做出预测，在今后的几十年中，由于世界人口将增加50%、人们生活水平进一步提升，对有限资源（食物、水、油气）的竞争将加剧，故该机构将持续重点研究这一领域，旨在促进气候与能源安全，提供更多的可持续发展方案。② 英国皇家国际研究所通过报告、简报、图书等形式出版这些领域的研究成果，广泛传播"思想产品"，每年一共出版约60份出版物。③ 包括：期刊性杂志，如《今日世界》和《国际事务》，前者侧重于当前的国际问题，后者侧重于国际问题的回顾和综合，二者均每年出版六次；论文，研究项目以简报、工作报告和报告的形式，分析、评估重大事件或提供相关背景资料；年度报告；小册子。此外，研究所每年举办各种活动，一是为自己观念与意见的传播提供渠道，二是为不同领域专家交流和讨论搭建平台，共同探寻研究与解决国际问题的新方法。④ 皇家国际事务所除了通过出版物与举办活动传播其研究成果外，还与媒体保持密切的关系，借助媒体的"扩音器"功能，传播观念、扩大影响力。一是其研究人员定期在媒体上发布对某一热点问题的评论；二是每周向媒体发送一封电子邮件、每两周发布一次"媒体日记"，提供该所研究动态与研究进展等信息，凡注册的媒体都能够得到该所定期更新的这些信息。此外，皇家国际事务研究所还借助新媒体平台，针对国内外发生的重大政治问题，进行背景分析和评论、提出对策建议。英国外交政策、文化价值观、意识形态等通过这些新媒体传播渠道，源源不断输入到世界各地，从而达到价值观的广泛渗透、争取了英国在国际事务上的话语权。此外，英国大学智库也成

---

① 苏非：《2012气候变化学术研讨会在伦敦举行》，2012年10月31日，中国社会科学在线。
② 参见 http://www.chathamhouse.org/sites/default/files/public/General/about_flyer.pdf。
③ 参见 http://www.chathamhouse.org/about-us/about-chatham-house。
④ 杨敏：《英国皇家国际事务研究所：推动和激发学者间的自由讨论》，《中国社会科学报》2013年3月6日。

为英国智库公共外交的重要一环，如英国诺丁汉大学主持的"分析中国对欧盟的认知及其对欧盟对华政策的影响"项目就有中国社会科学院和中国人民大学参加。与专业智库主要关注短期发展不同，大学智库重点研究长期趋势，更强调研究成果的学术价值。这些项目和课题是英国大学智库与政府部门之间联系的重要纽带，大学智库的公共外交影响和作用因此主要通过项目和课题得以实现。这些研究在一定程度上推动了中英学术交流，促进了中英的相互研究，也从学术与项目合作的维度为中英关系的发展带来了新鲜活力。

## 第五节　作为目标受众的智库公共外交

在智库公共外交中，智库所承担的第三个角色就是目标受众。作为目标受众的智库，要对其进行有效公共外交，必须了解其舆论内容和动向，在此基础上，才能有针对性地提出思想战略和传播策略。在世界各国智库中，美国智库数量最多、质量最高、影响力最大，代表当今世界智库的最高水平。美国历届政府都是智库的重要客户。因此，我们还是以美国智库为例，来分析一下如何把智库作为目标受众进行公共外交。

翻开历史，美国很多内政外交政策背后都有智库的身影。如：兰德公司曾完全主导美国的核战略、策划越南战争、谋划里根政府的"星球大战"计划；外交关系学会提出向日本广岛和长崎投放原子弹；布鲁金斯学会曾构建具有跨时代影响力的、著名的"马歇尔计划"，成功挽救西欧濒于崩溃的经济，是美国对外政策中最成功的例子之一；国际战略研究中心提出"巧实力"外交思想，最终成为奥巴马政府执政后的外交战略。智库在美国以精准全面的分析研判、与政界广泛深入的联系，以及在社会公众中的影响力，左右着美国政治、经济、社会、军事、外交、科技等方面的重大决策。美国智库对中国的关注始于20世纪50年代。苏联解体之后，美国智库开始展开全面对华研究。美国智库在美国对华

## 第五章
### 智库与公共外交

政策中发挥着重要的作用，是美国政府制定对华政策的思想工厂和议程设置者。研究美国主要涉华智库的舆论动态，具有极重要的战略价值。有助于中国及时了解美国对华政策形成背后的深层原因，并且及时提出应对战略。通过长时间的内容跟踪研究，应会逐步探索出其政策研究的规律性特点以及一个国家智库所反映出的这个民族和国家知识分子群体的某些特性。

笔者带领课题组自2013年至今，一直对美智库的涉华舆情动态进行跟踪研究，从中分析、判断美智库在具体议题上对华态度及政策内容，以便我们从政府外交和智库公共外交的角度尽快做出反应。以2015年9月至2016年9月这一年的美国智库舆情为例。这一时间段，我们对美国布鲁金斯学会、国际战略研究中心、卡内基国际和平基金会、兰德公司、亚洲协会和对外关系委员会这六家最重要的美国涉华智库的研究动态和内容进行了持续的跟踪分析。对于智库的涉华舆情分析，要分析三个层次，第一层次是了解智库的自身特点及涉华研究概况，第二个层次是分析其涉华研究的数量和议题，第三个层次是内容和观点。

先来看一下第一个层次，关于这六家智库的概况分析：

布鲁金斯学会。布鲁金斯学会非常重视中国问题和美国对华政策的研究，没有明显的意识形态性，在思想倾向上属于中间派。从每个月发表的与中国相关文章数量来看，布鲁金斯学会一直处于领先水平。从内容上来看，2015—2016年议题主要集中在南海问题、"一带一路"、以中美关系为核心的中国对外关系研究、中国经济问题等。从整体上看，布鲁金斯对中国的研究呈现三个主要的特征：第一，政策性。布鲁金斯的研究不是纯学术性质的，而是政策导向迅速、针对性和现实意义极强的研究。第二，前瞻性。除了对当下热点的研究，布鲁金斯的研究着眼长远，对于中国领导人、年轻人、中产阶层、医疗保险等问题的研究，分析中国的快速发展，分析中国的未来走向。第三，全球性。从布鲁金斯学者的研究来看，立场相对中立，这和他们声称要脱离美中关系的局限，要有全球的关怀和视野，为全球服务的定位有关，但是从部分文章写作的立场来看，还是以为美国决策者提供建议作为基本出发点。布鲁金斯学会主要中国问题专家有：卜睿哲，东北亚政策研究中心主任，外交政策项目高级研究员，20年的公共服务职业生涯跨越了国会、情报部门和美国国务院，研究聚焦于中国大陆与台湾关系、美中关系、朝鲜半岛和日本安全；李成，布鲁金斯约翰·桑顿中国中心主任，美中关系全国委员会董事，研究聚焦于中国政治领导人的转型、代际更迭；李侃如，外交政策项目和全球经济与发展项目资深研究员，曾任国家安全事务总统特别助理兼国家安全委员会亚洲局资深主任；乔纳森·波拉克，资深研究员，主要研究领域包含中国国家安全战略、中美关系、美国亚太战略、朝鲜半岛政治与外交政策、亚洲国际政治、核武器与国际安全；杜大伟，资深研究员，中美关系研究领域的领军人物。

  国际战略研究中心。国际战略研究中心是美国具有保守色彩的重要战略和政策研究机构，素有"强硬路线者之家"和"冷战思想库"之称。近年，它加强了对亚太、中国及台湾地区的研究，在对外政策方面的主张较之前温和，是对共和党政府具有重大影响力的思想库之一。国际战略研究中心的涉华议题总体数量也比较多，在议题选择上，南海问题、军事安全、中美关系以及中国对外关系问题成为持续关注的重点。国际战略研究中心的涉华研究具有前瞻性、及时性以及实用性特点，观点态度中立，没有明显的倾向性。该智库主要针对当前中国发展中的热点问题，特别是对美国利益可能构成影响的相关问题进行预测性研究，尤其是在中美关系、中国崛起、中国外交等问题上的前瞻性研究较为明显。主要中国问题专家有：克里斯托弗·约翰逊，曾在美国中央情报局担任过中国事务高级分析师，1996年台海危机时为决策机构提供过政策分析支持，研究领域包括国防安全，中国政治经济转型及崛起等问题；葛来义，主要研究领域为中国外交和安全政策、美中政策、海峡两岸关系以及东北亚政治和安全问题；米德伟，负责国家安全项目中所有与亚

## 第五章 智库与公共外交

洲相关的研究，重点包括台湾海峡安全、美日同盟关系、中国以及未来美国与朝鲜半岛关系等。

卡内基国际和平基金会。卡内基国际和平基金会是美国著名的主流思想库，标榜超脱党派、兼容并蓄，以"促进国家间合作以及美国的国际交往"为宗旨，并重视研究的"实际结果"。该智库倾向于国际主义、多边主义，主张进行裁军、军备控制、接触谈判和国际合作，并支持把联合国作为国际论坛和世界秩序的象征，思想倾向属于"中间派"。卡内基国际和平基金会的涉华研究总体来说较为活跃，议题较为广泛且分散，观点较为多元。从议题内容上，涉及大国关系（主要是中印、中美等），中国经济、气候、反腐、南海问题等，多与时政问题联系紧密。在卡内基国际和平基金会的涉华研究中，不仅有美国学者的观点，也有中国学者、印度学者、俄罗斯学者等的观点。因此，在涉华问题中，无明显倾向性。主要中国问题专家有：史文，研究中国安全问题的最著名分析专家之一，曾在兰德公司担任高级政策分析师，专长于中国国防和外交政策、美中关系，以及东亚国际关系问题；包道格，卡内基国际和平研究院研究副总裁，曾任美国在台湾协会台北办事处处长；黄育川，研究聚焦于中国的经济发展及其对亚洲和全球经济的影响；顾德明，中国及东亚战略和国际问题专家，重点研究中国外交政策的趋势和争论以及中欧关系；陈懋修，研究专注于研究中国城市的非正式经济治理等。

兰德公司。兰德公司正式成立于1948年。成立之初只是美国空军附设的一个科研与开发机构，后逐渐发展成为一个为政府、公共机构及私营企业提供咨询服务的综合性战略研究机构，宗旨是通过研究与分析来提高政策与决策水平。其研究范围也从最初的军事科技、军事战略逐渐扩大到包括卫生、教育、住房、能源、交通、国际关系等领域在内的美国内政外交的各个方面。兰德公司的中国问题研究主要集中在军事相关问题。兰德公司的研究整体态度中立，但其研究因涉及更多的是军事和国防问题，带有鲜明的国家利益指向。近一年来，兰德公司所做的关于中美军事问题的研究非常值得关注。兰德公司涉华研究的内容除了军事为主外，还涉及中国的国家战略、能源问题、科技水平，美国对华政策，台湾问题等各个方面，主要中国问题专家如下：理查德·所罗门，美国政治家和外交家，早年就学于美国麻省理工学院，后进入美国国家安全委员会负责协调美国亚洲事务；艾瑞克·赫金博瑟姆，主要研究领域是东亚安全问题，其中包括中国外交政策、中美军事关系、中印关系等；沃伦·哈罗德，专长中国外交政策，东亚安全及国际事务，曾在布鲁金斯学会约翰·桑顿中国中心工作。

亚洲协会。亚洲协会的宗旨在于促进美国与亚洲之间的民间交流，增进美国及亚太地区民众、领袖和机构之间的相互了解。致力于在政策、商业、教育、文化和艺术等诸多领域加强对话、鼓励创新、促进合作。同时，也为亚洲各国政界、商业界和文化艺术界与美国的政府、商业界和企业界的交流构筑桥梁。亚洲协会进行中国问题研究的主要有两个部门：美中关系中心和亚洲协会政策研究院，分别由夏伟和陆克文担任领导者。亚洲协会对中国问题的研究，总体而言，除了客观分析外，相比较其他智库，批评较多。2007年1月，亚洲协会美中关系中心成立。著名强硬派中国通夏伟现任中心主任，他曾任美国加州大学伯克利分校新闻学院院长，是美国资深中国问题专家。他近一年的研究对中国问题的分析较为强硬，以批评居多，但也有建设性观点。2014年4月，亚洲协会政策研究院在纽约亚洲协会总部正式成立。致力于促进亚洲和世界的繁荣、安全和可持续发展以及美国和亚洲的相互理解。陆克文现任亚洲协会政策研究院总裁，他曾任澳大利亚前总理、前外长，致力于中美关系和国际关系研究领域。近年来发表了一系列有关中美关系的评论文章。

对外关系委员会。对外关系委员会是美国最知名的外交思想库，正式创建于1921年。曾为美国制定了许多对外政策方针，是对外政策研究方面的权威智库。被舆论界认为是美国的"超级智囊团""无形政府"。对外关系委员会的亚洲政策研究部门主要从事研究中国问题和美

## 第五章
### 智库与公共外交

中关系的未来前景，涉及中国的政治、经济、外交、军事和世界各国的对华政策，同时也致力于摆脱对外关系的危机。通过这一年的跟踪研究，对外关系委员会的研究议题和更新数量相比较布鲁金斯学会、卡内基国际和平基金会而言，议题偏窄、更新速度较慢，其研究成果比较中立。主要中国问题专家如下：孔杰荣，纽约大学法学院教授，中国法律体系方面的国际知名专家，研究亚洲国家的法治问题；易名，美国对外关系委员会亚洲研究项目主任，研究聚焦于中国国内政策和外交政策，美中关系以及全球环境问题；詹妮弗·哈里斯，对外关系委员会高级研究员，前美国国务院政策规划人员，负责全球市场、地缘经济和能源安全问题。

　　我们再来看一下第二个层次的分析。2015年9月至2016年9月这一年，从数量上看，六家智库每两个月涉华文章总数在70—170篇不等，根据当月的国际局势和政策焦点问题变化有所浮动。从议题上看，六家智库对中国的经济问题、中美关系、南海问题、中俄关系、中非关系等关注度非常持续，但同时也广泛关注中国和其他各国的关系，中国的军事、法治、科技、社会、能源等各方面问题。在这六家智库中，布鲁金斯学会和卡内基的议题涉及比较广泛，内容也比较多。国际战略研究中心和兰德公司对国防、军事等相关议题比较聚焦。对外关系委员会和亚洲协会在研究议题和内容更新上相对其他四家智库较少，其中亚洲协会对中国持批评观点较多。对于这些信息的了解和判断，可以使我们在智库公共外交中，明确不同智库的公共外交侧重点。

　　第三个层次关注的是具体的研究内容和观点，从中我们可以分析判断美国智库的对华态度和政策建议以及对中美关系可能产生的影响。从而，中国政府和智库界可以有针对性地进行问题研究和外交互动。本章选取了2016年布鲁金斯学会对中美关系的几篇政策分析，从中略见一斑。

　　布鲁金斯学会于2016年2月4日举办题为"区域合作与竞争：亚太

地区的中美两国"的研讨会。① 中美学者探讨了两国关系中的重要问题，认为应该平衡中美两国合作与竞争的关系。学者们注意到双边交流取得的进步，并强调美国和中国有充足的理由继续合作。同时，两国应重视区域问题的复杂性，长期僵局可能会导致双边关系的瓦解。布鲁金斯学会高级研究员李侃如认为，广义来说，美国与中国一致认为应该在能够合作的领域进行合作。然而，双方政府模糊的政策立场在某种程度上受到诟病，例如中国不愿定义南海的九段线，以及美国政策制定者关于美国区域利益范围不一致的声明。布鲁金斯学会高级研究员乔纳森·波拉克质疑，中国在南海问题上强硬立场的逻辑为其边境上有核国家明显而现实的威胁提供了规避风险的方式。作为化解僵局的办法，应该承认某些问题和某些声音的主导地位，坦诚的对话有助于为中美两国的分歧搭建桥梁而非视而不见。布鲁金斯学会约翰·桑顿中国中心主任李成认为，合作惠及中美两国。他借用里根总统的名言总结，只要开放国门、继续交流，中美两国关系不可能变得糟糕。

布鲁金斯学会高级研究员杰弗里·贝德（Jeffrey Bader）在2016年3月发布的报告《美国对华政策框架》中指出[②]，美国应对中国挑战的三大政策选择：一是适应；二是遏制、对抗、无休止的战略竞争；三是全球合作、区域解决。第一，"适应"政策认为中国的影响，尤其在西太平洋地区是不可避免的。美国对中国野心的反抗毫无结果，只会引发中国的敌对。美国需要在其全球和国内首要目标中做出艰难选择，应放弃维持西太平洋军事优势。第二，"遏制、对抗、无休止的战略竞争"政策认为美国与中国的区域和全球利益在本质上不相容，并呼吁美国利用政治、军事和经济工具阻止中国成为区域主导力量、维持美国的地区统治。第三，"全球合作、区域解决"政策认为与中国的关系不能且不应

---

① Brookings Panelists, "Balancing cooperation and competition in the U.S.-China relations", *Brookings*, 2016.

② Jeffrey Bader, "A Framework for U.S. Policy toward China", *Brookings*, March 2016.

第五章
智库与公共外交

该成为单纯的对抗，也不应该忽视中美在西太平洋地区真实存在战略分歧。"适应"和"遏制"政策都会威胁美国重要利益。前者将美国盟友及美国价值观置于险境，后者则在尚未确保安全的情况下，要求美国在地区保持强大的军事力量。在全球层面上，"全球合作"政策更为明智，应寻求中国能够在支持全球体系方面发挥更大作用的议题，例如：网络安全、保护国外投资者权利、保护知识产权、适用《海外反腐败法》标准、全球市场不稳时央行间协调、遵守国际渔业公约和保护渔业资源等。此外，面临中国的挑战，美国应该在全球和西太平洋地区采取政治、经济、安全措施维护自身利益，包括重申对盟友的承诺、捍卫海域的国际准则、严禁涉嫌网络盗窃的企业进入美国市场。与此同时，中美两国存在合作的机会，例如与韩国一道限制朝鲜核武器项目、参与亚投行有价值的项目。

通过对布鲁金斯学会这些学者对中美关系研究内容的分析，可以看出，布鲁金斯学会的涉华研究学者整体上对华态度较为客观、中立，是中国智库公共外交中可以加强交流的核心目标受众。针对这些学者提出的具体对华政策，我们在进行智库公共外交时，要与其进行思想的交流与深度沟通。

这一年来，美国智库的涉华研究非常活跃，其研究焦点也正对应着中国当前的内政外交困境。通过研究可以准确反映出美国智库在研究选题的设定，问题的针对性、时效性和战略性上非常精准到位。每当中国经济、政治、外交等有大的动态，这几家智库机构的专家均及时推出分析评论文章，或召开会议讨论中国新动态。研究还可以反映出，尽管美国智库有不同程度的党派倾向性以及多元化观点，但总体是服务于美国利益。从这些智库发表的文章内容来看，无论是中美关系还是中国国内问题研究，无论是亚洲地区性问题研究还是全球性事务中中国的角色分析，相关专家在分析中均从美国国家利益出发，为政府和决策层提出了许多建议。

在美国政治决策过程中，智库的观点和建议是政府决策部门的"外脑"，是媒体的观点源，是公众舆论的引导者。另外，由于"旋转门"机制的存在，使得美国智库成为政治和知识之间的重要桥梁。智库的观点很容易成为政府决策。因此，了解美国智库的研究内容和观点，将直接给中国的战略决策提供核心信息源，在此基础上，做出有利于中国发展的战略决策。美国智库如此，对于全球其他国家智库而言，比如英国、法国、俄罗斯、日本、非洲国家智库等，尽管在具体形态和分类上有所不同，但智库在不同国家所发挥的作用基本上都是相同的。

## 第六节　中国智库建设与公共外交

习近平总书记在十九大报告中明确指出，要"牢牢掌握意识形态工作领导权。建设具有强大凝聚力和引领力的社会主义意识形态"和"加快构建中国特色哲学社会科学，加强中国特色新型智库建设"。智库作为国家战略实力的重要组成部分，在国家意识形态建设和全球发展战略中发挥着极其重要的作用。近年来，中国的智库建设一直受到国家的高度重视，在国家层面的制度建设不断得到完善，智库本身的机制构建和思想创新也取得了很大进步。与此同时，也出现一些新问题。从全球政治经济发展形势来看，当前在中国继续深入参与经济全球化的进程中，面对"逆全球化"和"反全球化"的风潮，世界秩序充满着变化和不确定性，国家决策对智库的需求也显得更为强烈。因此，加强中国特色新型智库建设，既要有全球视野，借鉴美欧智库的普遍经验，同时必须坚定地立足中国国情，创造性地发展中国智库模式。

**当前智库发展现状与存在问题**

目前，我国的政府决策咨询系统主要是由各级政府智库、大学智库、民间智库组成，发挥着不同的作用。各类咨询机构约为2500个，研究人员 3.5 万多人，已形成了一定的规模和层次，发挥着一定的作用。① 据美国宾夕法尼亚大学发布的《2016 年全球智库发展报告》统计，北美洲智库数量最多，拥有 1931 家；欧洲位列第二，拥有 1770 家；亚洲紧随其后，拥有 1262 家。美国拥有 1835 家智库，保持智库数量世界第一；中国稳居世界第二，拥有智库数量达 435 家；英国和印度智库数量位列中国之后，分别为 288 家和 280 家。而上海社科院发布的《2013 年中国智库报告》显示，中国智库呈现典型的聚集发展态势，最具影响力的智库主要集中在北京和上海。②

当前，中国智库基本形成了官方、大学和民间智库共存的局面，专家通过政策建议参与国家治理的思想被普遍接受。但是与欧美成熟的智库思想市场相比，中国智库在思想的创造、传播与消费的整个过程中还很不成熟。另外，最近几年，在智库建设的热潮之下，中国特色新型智库发展中也出现了一些令人担忧的问题。中国智库的发展现状与问题，具体分为以下几个层面：

第一，近几年，在智库建设的热潮之下，中国智库出现泛化、泡沫化、过度商业化倾向。2009 年至今，中国智库经历了高速发展的五年，一批以建设新型智库为导向、以服务国家发展战略为目标的研究机构迅速成立。在这个过程中，一部分智库在运行机制和研究团队建设尚未完善，还未有高质量思想产品的情况下，即投入大量人力物力进行影响力的拓展，长此以往，中国智库的影响力将成为无源之水、无本之木。

当前，中国智库研究界和实践界应该说已经充分了解了全球智库的形态和表象。但目前对全球智库的认识与实践，仍然停留在"智库形式"阶段。表面上看，近年来，中国智库建设欣欣向荣，在数量上大幅

---

① 王泽平：《论参事工作的作为空间》，2012 年 8 月 14 日（http://www.ahzg.org.cn/sitecn/czdllyj/4379.html）。
② 上海社科院智库研究中心：《2013 年中国智库报告》，上海社会科学院出版社 2014 年版，第 32 页。

上升，而且新兴的一批智库很善于进行思想的传播。但是，智库的核心竞争力是思想创新，智库存在的核心价值就是通过思想影响公共政策制定、推动社会进步。一切的思想传播活动必须建立在思想创新的基础上。当前，中国智库的着力点，无论是关于智库的学术研究和智库的实践发展，都亟须从"智库形式建设"转向"智库内容建设"。

第二，从整体发展规划上来看，中国智库没有形成官方、大学、民间三种类型的互补机制，存在严重的发展不平衡，无论从智库数量还是影响力上，官方智库都处于绝对核心地位，民间智库处于边缘状态。对于中国智库数量和影响力的不平衡，从美国宾夕法尼亚大学发布的《2013年全球智库发展报告》统计数字中可窥见一斑，据统计，在全球顶级智库排名的前100中，中国有6家入围，全部都是官方智库。这种不平衡严重限制了中国智库的思想创新活力和国际竞争力，也成为中国政治、经济体制改革进一步深化的瓶颈。我国的智库大部分都属于体制内，与政府有千丝万缕的联系。[1] 中国的官方智库和大学智库与政府决策部门构成了隶属关系。这些机构的专家或者是政府公务员编制，或者是政府直属事业编制。[2] 中国的民间智库发育缓慢，不仅数量少，而且功能少，与政府部门缺乏制度化的联系，没有得到有效的发展和扶持。[3] 从欧美智库的成功经验来看，官方、大学、民间智库共同构建一个自由竞争、功能互补的思想市场。中国智库的整体发展未必要复制欧美的模式，但目前在中国智库发展中，不同智库类型之间的优势与劣势已经初步显现，亟须在整体规划上有所调整，从而发挥不同类型智库的优势。

第三，从制度建设层面，中国还没有形成系统的决策咨询政策，涉

---

[1] 参见卢晶颖《中国思想库建设的环境因素探析》，《情报资料工作》2008年第5期，第67—70页。

[2] 贾丽虹：《关于建立政策咨询"超市"的构想——政策咨询制度的创新》，《经济体制改革》2005年第4期，第25—28页。

[3] 包兴荣：《论决策科学化与中国公共决策咨询系统建设》，《决策咨询通讯》2005年第3期，第87—91页。

及智库业的法律法规几乎空白。近些年来，中国政府对智库业给予了相当的重视，如《关于加快发展第三产业的决定》把咨询服务业作为加快发展的重点，它同时也是发展智库业的政策指南。但是与发达国家相比，中国目前还有许多相关政策缺位，现行的政策也多为包含性政策或"暂行政策"，国家对决策咨询机构的性质属性、行为方式、行为保障、工作评估等的政策和措施也不健全，缺乏总体设计和协调，整体功能没有得到充分发挥。此外，中国的决策咨询活动还不够规范，缺乏必要的委托程序。目前中国专家咨询制度，在结构上既没有考虑对咨询专家"中立性"的诉求和对专家"知识滥用"的抑制，也没有关注专家知识对决策结果的有效影响机制。其结果将可能是专家角色的"空洞化"和"符号化"与专家知识滥用同时存在。

第四，世界各国智库不断加强对中国进行智库公共外交的深度和广度，而目前中国智库公共外交与欧美国家智库之间还存在一定的差距，远不能满足新形势下国际关系的需要。随着全球化进程加快和中国国际地位不断提升，中国智库国际化趋势明显增强。一些智库明确提出开放性、国际化发展战略，加强国际智库合作交流机制建设，积极组织和参与全球性、区域性不同类型、不同专业的国际智库论坛、峰会、智库评估等活动，开展"走出去、请进来"的智库人员交流活动，开展国际智库课题合作研究，建立海外专家库，积极探索建立智库海外分支机构等，逐步扩大了中国智库的全球视野和话语权。比如官方智库现代国际关系研究院、中国社会科学院，大学智库中国人民大学重阳金融研究院、北京大学国家发展研究院以及民间智库中国金融40人论坛、察哈尔学会等等一系列智库在国际化方面都做了大量的努力。但是，中国智库国际化的速度与广度以及国际影响力，还远远不能满足新形势下国际关系的需要。中国智库的公共外交意识与能力还需要进一步提升。主要问题表现为具有国际影响力和话语权的智库数量较少，智库公共外交的意识和能力较弱。"智库公共外交"的根本目的是增强本国的文化吸引力和政治影响力，塑造有利于本国发展的国际舆论环境，促进和平发展。

第五，中国智库的新媒体影响力与欧美国家智库差距很大，亟须提升。中国智库在新媒体传播方面的国际影响力与我们的欧美同行相比差距非常之大。大部分中国智库的网站几乎没有国际影响力。更谈不上对各种新媒体传播媒介的熟练运用。有西方学者这样评价：中国智库最大的问题是它们的孤立性。很多中国智库的运营像黑洞（没有网站、联系方式，也没有学者的个人档案）。[①]

第六，中国智库的研究质量与思想创新能力还相对滞后，主要表现在研究议题选择和问题针对性、战略性的滞后。我国智库发展水平和在决策咨询中发挥的作用，远未达到决策者的需要和期望。与国际一流及顶尖智库相比，我国智库在创新能力和全球视野等方面仍有较大差距，突出表现在针对性、战略性、前瞻性问题的研究少、水平低，智库研究呈现内容碎片化。

**如何提升中国智库核心竞争力与公共外交力**

与美欧国家智库相比，中国智库在近十年的快速发展中呈现出更强的政治性和意识形态性。国家权力通常由政治、经济、军事和意识形态四大要素构成。而智库作为一个国家的思想动力之源，是国家意识形态权力的重要组成部分。

中国目前智库的国际化速度、广度以及国际影响力，远远不能满足新形势下国际关系需要。主要表现为具有国际影响力和话语权的智库数量较少，智库公共外交的意识和能力较弱。当前的智库公共外交普遍停留在浅层次的调研和会议交流上，还远远达不到在国际舆论场设置舆论议程、引导舆论走向的目标。另外，智库的新媒体传播意识和能力与美欧国家智库差距也很大。根据数据分析，大部分中国智库的网站几乎没

---

① 参见《学者王莉丽：中国智库急需提升智力资本》，《华夏时报》2014年11月7日。

有国际影响力，更谈不上运用各种社交媒体。

目前，中国特色新型智库还处在培育和发展阶段，要坚持中国国情和国家利益需求，坚持智库服务于党和人民的原则，逐步明确智库发展中国模式。首先，进一步加强中国特色新型智库发展理论体系建设，在理论上确立智库发展的中国模式，把智库纳入国家意识形态构建的核心位置；其次，在政府主导之下建立一整套制度安排，确立党和政府对中国智库的宏观管理和规制，坚持智库研究的独立性与国家利益并重；最后，加强以思想创新为基础的舆论传播能力，确立中国智库在公共外交中的重要地位。具体而言：

**第一，中国智库必须建立适应中国国情和国家战略发展需求的智库理论体系和发展模式框架，把智库纳入国家意识形态构建的核心位置。**要明确中国特色新型智库在国家意识形态建设中的地位，明确其未来发展路径和目标。中国特色新型智库是指诞生在中国政治、经济、文化土壤中，坚持中国特色社会主义制度的基本原则，坚持独立、客观、实事求是的研究态度，以政策研究和战略研究为己任，以服务于国家利益和公共利益为导向，致力于提高国家公共决策的科学化、民主化、法治化水平的非营利政策研究机构。中国特色新型智库服务于经济社会和谐发展的需要；服务于国家法制建设、推动国家治理体系和治理能力现代化；服务于中国与世界的合作共赢战略。中国特色新型智库之"新"，既有别于中国历史传统中的智库，又不同于欧美智库，要创新中国现代智库模式。中国特色的新型智库是官方智库、大学智库和民间智库多元、共同发展模式。其中，官方智库贴近决策层，有明显的体制优势，是党和国家决策智力支持的主力。大学智库具有学科和人才优势，要通过机制改革，使得大学智库成为国家崛起的智力支撑。要积极推动民间智库发展，有重点地培育一批服务于国家战略和公共利益的高端智库。

**第二，在政府主导之下建立一套制度安排，确立党和政府对中国智库的宏观管理和规制，同时坚持智库研究的独立性与国家利益并重。**

尽快建立健全决策咨询法律法规，把决策咨询纳入我国决策的正常程序，实现专家咨询制度的法制化。在美国，咨询是政府决策过程中的法定程序，政府项目的论证、运作、绩效评估等各个阶段都必须要有不同的咨询报告作为参考。日本先后制定了《综合研究开发机构法》等一系列法律和法规，为智库的发展提供法律支持。与此相比，我国对智库的法律支持仍然非常薄弱。应进一步完善政府决策相关法律，把咨询作为政府决策的法定环节，并贯穿于政府项目的论证、运作、绩效评估等各个阶段；明确政府的哪些决策必须经过专家的咨询和论证，明确专家咨询机构的职能和权限，从而从立法的高度确认专家咨询制度的法律地位，做到专家咨询工作有法可依；建立对智库思想产品的购买机制，通过制度保障政府对智库思想产品的需求；建立项目招标制度，通过竞争择优的方式选择智库思想产品。

完善信息支持政策，增强决策公示和信息公开力度。公共政策研究需要大量的相关信息与数据。能否得到全面、准确的信息对于智库的生存和发展产生决定性影响。西方发达国家普遍十分重视给予智库信息上的扶持。当前，我国政府对智库的信息支持仍然比较薄弱。很多与公共政策相关的统计数据和信息散落在各级政府部门中，不对外公开。建议完善信息支持政策，扩展政府信息共享的范围，为高水平的政策研究提供分析基础。

加强财政支持政策，建立专家咨询劳务报酬制度，尊重思想的价值，激发创新活力。智库的研究经费来源对其思想倾向和决策咨询服务质量产生重大影响，因此许多国家非常重视为智库提供财政支持。比如，美国政府设置的国家科学基金会每年掌握着十几亿美元的资金专门用于资助各种智库，英国政府是本国智库三分之一业务的雇主。中国很多政府部门虽然有很强的外部政策研究需求，但对外部政策研究的投入却非常少，很多时候，政府对智库政策专家的决策咨询带有一种荣誉性质，缺乏对智力劳动和思想价值的充分认识和市场尊重。有的时候，微薄的象征性研究资金,使得承担政策研究的智库及学者很难完全覆盖其研究成本。

建议政府一方面从宏观上要加强对智库在财政上的支持,另一方面,建立专家咨询的劳务报酬制度,尊重专家学者的思想价值,提升知识分子社会地位,激发创新活力。

完善税收支持政策,鼓励基金会的发展,鼓励企业和个人对政策研究的捐助。对符合条件的捐赠机构和智库实施一定的税务减免政策。智库的发展需要大量资金,仅仅是政府的财政支持,一方面难以满足智库的快速发展需求;另一方面,过于依靠政府的资金支持,在某种程度上对智库的独立性会产生一定影响。为了使智库资金保持尽量多元和充足,在西方发达国家,智库普遍享有免征企业所得税和财产税的优惠政策,公司和个人对智库的捐赠可从应缴纳的税额中扣除。目前,我国的税收政策所涉及的主要是数量较少的民间智库。根据企业所得税法的规定,民办非企业法人型民间智库免征企业所得税,其从事的公益性业务享受税收优惠政策。因此,政府要完善税收支持政策,根据中国国情,进一步制定和放宽智库享受税收优惠的标准,对符合条件的捐赠机构和智库实施一定的税务减免政策。鼓励基金会的发展,鼓励企业和个人对政策研究的捐助。在政府主导下,提供制度设计和安排,构建多元智库类型协调发展、互为补充的智库思想市场,从市场需求和市场供给两方面对智库思想市场进行培养与规制。智库提供的产品是政策思想、专家知识、建议甚至是批评,而政府、媒体和公众等都是智库思想市场中的需求者和消费者。一个体系完善、布局合理的智库思想市场有利于各种类型的智库优势互补、良性竞争。中国特色新型智库体系中,官方智库要充分发挥渠道和信息优势,大学智库要发挥人才优势,民间智库可以在公共外交层面发挥重要作用。有选择地扶持一批民间智库进行智库公共外交。这一方面可以推动智库市场的多元化发展,另一方面可以使中国民间智库成为政府与国内民众和国际民间组织沟通的重要通道,促进中国社会的和谐与稳定和提升国际形象。智库运营中，借鉴欧美国家现代智库管理制度，同时坚持独立性与国家利益并重。欧美国家智库运营普遍采用现代企业管理制度，以研究为核心，行政为辅助，全方位为研究人才提供进行思想创新的制度保障。中国智库首先要进行大规模的机构改革，建立高效的运行机制。在内部机构设置上，要明确智库以研究部门和学者为核心，其余各部门围绕研究、服务于研究部门，为学者创造宽松的研究环境。在智库独立性问题上，美国智库更多强调智库独立于政府、政党，欧洲智库则形成了与政府关系密切、与政党共进退的传统。对于中国智库而言，在借鉴欧美经验并结合当代中国国情的基础上，一方面，应在智库运营和思想创新上给予更多独立性的空间。另一方面，保持中国智库与政府、政党的紧密关系，坚持独立性与国家利益并重。推动中国的旋转门，提供人才保障，促进社会阶层流动。对于智库人才的培养和选拔，以及对国家治理的参与要有制度保障。古代科举制为知识分子参与政治提供了通道和制度保障。现代智库的发展，从某种意义上，可以重新开启中国古代科举制所带动的知识与政治之间，道统与政统之间的这种流动和旋转。但是，我们必须清醒地认识到，科举制在1905年之所以被废除是因为古代科举制所选拔的人才已经无法适应时代的需求。因此，所谓现代旋转门的开启，一方面我们要借鉴历史经验，另一方面要结合当代需求。目前旋转门已经开启，但最多只有半扇门。退休官员进入智库只是一方面，更多的，我们要推动智库与政府现任官员之间形成人才流动机制。这样，一方面可以为中国培养一批既有坚实的学术基础、又有政府实践经验的高端政策人才，另一方面，也为现代知识分子参与政治治理提供了一条制度化通道。长远来看，这将有利于促进中国的社会阶层流动，对于社会稳定也将起到积极的稳固作用。

**第三，加强以思想创新为基础的舆论传播，确立中国智库在公共外交中的重要地位。**

公共外交的目的是通过沟通与交流建立互信，智库作为从事公共政策研究的机构,其专业性和声誉使其在国家公共外交中发挥着思想引领的重要作用。要重视研究成果的选择性传播、有目的地进行议程设置和舆论引领。目前,中国智库在国内舆论传播网的构建层面,应该说已经做到了传播速度快、传播媒介多元,薄弱点在于智库的思想力薄弱大大削减并制约了传播效果。中国智库在国内舆论场的思想传播下一步要把重点放在选取有价值的思想成果,进行有目的的议程设置,着眼于传播效果和舆论引领。设立海外办公室,直接影响国外核心舆论场。我国智库应与世界各国智库建立起密切的合作及交流机制,一方面有利于全球化背景下全球性问题的战略应对,另一方面为国家大外交战略建立一条重要通道,通过与国外智库的交流与合作,影响国外智库,进而影响国外舆论和政策。加强智库新媒体传播与公共外交能力。中国智库在新媒体传播方面的国际影响力与我们的欧美同行相比差距非常之大。根据数据分析,大部分中国智库的网站几乎没有国际影响力。更谈不上对各种新媒体传播媒介的运用。

# 第六章
# 媒体与公共外交
# Media and Public Diplomacy

公共外交作为政府外交的有益补充，其最终目的是影响他国公众舆论，提升国家软实力。要实现这一目的，需要借助各种传播媒介在国际舆论空间传播中国文化、价值观、意识形态，媒体公共外交应运而生。媒体是多元公共外交系统的舆论扩散器和媒介镜像构建者。媒体作为一种意识形态权力，通过持续不断的信息传播，建构了人类关于世界的认知。大众传媒提供的"象征性现实"具有特定的意识形态倾向，这种倾向潜移默化地影响着人们的现实观，并且这种影响是一个长期的、"涵化"的过程。

关于大众传媒影响力的实证研究一直是传播学效果研究的主流。在各种研究的基础上产生了议程设置、二级传播、舆论领袖、培养理论等各种研究成果。它们都从不同角度证明了媒介对舆论的巨大影响力。在多元公共外交系统中，媒体的公信力相较智库而言较弱，但媒体的舆论扩散力是其核心优势。大众传媒在多元公共外交系统中起到不可替代的重要作用。一方面，大众传媒本身是重要的舆论机构，它不但传播舆论，还在塑造和引导舆论；另一方面，大众传媒是各种舆论得以传递、沟通、扩散的渠道和平台。但是与智库相比，大众传媒更多是承担信息通道的功能。两者根本的区别在于：大众传媒最重要的角色是舆论的中介和渠道，它的功能是传递信息，而智库的明确目的就是生产舆论、制造舆论，进而影响政府决策。媒体公共外交与智库公共外交是一种互为需求和促进的作用。媒体首先是舆论的反映者，其次才是舆论的代表者和引导者，它促进舆论的形成依赖于对事实的加工。智库需要借助媒体传播、放大影响力，媒体需要智库的观点和声音提高公信力和收视率。

当前学界对于媒体公共外交的研究，总体而言主要从三个方面展开：第一是从媒体公共外交概念、功能与角色出发展开的本体研究；第二是对媒体与公共外交的关系进行的案例分析与实证研究；第三是对媒体公共外交所倚重的媒介及其传播特点展开的理论与案例研究。对于第三个维度的研究，广泛集中于新闻媒体和社交媒体，对电影媒体的研究非常少。电影作为公共外交的重要媒介，对于一个国家的文化、价值观和对外政策的建构与阐述具有其独特的优势。因此，本章在对媒体公共外交的概念进行界定之后，聚焦于电影在媒体公共外交中的独特优势进行研究，对好莱坞电影与公共外交的成功实践、中国电影在公共外交中的现状与问题进行分析。

## 第一节　媒体公共外交的概念和功能

对于什么是媒体公共外交，目前国内外学界有很多不同观点。研究视角主要基于国际关系和传播学，学者们进行了广泛的探讨。

从国际关系视角，佩洛西·卡尔较早对媒体公共外交进行了研究，但未提出明确概念，他认为，媒体介入外交对外交政策的制定和执行以及公众了解国际事务具有重要意义。[1] 尤耳·科恩认为，"媒体公共外交是指新闻媒体与现代外交之间的互动关系，大众传媒的不断发展和民众对国际事务兴趣的增长对外交产生了冲击"[2]。"媒体公共外交的最终成型，是伴随着威尔逊的'公开外交'倡议而来的。冷战期间，媒体又先后在'苏伊士运河危机'、'古巴导弹危机'、'越南战争'等重大国际

---

[1] Bernard Cohen, *The Press and Foreign Policy*, Princeton: Princeton University, 1963.
[2] Yoel Cohen, *Media Diplomacy: The Foreign Office in the Mass Communication Age*, London: Frank Cass, 1986.

事件中扮演了重要角色。"① 有学者指出，媒体公共外交是利用新闻媒介来阐述和推进外交政策的方式，② 是"新闻媒介积极参与并发挥影响的外交方式"③。尼尔·加德纳认为，媒体是沟通本国与他国的桥梁和纽带。政府利用国际传媒将本国的外交政策、文化价值观、意识形态等传送到"他国"，通过报纸、广播、电视等多种媒体形态天长日久地渗透，使"他国"的民众逐步接受"本国"的观点，达到"不战而屈人之兵"的功效。反之，"他国"政府也可以利用媒体搭筑"空中桥梁"，通过举行记者招待会、新闻吹风会以及国家元首外出访问等方式来对"本国"的对外政策的制定和执行施加影响。④ 还有学者认为，"媒体公共外交是一国运用大众传媒在海外施展、增加、扩大其说服力、对外影响力、威望、认同力的过程，从而得以实现国家既定的外交战略意图"⑤。

从传播学视角，"媒体公共外交主要指政府运用新闻、出版、无线电广播、电视、电影、录像带以及新兴的电子通讯手段，宣传对外政策"⑥。也有学者认为，"凡是那些由政府幕后操纵、运用大众传媒的力量，在特定的领域向其他国家的民众释放信息、影响舆论、塑造行为，希望在其他国家民众中间建立信任、获得支持以及增强联系，进而间接影响他国政府行为的活动，都是媒体公共外交"⑦。

在《中国公共外交研究报告（2011—2012）》一书中，媒体公共外

---

① 任海、徐庆超：《媒体外交初探》，《中国人民大学学报》2011 年第 5 期，第 84 页。
② Bosah Ebo, "Media Diplomacy and Foreign Policy: Toward a Theoretical Framework", *News Media and Foreign Relations: A Multifaceted Perspective*, 1997, p. 44.
③ Patrick Hefferman, *Mass Media and American Foreign Policy*, NJ: Ablex Publishing House, 1991, pp. 53 – 64.
④ 转引自刘伟《试析美国媒介外交》，硕士学位论文，南京师范大学新闻与传播学院，2006 年，第 2—3 页。
⑤ 李敢、熊曙光：《论美国媒体及媒体外交》，《江南社会学院学报》2007 年第 3 期，第 29—32 页。
⑥ 韩方明主编：《公共外交》，北京大学出版社 2011 年版，第 45 页。
⑦ 赵可金：《媒体外交及其运作机制》，《世界经济与政治》2004 年第 4 期，第 21—26 页。

交被界定为"媒体向外国公众传播、与外国公众互动的各种有意识或无意识的行为,即外国人能接触到的任何对外传播媒体和对内传播媒体理论上都可以被视为是具有公共外交功能的媒体"。媒体公共外交分为广义和狭义两种,广义的媒体公共外交指任何机构和个人利用媒体开展对外传播和公共外交行为,既包括专门从事对内和对外传播的专业媒体,也包括非专业的媒体机构和个人创办的各种媒体;狭义的媒体外交是指对外传播专业媒体为提升本国国际形象、增强国际社会对本媒体和本国的信任而开展对外传播、与国际公众互动的有意识行为。主要目标受众包括外交决策者和执行者、国际意见领袖、国际媒体同行以及外国普通公众。① 还有研究指出,媒体公共外交是指"一国出于外交需要,其新闻机构运用平面、电视和网络等技术平台开展的针对特定国家和区域民众而发布信息、引导舆论、塑造行为的独立或合作(与本国或他国政府和媒体组织)行为,其中包含两类行为倾向:一类是新闻机构的主动、主导行为,经本国政府批准或授权;另一类是新闻机构的被动、参与行为,由本国政府主导"②。"所谓媒体公共外交,同时是指这样一种综合外交策略,即依靠包括互联网、广播、电视、电影、书报、音像在内的国际传播媒介,通过培植或影响国际公共舆论,减少国际公众对本国产生的错误(消极)观念,着意于提高本国在国际社会中的形象和影响力,进而左右他国的意志与行为来实现自身的外交战略意图。"③

综合学者们的分析,本章对媒体公共外交做出概念界定:媒体公共外交是指一国大众传媒,在政府主导下,通过各种传播媒介(报刊、图书、广播、电影、电视、网络、社交媒体)和传播模式在国际范围内进

---

① 北京外国语大学公共外交研究中心:《中国公共外交研究报告(2011—2012)》,时事出版社2012年版,第54—60页。
② 任海、徐庆超:《媒体外交初探》,《中国人民大学学报》2011年第5期,第84—90页。
③ 洪帆、郭振雪:《中国媒体外交:发展、挑战与思考》,《世界经济与政治论坛》2013年第4期,第162—172页。

行的信息传播和舆论建构活动。媒体公共外交的目标受众主要分为两大类，一类是他国舆论精英和普通公众，另一类是他国媒体。对于以他国媒体为目标受众的媒体公共外交，是指通过与他国媒体建立良好关系，进而借助其平台和舆论影响力，影响他国受众。媒体公共外交的主要功能是信息传播、议程设置、引导舆论、文化交流与意识形态建构。具体而言：

**第一，信息传播**。在信息化时代，媒体主宰着大量的信息资源，其权力来自于它们可以决定什么是新闻、如何阐释新闻，来自于它们能够使得广大的受众熟悉政治文化。而今，大众传媒已成为各国公众获取国内外信息，并形成舆论观点的最主要来源之一。由于时间和空间的限制，媒体是人们获得信息的最快捷、高效的通道。而今，人们对世界的认识大多数依靠媒体所提供的信息世界，尤其是在对外政策问题上，大多数公众无法接触到美国以外的世界，他们对于外交问题的信息大部分来自于媒体。在这一点上，政策制定者也同样如此，从尼克松时代开始，白宫新闻办公室的人员每天早晨就把报刊上的重要文章剪辑成册，呈送主要官员们参阅。"绝大多数政府官员们一天的工作通常这样开始：或者浏览《华盛顿邮报》、或者浏览《纽约时报》……对于华盛顿大多数的政府官员们来讲，每天早上出现的新闻和评论专栏的内容便是他们一天所要谈论的问题。"[①] 大众传媒的职能不仅告诉决策者世界上正在发生什么，还会向他们翔实地提供世界舆论是什么样的，有关各方对发生事件的反应是什么。除此之外，大众传媒是为社会各种舆论提供了一个传播、放大和沟通的渠道，如果没有大众传媒，舆论的形成和舆论的影响力都将大为减慢和降低。以"9·11"事件为例，危机发生后，美国各大新闻媒体第一时间对这一突发事件进行了现场报道，为决策者和公众提供

---

① 托马斯·戴伊：《自上而下的政策制定》，鞠方安等译，中国人民大学出版社2003年版，第134页。

了最为快捷的信息，而电视媒体强烈的视觉冲击使得美国在最短时间内进入紧急状态，调动了全美公众的爱国情绪，由此拉开了一场席卷全美乃至全球的反恐斗争。

第二，设置了公众舆论和政府舆论的议程和框架。大众传媒也许不能成功地告诉我们如何去思考，然而它在引导和告诉我们应该思考什么方面，却做得惊人的成功。① 当大众媒体决定报道哪些舆论以及如何传递的时候，现实世界已经被压缩了，在政治生活中讨论什么议题和怎样讨论这些议题都在很大程度上由媒体所决定。大众传媒设定舆论议程的功能，不在于它如何影响公众对某个具体事件的看法，而在于它通过所提供的信息及提供信息的方式告诉公众什么是重要的，应给予关注，什么是不重要的，不必给予重视。这是一种隐蔽的影响方式，潜移默化地在公众的意识中形成某种定式、造成某种舆论，间接地对决策议程产生影响。大众传媒的框架功能主要是指媒体进行信息传播时，不同的传播框架和方法会影响受众对所传递信息的评价和思考方式。如果说大众传媒的议程设置功能引导受众去"想什么"，框架功能就是引导受众"怎么想"。

第三，引导和塑造公众舆论。通过媒体公共外交，在国际舆论空间，公众舆论被引导和塑造。比如"9·11"事件以来美国社会形成了"言论一律"的舆论氛围，民众"谈恐色变"的心理为小布什政府挑起反伊情绪、推行单边政策提供了有利的国内环境。1992年，布什在离任前七周决定向索马里派遣维和部队，当时，大多数美国人支持这一人道主义救援行动。而1993年10月，在一次美军与索马里叛军交火中，美军士兵伤亡众多，各大媒体迅速播出了这一消息并且播放了一名美军士兵被打死后拖在街头的残酷镜头。随即，美国公众爆发了大规模的反战情绪，

---

① Bernard Cohen, *The Press and Foreign Policy*, Princeton: Princeton University Press, 1963, p. 10.

85%的民众要求"带孩子们回家"。克林顿政府迫于公众舆论的压力，经过3天磋商，宣布将于1994年3月31日前撤出全部美军作战部队。这一案例一方面反映出媒体对公众舆论所产生的影响，另一方面也反映出公众舆论对政策制定的影响力。

**第四，文化交流与意识形态建构。**文化的传播与意识形态的建构是媒体公共外交的重要内容和功能。按照约瑟夫·奈的观点，一个国家的软实力主要由文化、价值观和对外政策三大要素构成。与价值观和外交政策相比，文化是国家软实力的基本意义所在，是为社会创造意义的一系列价值观与实践的总和。① 文化的传播主要借助于电影、电视、音乐等媒介，在大众娱乐消费中，长时间段地、潜移默化地对他国受众产生影响。

## 第二节 电影媒介与公共外交

电影作为一种具有多层次话语体系的媒介，自诞生之日起就运用动态的影像向观众潜移默化地输出价值观念和意识形态。电影媒介既包括已趋成熟的视觉语言，也有灵活多变的声音语言，还有一整套蒙太奇语言，是建构与传播一国文化与意识形态的最佳媒介，在跨文化传播中独具优势。安德烈·巴赞主编的《电影手册》中有这样一段话："电影在西方社会中是为现存社会体制进行辩护的主要媒介之一，它的功能是提供一种意识形态性的辩护。"② 早在1947年，德国著名电影理论家齐格弗里德·克拉考尔就提出，电影比其他艺术门类更能反映一个民族的精神。通过电影能够洞察一个民族的无意识动机和集体欲望。③ 电影以镜

---

① 约瑟夫·奈:《软力量:世界政坛成功之道》，吴晓辉、钱程译，东方出版社2005年版。
② Michael Ryan, *Camera Politica: The Politics and Ideology of Contemporary Hollywood Film*, Indiana University Press, 1988, p. 162.
③ 谭成才、宫倩:《从好莱坞电影看美国文化软实力的提升》，《电影评介》2011年第21期，第22页。

头作为基本的语言单位，进行自如的时空转换这一独特的蒙太奇方法以及视听觉表现手法，把理念、信仰、审美取向、价值观等意识形态以催眠的方式渗透到人们的潜意识，从而实现难以察觉的观念的说服。具体而言：

第一，电影对于主流意识形态的形成具有重要作用。涵化理论为电影在公共外交中所能发挥的重要作用提供了有力的理论支撑。20世纪60年代，美国学者格伯纳从电视暴力与社会影响入手提出了涵化理论。他认为，大众传媒提供的"象征性现实"具有特定的意识形态倾向，这种倾向潜移默化地影响着人们的现实观，并且这种影响是一个长期的、"涵化"的过程。20世纪80年代，休斯和赫希尔针对上述理论进行的分析，引发了一场关于涵化理论的争论，并促使了"主流化"思想的诞生。格伯纳随后指出，大众传媒的"涵化效果"主要表现在形成当代社会观和现实观的"主流上"，媒介所创设的影像世界能够使具有不同社会背景的观众在对现实的认识上趋于一致，在主流意识形态上发挥重要作用。[①] 有学者分析以涵化理论作为框架分析认为，以《星际穿越》为代表的好莱坞电影通过长期连续多层次的风险共鸣，充分发挥了电影对主流意识形态的涵化功能，凸显了影像背后的美国意志与文化强势。[②]

第二，电影媒介的虚构性、叙事性使其在公共外交中独具优势。当前，公共外交研究中分析最多的媒介是新闻媒介，无论是以广播电视为载体，还是以报刊或者网络为载体。而电影媒介与新闻媒介最大的区别在于其虚构性与叙事性。新闻媒介强调快速、直接反映现实生活，电影则是用虚构的想象性满足情感与欲望。与新闻媒介传播突发的、碎片的信息不同，电影可以构造出一个封闭的叙事空间，相对完整地叙述一个

---

[①] George Gerbner, *Growing up with television: The cultivation Perspective*, NJ: Lawrence Erlbaum, 1994, pp. 17–42.
[②] 周庆安、田媛媛：《好莱坞电影的风险共鸣与公共外交的涵化效应》，《对外传播》2015年第2期，第16—17页。

故事。一方面，电影可以涵盖大量现实信息，能够集中反映当下社会，另一方面，电影的虚构性和叙事能力为受众的跨文化理解提供了充足的背景信息。叙事总是不可避免地携带了相关的情感态度、价值取向。相比其他大众叙事媒介，电影可以提供最丰富的信息承载，做到以特殊的故事情境、人物命运的叙述，逐渐形成一个想象共同体，并因受众如同身临其境的想象性参与，更增强了对现实状况的阐释力与说服力。① 电影叙事以生动的人物形象、情节的编排、情理逻辑，体现抽象的政治观念与理想价值，以人物选择、情感变化、命运安排等诸多方式隐秘地表达叙事者的人生观、价值观，渗透其中的文化逻辑使得电影所建构的国家形象、所传递的价值观具有更强的感染性和说服力。电影的虚构性叙事，潜在地对应于整体的民族国家，以人物命运、事件发展的情感逻辑以及意识形态合理的评价这一虚构的空间，极易形成一个关于国家、民族形象的寓言。②

**第三，作为典型大众文化的电影可以消解公共外交的政治性，在娱乐的轻松氛围下潜移默化地实现公共外交的目的。** 通常，西方受众所接受的关于中国的信息来自本国的新闻媒体，而西方媒体对中国新闻媒体的刻板印象与成见，以一种先入为主的框架制约并限制了有关中国的信息在西方的传播，这种不参与和质疑的态度极大削弱了中国新闻媒体在国际舆论空间的议程设置能力。而电影作为一种典型的大众文化则回避了这一问题。大众对电影的定位是文化消费产品，希望从观影的过程中获得情感的宣泄以及感官的刺激，在思想和情感上不会抱有明显的抵触心理。电影能够将抽象的政治身份、情感、命运还原为人们的日常状态，共通的人情世态、相似的生活境遇削弱了显见的意识形态差异，淡化了跨文化传播中的政治抵触，从而达到公共外交的目的。

---

① 陈林侠：《跨文化背景下电影媒介建构国家形象的重要功能》，《社会科学》2011年第4期，第178—183页。
② 陈林侠：《跨文化背景下中国电影的国家形象建构》，人民出版社2014年版。

第四，电影是最具跨国辐射力、跨文化整合能力，并且生命周期最长的大众媒介。全球化时代，电影投资越来越庞大，为了分摊资金和风险，电影跨国、跨区域合作成为常态。艺术、人力、市场资源在全球范围内前所未有地整合，从而使得电影成为所有媒介中最具跨国辐射力和跨文化整合能力的大众媒介。目前还没有其他大众媒介像电影一样拥有如此丰富的艺术表现形式，能够吸引全世界各领域最优秀的人才和艺术家参与，并且获得跨地区、跨国的庞大资金支持。随着信息传播技术的不断发展，电影的生命周期不断延长。即使一部电影没有在影院上映或是上映多年之后，人们依然还可以通过各种网络媒介平台进行观影。优秀电影作品本身具有历久弥新的艺术生命力，随着时间的流逝，电影在国际舆论空间的传播会逐渐成为一种文化符号。

## 第三节 好莱坞电影与公共外交

好莱坞电影是美国电影的代名词，是美国软实力的重要组成部分，在某种程度上也是美国的代名词，是美国实施公共外交与寻求全球认同的重要手段，作为畅销商品的同时也是最好的意识形态工具。美国学者约翰·耶在《世界的美国化》一文中曾说："美国的真正武器是好莱坞的电影业、麦迪逊大街的形象设计厂、马特尔公司和可口可乐公司的生产线。"[1] 电影可以成为以极小成本甚至零成本，进行国家宣传的最佳方式，电影使用的是世界语言，更有助于表达美国的计划和目标。[2] 好莱坞电影的文化魅力在于能够在无形之中改变世界，用文化软实力来吸引各国、各地区观众，对观众的头脑和心灵产生作用，甚至使其发生改变。[3]

---

[1] 刘伟胜：《文化霸权概论》，河北人民出版社2002年版，第63页。
[2] 钟蕾：《美国电影积极传播研究》，中国传媒大学出版社2010年版。
[3] 张娟：《美国电影文化软实力研究》，《北京第二外国语学院学报》2011年第2期，第60—65页。

# 第六章
## 媒体与公共外交

好莱坞电影以横扫世界每个角落的态势向全世界宣扬美国价值观念、生活方式，使不同种族、不同肤色、不同价值观和不同信仰的人群都能畅然接受它的电影产品，进而认同美国价值观念。"世界正在变成一个好莱坞星球。"①

近百年来，好莱坞电影已将意识形态的约束内化，形成了一整套成熟的流水化操作模式。好莱坞电影通过面向未来的题材选择、简单化的叙事结构、凸显个人的角色设置、意味悠长的情感表达以及贯穿始终的受众意识，建构起鲜明的好莱坞电影叙事特征，借由成熟、严密的营销体系，在潜移默化中向受众推销美式价值观和生活方式等内容。② 从战争期间带有明显宣传色彩和意识形态的电影到现在风靡全球的好莱坞大片，美国电影在意识形态、艺术价值、商业价值三方面实现了高度统一。好莱坞电影在全世界播放的同时，塑造了全球公众的视觉思维和听觉类型，定位了他们的价值取向和审美趣味，乃至重新整合了他们的历史记忆和文化认同。③ 冷战时代，原美国中情局局长杜勒斯曾说，"如果能教苏联的青年人们学会唱美国歌曲并随之起舞，那么迟早也能教会他们用美国需要他们采用的方式思考"④。

### 好莱坞电影在美国公共外交中的历史演进

在好莱坞100多年的成长过程中，美国政府是好莱坞走向世界、称霸世界的强大后盾，好莱坞电影也成为美国最佳的形象大使和文化大使。二者相互成全，好莱坞电影的成长史就是美国政府公共外交的成功史。⑤

---

① Scott Olson, "Hollywood Planet: Global Media and the Competitive Advantage of Narrative Transparency", *Journal of Communication*, Vol. 51, No. 3, 2001, pp. 609–611.
② 胡政平：《好莱坞电影的意识形态运行机制》，《国外社会科学》2015年第5期，第102—108页。
③ 雷基斯·迪布瓦：《好莱坞——电影与意识形态》，商务印书馆2014年版，第4—5页。
④ 刘伟胜：《文化霸权概论》，河北人民出版社2002年版，第69页。
⑤ 徐海娜：《好莱坞电影：美国的形象大使和文化大使》，《公共外交季刊》2011年8月刊，第107—112页。

好莱坞电影在美国公共外交中，发挥了"形象大使""意识形态国家机器"和"政治共鸣箱"、提升国家软实力的助推器、推进民主战略的催化剂的作用。① 美国最早的公共外交行为，正是政府利用好莱坞电影向外推广美国的国家形象和价值观。从一战、二战直至冷战和"9·11"，好莱坞在美国的公共外交中扮演了至关重要的角色。

1917年，威尔逊总统一改孤立主义政策，宣布美国加入一战，并于1917年4月13日成立了公共信息委员会，也称为克里尔委员会。克里尔委员会是美国第一个官方宣传机构，统一管理美国内外的宣传。克里尔委员会采用全媒体覆盖的方式进行信息传播，并成立了对外电影中心，通过电影媒介传播美国的价值观。强制规定美国出口的电影必须含有20%的"教育内容"，并禁止影片中出现"非真实"的美国价值观或美国的负面形象。② 对德宣战后的两天，招贴画、幻灯片和标语，充斥在银幕上。好莱坞很快地接连拍摄了四部爱国电影：《潘兴的十字军》《美国的回答》《在四面旗子下》《官方战况简报》。电影教导公民怎样为国出力，羞辱"逃避兵役的人"和鼓励新兵应征入伍，尊崇为祖国而战。好莱坞还拍摄了《假面具》《以免我们忘记》《普鲁士人的野种》《从军梦》等恶魔化德国的电影。好莱坞通过电影来向国际民众展示德国的暴力形象，唤起各国对于欧洲战场的关注，削弱敌人国际影响力、鼓舞盟友士气，并吸引更多的中立国加入到协约国战队。一战结束后，美国通过各种政治和经济手段向全世界推销电影和其他大众文化产品，1918—1921年，好莱坞影片出口增加了300%。③

第二次世界大战期间，罗斯福总统呼吁美国的电影业支持国内的防

---

① 刘恩东：《好莱坞电影与对华民主输出》，《四川行政学院学报》2014年第4期，第38—43页。
② 周庆安：《好莱坞电影的风险共鸣与公共外交的涵化效应》，《对外传播》2015年第2期，第16—17页。
③ 刘鸣筝、李吉言：《两次世界大战之间美国公共外交体系初探》，《关东学刊》2016年第3期，第114—122页。

# 第六章
## 媒体与公共外交

务建设和国外的盟国战事,好莱坞电影成为推销美国形象、美国民主,进行政治宣传的重要工具。1942 年,美国战时情报局设置了电影处,主要负责与好莱坞制片厂的沟通,并督促好莱坞进行战争宣传。二战期间好莱坞得到了极好的发展机遇,拍摄了大量丑化敌对国家并鼓舞本国及盟国士气的影片,表达美国的国家意志。华特迪士尼公司在 1942 年一、二季度中,有 96% 的制作是基于政府合同的。1944 年,国务院向美国驻外使馆发送了题为"战后的美国电影"的备忘录,要求驻各国大使为好莱坞制片厂提供电影方面的建议,称国务院决心和好莱坞合作在海外推广:能够反映美国良好声誉的美国电影。① 反映英国一户普通人家在反纳粹中英勇抗敌的影片——《忠勇之家》,被丘吉尔赞扬说影片的宣传力量胜过百艘战列舰。② 在这一时期,表现战争主题的影片占据了好莱坞出口影片的一大部分。

二战后的近半个世纪,美国电影在欧洲市场获得的利润不断增长,观看欧洲本土电影的观众急剧减少,好莱坞电影已经成为很多国家文化消费的重要组成部分。③ 冷战期间,美国政府正式将好莱坞纳入其软实力框架,以巩固其硬实力带来的胜利。好莱坞从美国政府处得到上千万美元的直接补贴,协助政府在思想领域为全球性的"马歇尔计划"做出贡献。对外,美国以经济援助为条件,迫使法国、英国、意大利、日本等在战争中受到重创的国家开放国内电影市场,实现反法西斯主义、反共产主义的政治意图。1948—1953 年期间,有超过 70 部明确宣传反对共产主义的好莱坞电影制作发行。④ 与此同时,政府对电影的审查与监管程度达到了顶峰。政府不仅一如既往对好莱坞电影的文化影响力加以

---

① Paul Moody, "Embassy Cinema: What WikiLeaks Reveals about US State Support for Hollywood", *Media, Culture & Society*, No. 7, 2017, pp. 1063–1077.
② 顾宁:《美国文化与现代化》,辽海出版社 2006 年版,第 274 页。
③ 参见理查德·麦特白《好莱坞电影美国电影工业发展史》,华夏出版社 2012 年版。
④ Tony Shaw, *Cinematic Cold War: The American and Soviet Struggle for Hearts and Minds*, Kansas: University Press of Kansas, 2014.

利用，同时也采取了更为严密的管控措施。不同于以往的是，这一时期具有宣传效果的影片开始变得更加多样化。20世纪70年代以后，表现普通美国人的剧情电影和展现电影特效技术的科幻电影大量涌现，对于传播美国精神、文化和展示美国科技起到了重要作用。例如，《星球大战》（1977）不仅展现了先进的拍摄技术，更是隐含着反对极权、追求自由的普世主义价值观。《阿甘正传》（1994）不仅刻画了平凡美国人的形象，更是正面记录了美国20世纪下半叶的标志性历史事件，暗暗强调美国在国际上的领导地位。21世纪以来，好莱坞电影的政治使命不再像之前那么彰显，在国际传播中更多依赖"润物细无声"的长时间段涵化效果来塑造国家形象、传播意识形态。

"9·11"事件发生后，美国政府意识到自身的软实力建设需要重新加以重视，美国外交重点应放在改善美国全球形象，扩大美国软实力上。这一时期的小布什政府转变了与好莱坞进行合作和审查影片的模式，减少直接投资和审查，转而借助制造话题的方式用利益吸引制片厂制作大量表现国家立场的电影。2001年11月11日，总统布什的高级顾问卡尔洛夫与40位好莱坞制片厂高管、媒体大亨和美国电影工会高层人士会面，讨论了好莱坞影片能够在反恐行动中发挥的作用。卡尔洛夫传达了布什拟定的七大电影主题，其中就包括：让"反恐怖"意识深入人心，恢复美国下一代的信心和责任心。而好莱坞电影在内容选择上也完美契合着政府的外交政策需求，出现了一系列以反恐和战争题材为主题的影片。打击恐怖主义成为了美国社会热点话题。政府与好莱坞进行了大量电影制作过程中的合作。许多高投资高成本的影片得到了美国政府、军方等官方机构的配合与支持，其中以《珍珠港》（2001）、《黑鹰坠落》（2001）和《猎杀本·拉登》（2012）等电影为代表，展现了21世纪美国的价值取向、军事实力和综合国力，并在局部战争期间在国际社会上为美国争取到了部分舆论支持。2013年，奥巴马与安倍会谈后重申了美日同盟是美国在亚太安全和政策的基石，同年《环太平洋》上映，强调

第六章
媒体与公共外交

了日本是美国最忠实的盟友,宣讲美日同盟重要性。好莱坞电影在打造美国国家形象之余,已经成为美国宣讲美国精神的手段,打造文化认同感的最佳工具。除积极宣传反恐行动外,美国政界还对20世纪六七十年代以来好莱坞电影的文化传播效果进行了评估与反思。2003年,美国众议院前议长、共和党人士纽特·金里奇在《洛杉矶时报》上发表文章指出,好莱坞是造成美国负面形象的罪魁祸首。对于世界上大部分人来说,好莱坞电影是了解美国的唯一途径,20世纪末的好莱坞电影将美国人塑造得过于纵欲、物质,造成了国际上反美情绪的泛滥。①

**好莱坞电影发挥公共外交作用的机制**

第一,好莱坞电影的选题、制作等始终受到美国政治权力的控制,将美国国家意识形态植入渗透到好莱坞电影的形式结构和内容表现上,在表现、推广美国生活方式的同时,向世界范围的观众灌输一种思维方式。

美国政治权力对电影制作上的控制主要依赖于审查,包括道德层面《海斯法典》、政治层面公开的政策审查,以及经济层面实行电影分级制度。《海斯法典》以道德法典的形式,禁止影片中出现裸体、分娩、猥亵等被认为不得体的场景,并要求电影导演拥有爱国情感,对国旗等国家象征充满敬意;公开的政治审查强化了政治对电影意识形态的控制,用政治手段要求好莱坞电影表明反共排外,及彻底的崇美主义,参与到政治宣传中;电影分级制度要求影片制作必须符合分级要求,避免因为题材、暴力场景等原因而不能被足够多的观众看到,甚至不能进入市场。② 一系列审查下生产出来的影片符合政治要求,能够更好地提升美国软实力,为美国政治和外交服务。

第二,好莱坞电影在艺术、商业和意识形态上实现了三者的和谐统

---

① Gingrich N., Schweizer P., "We Can Thank Hollywood for Our Ugly-American Image", *Los Angeles Times*, http://articles.latimes.com/2003/jan/21/opinion/oe-gingrich21.
② 雷吉斯·迪布瓦:《好莱坞电影与意识形态》,商务印书馆2014年版,第22—27页。

一，尤其是与意识形态的结合堪称完美，在全球范围内传递美国价值观、提升美国软实力。

雷吉斯·迪布瓦分析了好莱坞电影与意识形态结合的五种方法：一是"为乐观主义服务的电影"，绝大部分好莱坞电影将现实进行了美化，让观众沉浸在电影营造的"幻象"中，逃离现实，被娱乐。观众将电影中的场景当作美国社会的呈现，感受美国式的理想社会；二是"大团圆结局作为秩序的回归"，在电影的结尾，社会道德和秩序都会重新回到轨道，坏人受到应有的惩罚，好人得到幸福，向观众传递"美国是正义的国家"这样的信号；三是"对个人主义的礼赞"，好莱坞电影常常凸显主角的个人英雄主义色彩，原本平凡的人通过自己的努力获得成功，或者一个英雄带领其他人获得胜利；四是"善恶二元论、简单化"，影片中将人物简单分为善恶二元对立，将一些问题简单化，造成社会斗争能够被轻易解决的错觉；五是"欧洲中心主义、男性中心论和对他者的否定"，好莱坞电影中主角多为男性、白种人，其他不符合"标准"的角色一般会沦为陪衬。①

好莱坞电影中所传递的美国价值观主要有以下几个方面：（1）"美国梦"。所谓的美国梦，广义上指美国的"平等、自由、民主"的国家理想，狭义上是一种相信只要在美国经过努力不懈的奋斗便能获得更好生活的理想，这种价值观，既贯穿于美国电影的始终，也贯穿其所有的电影类型；电影文化造就了强势美国的神话：国家民主、自由、富强，典型的中产阶级社会，个人只要努力便会成功，通过自我奋斗、以顽强的拓荒精神来追求自己的梦想。《阿甘正传》是美国梦经典之作，是一部催人入梦的神话，一部人生励志的巨作。阿甘展现了好莱坞寓言体式的美国精神。（2）英雄主义、美式救世精神。从古希腊的英雄史诗和戏剧到现代的影像世界，从东方的武侠传说到西方的宗教故事，无不是英

---

① 雷吉斯·迪布瓦：《好莱坞电影与意识形态》，商务印书馆2014年版，第32—38页。

雄在叙事，英雄故事总是贯穿在社会主流的意识形态和时代文化的烙印中。好莱坞电影把这种英雄的形象以及价值观念泛化成全世界人民都能接受的标准。在好莱坞大片里，每当地球和人类灾难临头，总会有凡人英雄适时出现，拯救人类于生死边缘，而且这个英雄一定是由美国人来担当。超级英雄电影在给美国好莱坞创造高额票房的同时，实际上更是作为美国文化的承载媒介流向世界每一个有文化存在的角落，呈献给世界人的是美国的历史文化、价值观念、生活方式。[①] 这种美式救世精神在长期的文化潜移默化交融中，慢慢地让人们被动接受美式思想和价值观。（3）宗教文化。在好莱坞影片中，宗教色彩和宗教意识浓郁，以《圣经》故事为主题的电影数不胜数。大多数美国人笃信基督教，90%的美国人自称相信上帝。宗教文化支配着美国人的信仰、态度和行为方式。基督教义中的自我救赎与责任意识深深影响着美国人，他们认为美国是上帝选择的一个特殊国度，美国人对全人类的发展有着特殊的责任。[②]（4）普世价值观。美国电影中往往不遗余力地宣扬某些人类的美德，比如忠诚、勇敢、负责和自我牺牲精神，而这些美德又往往以"美国精神"的面目出现。纵观历年来的卖座大片，我们会发现其中弘扬人类美德的影片总是占多数。美国电影的实践告诉我们，在一部影片中宣扬美好乐观的东西和爱国主义的精神与娱乐性并不矛盾，这两者往往是相辅相成的，对人类主旋律的宣扬恰恰是娱乐性不可或缺的一部分。（5）重视家庭、强调家庭为核心。家是所有人心灵渴望的归宿，亲情是人类血浓于水的情感。"家"在美国电影中是一个常常承载着社会主流意识形态和伦理道德观的意向。在众多家庭和社会伦理道德题材的影视作品中，都以家庭、社会的人际伦理关系为叙事中心，自觉运用传统的道德逻辑，突出了克己、爱人、谦让、服从的伦理观念。（6）纯洁、诗

---

① 张巨：《从好莱坞超级英雄电影看文化冲击对中国电影的启示》，《戏剧之家》2016年第2期，第102—103页。
② 张文星：《好莱坞电影中的文化透视》，《电影文学》2013年第4期，第15—16页。

意的爱情。爱情是人类千百年来永恒的主题，在每个人的心中都保有对纯洁、诗意的爱情的渴望。于是电影塑造了爱情的神话，使得人类在现实中受到压抑的情感和渴求得到了释放和暂时的满足。美国电影的叙事结构常常沿袭了"王子与灰姑娘"或者"公主与落魄才子"的故事框架，传达"爱情至上主义"。通过构思种种精妙的情节，来传达爱情中的浪漫与感动。（7）国家利益至上。好莱坞塑造了美国国家利益至上的大美国形象。尤其是好莱坞的战争影片责无旁贷地承担着维护美国国家尊严，宣扬美国人的英雄、乐观等精神。比如《珍珠港》《黑鹰计划》等影片为全球数亿观众树立美国人热爱和平的正面形象。

第三，成熟的商业机制与品牌化运作。

作为美国电影产业代名词的"好莱坞"，其运作几乎完全依靠市场，其市场准入机制较为宽松，产业运作也自成体系。激烈的市场竞争不断催生以吸引观众眼球、满足观者欲求、创造受众需求的层出不穷、花样迭出的持续创新，其丰富性也为进入全球市场储备了必要条件。好莱坞电影产业以六大电影公司及其隶属的更大的跨国娱乐传媒为基础形成新的产业格局，在全球化背景下，一方面减少制片成本与贸易中的"文化折扣"，在国际贸易中达到一种准"倾销"的目的；另一方面，更为实质性地通过合作的方式参与到其他国家的本土电影业经济活动中，进行渗透式侵入，从而进一步成就好莱坞商业模式的全球化。①

美国营销专家凯勒认为，对于艺术与娱乐业来说，品牌的作用十分突出，因为它们是经验类的商品，购买者无法直接观察判断质量，必须借助其他线索，比如经验、口碑、评价等。② 好莱坞大片的营销特点有：制片方营销眼光专业而独到，以满足消费者的需求为核心；合作内容更

---

① 胡云：《全球化语境下好莱坞电影的商业策略》，《现代传播》2014年第6期，第161—162页。
② 凯文·莱恩凯勒：《战略品牌管理》，李乃和等译，中国人民大学出版社2007年版，第26页。

具整合创意思维，采取整合营销的措施。① 好莱坞在美国政府和巨大的商业机制支持下，形成了一套开拓国际电影市场的丰富经验，建立起全球市场的营销网络。它营销的不仅是电影，也是全球流行的生活方式、思想文化和意识形态。不仅是美国电影工业整体品牌的代表，还拥有一系列自成一体的子品牌。以《星球大战》系列为例，从电影30年前上映到现在依然有庞大的粉丝群，依靠的就是由电影衍生而出的漫画、小说、动画、游戏等构成的庞大体系，形成了独特的文化品牌。这些领域的周边作品被称为星球大战的"衍生宇宙"，被视为电影的附属品。这个衍生宇宙体系，是星战系列文化品牌的根基，而且并不仅仅是电影断档期聊胜于无的替代品，它本身也不断成熟、系统化，使粉丝对其保持高度黏性，培养了品牌系列的忠实受众，也培养了受众观影口味，以星战为代表的好莱坞系列科幻片，为美国建构了科技高度发达的国家形象，潜移默化地使观众认为美国有能力成为保护世界的领袖。

好莱坞电影在百年的运作中形成了成熟的商业和品牌化运作机制：第一是整合营销传播——生产、创新、营销一体。好莱坞通过"三管齐下"建立品牌生产流水线，即明星品牌、导演/影片品牌和后电影产品开发品牌，三者自成一派而又互为表里。第二是以消费者为中心的品牌营销思路，电影品牌路线注意民族性与跨国性的结合。好莱坞电影的成功之处就在于能够拍出观众想看的东西，并成功地影响观众的口味，创造出一大批专门的顾客群。为了建立品牌并进行相应的营销，电影公司第一步就是进行大量的市场调研和制定策略，剖析观众心理，第二步才是投其所好制作符合观众需求的影片。好莱坞不仅重视本国观众的消费喜好与需求，也密切关注着世界各国观众的消费取向。在20世纪的头50年，美国人对中国的电影市场曾经做过系统而详细的调查。第三是多种

---

① 李一敏：《浅谈好莱坞大片营销对中国电影营销的启示》，《电影文学》2014年第20期，第17—18页。

形式的宣传造势和促销手段。预告片，大量投放电影海报，对症下药采用媒体宣传，借助首映式扩大社会影响，通过电影节等其他活动制造品牌影响。①

近几年，好莱坞影片的海外市场份额常常超过其在美国本土的票房收入，占到影片总票房的60%—65%。好莱坞电影作为当今全球范围内的流行文化，成功将其所蕴含的美国生活方式、价值观及意识形态输出到各个国家。好莱坞在美国政府和巨大的商业机制支持下，形成了一套开拓国际电影市场的丰富经验，建立起全球市场的营销网络。它营销的不仅是电影，也是全球流行的生活方式、思想文化和意识形态。

**好莱坞电影与对华公共外交**

在当前全球化的进程中，好莱坞在美国政府和巨大的商业机制支持下，成功克服了电影输出在不同国家所面临的政治分歧和文化差异等问题，形成了一种适应海外市场特殊性的良性自我调节机制。② 这种机制其中就包括了对他国文化的拿来主义与异化。好莱坞电影的拿来主义是指将技术性与艺术性完美结合，借他国文化传播西方文化价值观。③ 对他国文化的异化，是指许多美国电影的题材来自其他国家的文化和历史，经过好莱坞的商业改造甚至是美国的政府改造，将他国文化收为己用，既融入了美国式特色，又抵消了"文化折扣"对进军国外市场的影响。这种拿来主义和异化尤以对中国元素的改造和运用最为突出。

福柯将话语视为权力，而全球化背景下的电影在输出过程中，其实就是一场争夺话语权的过程。传统争夺中，往往以优势文化打败弱势文

---

① 汪献平：《好莱坞电影的品牌营销策略及其意义》，《电影评介》2012年第5期，第89—92页。
② 冯大年：《好莱坞电影产业运作机制研究》，《上海文化》2013年第12期，第82—85页。
③ 栾维亮：《好莱坞电影"拿来主义"的典型性价值探析》，《新丝路》2016年第6期，第121—122页。

化为特点,但随着全球化进一步深入,优势文化在面对弱势文化时,并非强硬灌输优势文化元素,而是与弱势文化进行融合与转换,最终将普世的人类价值植根于主题思想中,以达到共鸣。[1] 好莱坞电影对中国元素的改造运用从文化层面上体现了话语权的争夺与软实力的交锋。中国是最大的发展中国家,中美外交关系在美国公共外交中占据着举足轻重的地位,这种关系体现在好莱坞电影中,以大量中国元素运用的形式存在。

好莱坞电影对中国形象的塑造主要是通过各种不同华人形象的建立与描述形成的。但是这种形象的塑造不是对现实的客观再现,而是对美国意识形态自我认同的隐喻性表达。从历史视角进行考察,好莱坞电影中的华人形象经历了从一元化到二元化、多元化角色形象的转变。第一阶段是早期对华人形象的诋毁与丑化,呈现一元化的特点。第二阶段的好莱坞电影华人形象由一元向二元角色转变。第三阶段是20世纪80年代后华人形象的多元化发展,伴随着中国改革开放与市场经济的快速发展。[2]

近年来,好莱坞电影融合中国元素大致可分为在中国取景,改编中国民间故事作为剧本,起用中国的演员、导演或者华裔演员这几个类型。好莱坞电影对中国元素的运用,一方面是调动视觉感官,产生本民族的文化认同;另一方面则是改造赋予好莱坞风情,传播美国价值观,对中国文化进行解构与重构。好莱坞电影在进行文化传播的过程中,注重对中国传统文化资源的解构与重构,并通过"文化拼盘""打破重塑""返销本土"的方式,来实现对旧有题材的"二度创作"。[3] 对此,有学者将

---

[1] 刘珍:《从好莱坞电影看中国人形象的危机及其对策》,《电影评介》2013年第17期,第60—62页。
[2] 李运河:《历史观照下的好莱坞电影华人形象考究》,《电影文学》2013年第13期,第15—16页。
[3] 栾维亮:《好莱坞电影"拿来主义"的典型性价值探析》,《新丝路》2016年第6期,第121—122页。

其划分成三种类型：一是《功夫熊猫》《神奇四侠》等"虚构世界里的中国"；二是《2012》《无间行者》等影片中"身处现实世界，参与国际事务"的中国；三是《尖峰时刻2》《碟中谍3》等商业大片所臆造的"美国的中国"。以《功夫熊猫》为例，主角形象设定为中国国宝熊猫，配角也是带有明显中国特征的仙鹤、乌龟等，从情节意境到角色造型，甚至背景对白都有中国武侠片的风格，很多细节都凸显出中国元素。但这部电影并不是一部意在表达中国传统价值观的作品，恰恰相反，《功夫熊猫》是一部极为典型的、借助外国文化外壳、宣扬美国价值观、意识形态的好莱坞商业电影。美式价值观贯穿了故事脉络发展的始终。

中国形象的嬗变是时代的晴雨表，反映了美国社会对中国的认知和想象的变化，以及中美关系的发展变化。但这种变化并不代表美国正确地了解了中国，认同中国的意识形态，而只是好莱坞在电影全球化背景下，为了迎合观众采取的宣传策略的调整。好莱坞在以西方为中心的现代世界观念秩序框架内构建的关于中国形象的一整套话语机制中，中国一直处于"被形象化"的失语状态。[①]

## 第四节　中国电影与公共外交

目前世界电影仍旧是美国好莱坞的天下，而逐渐崛起的中国电影，正在不知不觉间挑战着好莱坞的位置，中美两国电影占据了世界电影的半壁江山。[②] 在全球化程度进一步增强、跨国资本深入融合和国家崛起的时代背景下，电影不仅是文化产业和大众文化消费活动，也事关国家意识形态的输出。正如美国形象在很多中国人心目中来自好莱坞电影及

---

[①] 高兴梅：《好莱坞电影里中国形象的变迁》，《南京政治学院学报》2015年第6期，第74—81页。

[②] 孙剑：《2015：好莱坞与中国电影发展比较暨国际传播态势研究》，《当代电影》2016年第2期，第28—37页。

其他文学作品一样,美国、英国、法国人民心中最直观的中国形象也来自于当代中国的文化和艺术。[①] 作为世界第二大电影市场的电影大国,中国电影理所当然应承担起进行公共外交的重要使命。

伴随着经济政治力量的崛起,中国在国际政治舞台上的地位快速提升,中国电影产业化进程也在政治资本的大力支持和人口红利的支撑下飞速前进。从表面上看,出现了一系列具有市场竞争力的影视集团公司,相继推出一系列主流商业大片,中国电影国内票房在2010年突破百亿大关,2016年上升到457亿元,是全球票房增长速度最快的市场之一。但是中国电影在产业化过程中,意识形态流失严重、艺术性下滑,对国家政治、经济崛起的文化阐释极为滞后,电影的人生内涵、理想价值、人文情怀不断趋同且空泛。

目前,中国电影能够在公共外交中发挥作用主要通过国际电影节获奖和在海外院线上映两种渠道。海外观众在接受与消费中国电影时,逐渐积累起关于中国的知识、经验与印象。大量影视作品在跨文化语境下连续重复传播后,产生带有某种情感与政治判断的中国形象。但是,多年来中国电影在国际舞台上的传播并没有对我国的国家形象产生正面的构建作用,对中国的核心价值观和当代文化呈现明显不足。当前的问题主要体现在三个方面,而且这三个方面的问题不是互相割裂,而是交织在一起:电影票房竞争力明显不足;电影的文化内涵缺失;意识形态流失严重。

近年来,中国电影商业化进程加快,国内票房高速增长,但是在海外的整体销售收入却并不尽如人意。2005年是17亿元人民币,2010年达到35.2亿元人民币高峰。之后,连续几年大幅下降,2012年、2013年、2014年海外票房分别是10.6亿、14.1亿、18.7亿元人民币,2016

---

① 中华人民共和国文化部艺术司:《国家舞台艺术精品工程论评》,文化艺术出版社2006年版。

年海外票房又重新回到 35 亿元人民币的峰值。2010 年到 2016 年，这是中国经济高度增长的 6 年，而作为国家软实力重要组成部分的中国电影，很显然大大滞后于国家经济的发展步伐。①

第一，电影类型过于单一，缺乏创新性。作为全球票房市值最大的区域，中国电影在北美电影市场的票房排名可以反映出中国电影在国际电影市场的现状以及全球竞争力。截至 2017 年 9 月，在北美地区票房排名前十的中国电影依次是《卧虎藏龙》《英雄》《霍元甲》《功夫》《黄飞鸿》《十面埋伏》《饮食男女》《喜宴》《一代宗师》《满城尽带黄金甲》。2017 年火爆国内市场的《战狼 2》排名仅第 17 位。② 这 10 部在北美地区票房排名前十的中国电影，有 8 部是古装武侠片，两部是剧情片，且两部剧情片都是台湾制作。其中，第九名是 2013 年由香港导演王家卫执导的《一代宗师》，梁朝伟、章子怡主演，此片获得两项奥斯卡提名。第八名《喜宴》和第七名《饮食男女》都是台湾李安导演的作品，也是前十榜单中的唯一两部剧情片。第六名《十面埋伏》和第二名《英雄》都是张艺谋导演，均入围奥斯卡金像奖。第一名是 2000 年由李安导演的《卧虎藏龙》，这是华语电影的巅峰之作，横扫当年奥斯卡最佳外语片、最佳原创配乐等多项大奖，是迄今为止唯一获得奥斯卡最佳外语片的华语电影。通过这 10 部电影可以看出，中国电影能够进入北美票房市场并且有一定竞争力的，在影片类型上非常单一。从 2000 年至今，17 年的时间，国外电影市场认可的中国电影依然是以古装武侠片为主。中国电影在创作上缺乏创新性已是不容回避的现实。

第二，缺乏文化内涵与国际视野。虽然近年来中国电影产业化发展迅速，商业电影在国内票房收入屡创新高，但在影片制作上和创作题材上缺乏国际化视野与文化内涵，只是一味地追求商业成功。在国际电影

---

① 参见刘浩东《2016 中国电影产业研究报告》，中国电影出版社 2016 年版。
② 北美票房排名，按照 www.Boxofficemojo.com 的数据统计。

市场和舆论空间，中国电影经历了20世纪90年代艺术电影到21世纪武侠大片的辉煌之后，2006年后丧失了先前地位，票房日益萎缩。西方观众对中国电影的动作片热潮整体消退，张艺谋、陈凯歌等知名导演在20世纪90年代积攒起来的观众基础也在逐渐消失。《金陵十三钗》票房31.1万美元，《三枪拍案惊奇》票房19万美元。《泰囧》《狄仁杰之神都龙王》和2015年国内票房冠军《捉妖记》这三部影片的票房收入都没有超过10万美元，《捉妖记》甚至只拿到3万美元。有的电影北美上映后更是遭到了外媒的批评，美国的《大西洋》月刊针对《小时代》价值观提出问题，认为其暴露了中国现今社会消费主义和个人主义的盛行，权威杂志《综艺》评《小时代》物质主义至上、情节粗制滥造。①

第三，对本国文化和价值观缺乏有力的塑造和有效的跨文化表达。约翰·汤姆林森认为，人类可能存在某种普世价值观，但是每一个国家、民族，因为历史传统、地理环境、社会结构、政治体制等方面的不同，其确立和尊崇的文化价值观并不相同。② 中国电影在创作过程中，在对人类普世价值认同的同时，对于属于本国文化和历史的价值观缺乏有力的塑造和阐述。《金陵十三钗》之所以在北美票房惨败，其价值观的建构上缺乏逻辑认同，遭受了大量批评，影片对于学生与妓女关系的描写缺乏合理的逻辑以及感情基础的铺垫，最后妓女们牺牲自己去保护学生的行为显得很牵强。《南京！南京！》想超越二元对立的民族主义的束缚，对日本和中国都"去符号化"，用了大量篇幅刻画日本军官、士兵之间的亲情友情，以极个别日本士兵的"替代性忏悔"彻底模糊扭曲了"南京大屠杀"的历史真相。再有《西游降魔篇》中对文化经典西游记和孙悟空的重塑，《赵氏孤儿》中对中国传统文化的颠覆，从文化与价值观的层面，都是不成功的。

---

① http://variety.com/2014/more/reviews/film-review-tiny-times-3-0-1201263834/（访问时间2017年9月7日）。

② 约翰·汤姆林森：《全球化与文化》，南京大学出版社2002年版，第30页。

**第四，文化差异与意识形态表达的不成熟。**国内有研究机构曾对外国观众理解中国电影的障碍因素进行过调查，选择"文化差异"的占了47.4%，其次是"对白"占了43.3%。① 一些在国内市场票房很高的国产电影在海外市场表现却不理想，很重要的一个原因就是"文化差异"现象。如电影《英雄》在海外上映之后，很多观众把《英雄》中秦始皇这一角色误认为是类似于希特勒式的暴君，而整部电影是在宣扬一种集权主义，无法真正理解电影要传达的文化内涵。美国电影学者路易斯·贾内梯曾指出，人们身边每件事均牵涉到意识形态，无论是宗教、工作、尊严，在电影中也一样。政治信仰很少通过人物直接说出口，但是从人物日常的言行中，观众就可以组织出他们意识形态的立场。②《战狼2》在国内取得50亿元的票房成绩，但是在北美票房仅253万美元，票房差异巨大背后反映了跨文化传播中的文化与意识形态差异所导致的文化误读。有电影评论网站表示《战狼2》对西方人进行了说教与训斥。BBC在报道中称《战狼2》是民族主义动作片，并把"犯我中华者虽远必诛"翻译为"Anyone who offends China will be killed no matter how far the target is"。③ 有学者曾提出，民族主义只有在反抗侵略时才有价值，因为它仍旧是以暴力作为基础。④ 民族主义的排他性，把影片的受众局限在某一个国家或民族内。过于明显地强调自我认定的国家身份，在跨文化传播中往往会引起他国民众的抵触情绪。《战狼2》过于高调的民族主义情结和爱国主义宣言在中国国内票房取得了巨大成功，但在走出去之后，对国家软实力的提升却未必是积极的。

---

① 金丹元、周旭：《直面全球化语境下中国电影产业的新窘境——对中国电影海外传播策略的新思考》，《上海大学学报》2016年第3期，第27—39页。
② 路易斯·贾内梯：《认识电影》，中国电影出版社2007年版。
③ http://ent.cri.cn/20170818/7f0050cd-4f81-43fd-3675-874f5459c272-2.html（访问时间2017年10月17日）。
④ 蒋庆、盛洪：《以善制善：蒋庆与盛洪对话》，生活·读书·新知三联书店2004年版，第132页。

第六章
媒体与公共外交

**第五，迎合西方审美与政治需求的电影，在中国电影走出去的过程中加深了中国形象的刻板化与负面化**。近些年来，中国在国际票房市场获得成功的一些古装武侠大片，为西方观众呈现了充满感官刺激的唯美画面和一系列中国符号，精心构建了一系列宫廷政治、"江湖"门派倾轧，是对中国古老国家形象的某种想象性呈现，只是满足西方对东方的想象与猎奇。比如，《夜宴》的故事虽取材自哈姆雷特，但是却与这部莎翁经典的美学价值相去甚远。美国《综艺》杂志对《夜宴》的概括一针见血："《夜宴》是一出典型的黑暗中国宫廷阴谋戏，其服装和造型盖过了主角。"① 从整体上来看，在国际电影节获奖的中国电影，无论从最早的张艺谋、陈凯歌还是到近年的第六代年轻导演，他们获奖的影片或是表现相对压抑的社会背景下个体情感和人性，或是表现大历史背景下小人物的悲剧，更多地表现了中国社会在某些时期的秩序混乱、贫富悬殊、阶层对立，影片中所体现的中国民俗和中国元素更多是带有一定的猎奇和夸张。就具体影响类型来看，古装片具有较强传播力，已进入西方主流院线市场，但缺乏文化内容，仅仅是满足西方猎奇心理的表象符号。张艺谋的《红高粱》，陈凯歌的《霸王别姬》《风月》，此外还有滕文骥的《黄河谣》、黄建新的《五魁》、何平的《炮打双灯》等，这些作品所展现的是远离现代文明的中国乡民的婚姻、家庭的民俗故事，但它们并不是民俗的记录，而是一种经过浪漫改造的民俗奇观。这些获奖影片，虽在一定程度提升了中国电影的国际声誉，但却加深了西方观众对中国的刻板印象。从公共外交的维度来讲，其效果是负面的。

**第六，缺乏品牌意识和产品辐射力**。作为一种文化产品，电影的国际传播在很大程度上依赖于品牌的力量。而电影产品的独创性和唯一性也决定了单个的产品无法形成品牌。电影品牌来自于那些可以重复使用

---

① Derek Elley, Film Review: The Banquet, http://www.variety.com/review/VE1117931451?refcatid=31（访问时间2017年11月1日）。

的高知名度、高满意度、高识别度的品牌元素，如电影明星、著名导演、制片人、系列化的题材和类型化的风格等电影元素。目前的中国电影，虽说有功夫武侠的品牌电影元素，也有一些如张艺谋、李安等在国际上崭露头角的导演，但整体上缺乏品牌建设，没有鲜明的文化符号，国际传播以一种偶发性和随机性的状态展开，导致国际市场对于中国电影缺少宏观的、正确的、明晰的概念认知，① 文化影响力大大削弱。另外，中国电影的产业链过短，辐射能力弱。以盈利模式为例，国内电影产业的收入主要来自票房和广告，但在美国等海外市场，电影是典型的长尾产品，衍生品销售等稳定收入占到影视业务收入的70%以上。电影除了能在电影院、电视台、DVD 和互联网等平台上放映外，还能被改编成电视剧、书籍、音乐原声带，电影中的人物形象或故事元素也能被用来生产玩具、游戏、主题公园等衍生品，从而实现更多的版权收益。通过电影周边产品的生产，中国的文化价值观才能够在生活的方方面面拥有辐射力，加深海外群众对中国的了解和认同，通过喜爱中国电影而喜爱中国，而不是仅仅停留在不到 3 个小时的电影里。

目前，中国正处于跨越中等收入陷阱、政治、经济体制改革的社会转型过程中，任何过渡时代都是本土电影的黄金时代，急剧的社会变迁使得社会关系、人机关系、家庭关系都处于变动中，人的命运以及人的道德观念都在转型中变化调整，所有人都在变化的世界中重新定义和寻找自己的位置。对于中国观众而言，好莱坞电影带给我们的短暂梦幻想象宣泄已经不能满足需求，我们需要本土电影这面镜子来反映外观世界的变化多端，通过电影来与时代变迁中的芸芸众生共享欢愉和迷惘，通过电影来理解、面对和解释现实的图景，同时也向国外受众展现当代中国的发展与变化、彰显中国文化、价值观，叙述中国人的梦想与奋斗。

---

① 王秋硕:《中国电影国际传播的文化路径》,《浙江传媒学院学报》2015 年第 5 期, 第 96—99 页。

当下，电影行业正在进行新一轮的技术革新，其最鲜明的代表便是VR技术在电影行业中的运用。每一项新技术的出现都是一次行业重新洗牌的机会，尤其是VR电影还没有形成世界级的垄断巨头，大家几乎都在同一条起跑线上。VR技术是中国电影转型升级、实现弯道超车的一个绝好机会。

电影不仅是产业和娱乐，也是意义价值观的生产。商业目的也需要艺术的中介，艺术也不得不触及国家政治意识。在跨文化传播和文化消费的双重语境下，无论是跨文化传播的差异性需求还是消费文化的商业诉求，与建构国家形象并不矛盾。中国要正视西方以普适性价值名义进行公共外交的策略，应在电影中自信地设置政治议题、阐释国家的政治立场，在国际舞台构建一个健康理性的国家形象。在娱乐化、产业化的语境中，探索电影的意识形态功能。电影是社会生活意义的再生产，其竞争力需要在创意、制作、储存、传播这一完整的流程中得以生成。国家在影片的创作、拍摄、发行中直接发挥作用。对于中国电影在公共外交中发挥作用，我们应该摆正"走出去"的心态，让"走出去"真正回到文化交流的本体意义上去，让中国电影完成其公共外交的使命。在此基础上，我们让中国电影参与到既竞争又合作的文化全球化的浪潮中去，在电影的世界格局中找到自己的位置。另外，要充分发挥智库的作用，对国家电影与公共外交的发展进行顶层设计，给予思想支持。

第七章

# 中美关系与公共外交
## Sino-U. S. Relations and Public Diplomacy

从全球范围来看，当前国际政治经济正处于急剧变化的历史转折期，世界各国之间史无前例地相互依存却又相互威胁和竞争，许多发达国家和发展中国家开始由释放市场力量向保护主义的方向逆转，公众对国际事务的舆论开始出现从支持自由主义的国际秩序向孤立主义立场转变，民粹主义大行其道，逆全球化暗流涌动。在这样的历史和国际背景下，世界秩序充满着变化和不确定性，国际关系的理念和模式正在酝酿着历史性的重大变化。作为当今世界举足轻重的两个大国，中国与美国是世界秩序构建中不可或缺的两大支柱，中美关系的走向左右着世界秩序的格局。

当前，中美关系无疑正处在一个新的关键节点上。随着中美两国实力对比出现的变化和中美在全球区域竞争的不断加强，以及新媒体技术的快速发展导致的舆论传播的不可控，美国对中国快速崛起的防范心理和猜疑不断加重，中美两国相互间误解、误读日益频繁。唐纳德·特朗普自就任美国总统以来施行的"以美国为中心的实用主义"战略更是为中美关系发展带来极大的不确定性和挑战。未来，全球政治经济的动荡和战略版图的重构仍在进行之中，中美两国也将面临各自国内不同的矛盾与挑战。在这样的历史大背景下，中美关系当前问题的关键在于避免误解和误判，而这很大程度上取决于美国能否重新界定它对中国的历史期望，避免把中国当作敌人。而美国公众舆论对中国的认知和印象，又在很大程度上受中国对美公共外交成效的影响。公共外交作为政府外交的有益补充，对于中美之间加强理解、提升战略互信发挥着重要作用。

本章首先从历史的维度分析美国公共外交的发展阶段及特点，分析美国对华公共外交。在此基础上，笔者对特朗普时代的中美公共外交进行深入剖析并提出政策建议。

## 第一节　美国公共外交的历史演进

相比于公共外交概念的提出，美国的公共外交实践要早得多，甚至可以追溯到 200 多年以前殖民地晚期和美国建国初期的开国元勋本杰明·富兰克林和托马斯·杰斐逊的外交活动——他们在出使英法时与当地民众进行的广泛交流和演讲，积极宣传和介绍了北美人民为自由、民主、独立而进行的斗争，为赢取英法民众对美国的同情与支持起到了积极作用。

根据约瑟夫·奈的软实力理论，软实力主要来自三方面：文化（在其能发挥魅力的地方）、价值观（无论在国内外都能付诸实践）、外交政策（当其被视为合法，并具有道德权威时）。[1] 公共外交作为软实力建设的重要内容和途径，与美国软实力的发展相辅相成。从软实力的维度，美国的公共外交发展可以划分为四个阶段：建国初至 19 世纪 60 年代，软实力初步形成期。19 世纪 70 年代至二战结束，软实力逐渐崛起期。二战结束至冷战结束，实力上升巅峰期。冷战结束后至今，美国软实力处于下降徘徊期。[2] 美国的软实力在冷战后受到削弱，但并不意味着美国的软实力优势不复存在。2008 年，芝加哥全球事务委员会与东亚研究所在亚洲进行了一次关于软实力的调查。调查结果显示，美国的软实力高居榜首。[3] 英国杂志《单片眼镜》从 2010 年开始每年均对全球软实力

---

[1] 约瑟夫·奈：《软实力：权力，从硬实力到软实力》，马娟娟译，中信出版社 2013 年版，第 15 页。
[2] 冯留建：《美国软实力发展的历史考察及其启示》，《中州学刊》2011 年第 2 期，第 111—114 页。
[3] 孔祥永、梅仁毅：《如何看待美国的软实力》，《美国研究》2012 年第 2 期，第 7—28 页。

进行年度调查。其调查参照多项评比标准，其中包括政府的外交表现、教育能力、对企业的吸引力，以及在奥运会赢得的奖牌数目等50项使用软实力的指标。根据《单片眼镜》公布的最近5年数据显示，2012年英国首度超越美国，登上世界软实力排行榜之首；① 2014年美国软实力排名回到全球首位。② 2016年美国软实力仍居全球首位。③

从历史的维度分析美国的公共外交，可以发现，美国的公共外交有着悠久的传统，最远可追溯到美国刚建国时期。自富兰克林和麦迪逊时代以来，美国就一直注重国家的公共外交。但是现代意义上的公共外交，直到一战时才开始。美国自一战中设立公共信息委员会，二战中设立战时新闻处，战后设立美国新闻署，1999年新闻署并入国务院，"9·11"之后公共外交回归，再到新世纪软实力与巧实力语境下国家战略层面的积极实践，公共外交在美国对外政策中的地位呈现出周期性波动态势。

**一战时期的美国公共外交**

第一次世界大战期间，宣传手段第一次大规模地应用于战争，宣传的对象不仅局限于本国军队和民众以鼓舞士气，还针对盟友和敌对国家，以瓦解对方斗志。相较于英德，这一时期的美国公共外交以军事目的为主，具体体现在煽动对敌人的仇恨、保持与盟国的友好关系以及保持与中立国的友谊并争取其支持、瓦解同盟国的斗志。④ 虽然这一时期的公共外交活动规模小、方式单一、传播技术有限，但毫无疑问为以后美国的公共外交理论和实践打下了良好的基础。

---

① Soft Power Survey – 2012, *MONOCLE*, http://monocle.com/film/affairs/soft-power-survey-2012/（访问时间2017年4月13日）。
② Soft Power Survey 2014/15, *MONOCLE*, http://monocle.com/film/affairs/soft-power-survey-2014-15/（访问时间2017年4月13日）。
③ https://monocle.com/film/affairs/soft-power-survey-2016-17/（访问时间2017年10月13日）。
④ 拉斯韦尔：《世界大战中的宣传技巧》，张洁、田青译，中国人民大学出版社2003年版，第161页。

1917年4月，总统威尔逊设立了公共信息委员会（又称克里尔委员会），该委员会分为国内分部和国际分部，下属20多个机构，在世界各地又设立了650个分支结构。每个机构有其特定分工，分别针对国家不同行业的不同对象提供宣传。实现了专业化分工和集中领导。委员会的主要职责有两项：进行战争宣传和新闻审查。在战争宣传方面，委员会公共外交活动主要是：煽动对敌人的仇恨、保持与盟国的友好关系以及保持与中立国的友谊并争取其支持、瓦解同盟国的斗志。战时宣传的主要手段有印发小册子、召集志愿者进行演讲（"四分钟演讲"）、拍摄丑化德国人的电影等。委员会曾印发数千万份的图书和传单。每两星期制作一次官方电视新闻节目。[①] 在战争期间，公共信息委员会向国外派出了650名美国行业官员，在公共信息领域发明了"散发材料"的方式从事宣传，发展了图片宣传、卡通宣传以及海报宣传等。一战结束后，1919年6月公共信息委员会被解散。

**二战时期的美国公共外交**

一战结束到二战前期这段时间，美国的公共外交以解释美国政策、推广美国文化为主，很少进行集中的信息轰炸和强势的舆论控制。1938年，美国设立文化关系处，这是美国第一个正式负责对外文化关系的机构。[②] 二战初期，为适应日益紧张的国际局势，应对来自法西斯国家和苏联的宣传攻势，美国政府采取一系列措施加强对外宣传活动。

在第二次世界大战期间，为了配合战争的需要，有效地对德、意、日等法西斯国家实施心理战，罗斯福总统将美国政府负责对外新闻、文化活动的机构合并，成立战时新闻处，明确规定战时新闻处的职能是进行对外的新闻和宣传活动。尽管对外宣称意识形态色彩较为浓重，但其

---

[①] 刘鸣筝：《美国公共外交研究》，博士学位论文，吉林大学，2011年，第28页。
[②] 檀有志：《美国对华公共外交战略》，时事出版社2011年版，第97页。

# 第七章
## 中美关系与公共外交

采用心理战术配合美国的军事行动，对摧毁法西斯的士气和赢得战争起到了一定的积极作用，也为战后美国政府的对外宣传和文化交流活动在组织、机构、人员等方面奠定了基础。战时新闻处出版的报纸《战争中的美国》，在诺曼底登陆时周发行量达到700万份。这份报纸不断刊登盟军取得军事胜利的消息，使人们对胜利充满希望。欧洲战事结束后，战时新闻处把注意力转向日本。1945年7月，日本通过中立国向美国表示准备投降时，日本军队和民众对此一无所知。战时新闻处通过飞机大量投放传单、广播等向日本军队和民众播送消息。日本军官后来承认，军队得知政府打算投降的信息后无心恋战，加速了日本投降的进程。二战时期，为了有效抗击德国和日本法西斯在欧洲和亚洲地区的侵略暴行，1942年2月24日，美国历史上首次建立由政府创办的广播电台"美国之音"开播，这一事件标志着公共外交与海外传播开始进入美国对外政策议程。

**冷战时期的美国公共外交**

这一时期美国公共外交活动的重点是对抗苏联在世界范围内的扩张与宣传，意识形态色彩较为浓重。这是美国公共外交活动非常活跃的一个时期。富布莱特项目和美国之音发挥了重要的公共外交作用。冷战时期的公共外交被看作一种直截了当的心理战。公共外交是一种堪与外交、军事和经济权力相提并论的独立国家安全战略。[①]

1946年，美国建立了国际新闻和文化事务处，同年建立富布莱特项目。1948年通过《史密斯—蒙特法案》，国会第一次授权政府在和平时期在全球范围内进行信息、教育和文化交流活动，该法案是对《富布莱特法案》的扩充，成为美国公共外交活动的法律依据。1953年8

---

① 唐小松、王义桅：《从"进攻"到"防御"：美国公共外交战略的角色变迁》，《美国研究》2003年第3期，第75页。

月，美国新闻署成立，除教育项目保留在国务院，其他包括"美国之音"在内的所有宣传机器、文化机构都归其领导，这是美国公共外交趋于稳定的一个重要标志。美国新闻署的任务是向外国公众解释和宣传美国的政策，介绍与传播美国政治经济制度与社会文化，并就外国公众对美国政策的反应向政府决策者提供必要的咨询。目的是赢得外国公众对美国政策的了解、理解乃至支持。1963年1月，肯尼迪特别发布一项行政命令，主张美国新闻署应更积极地参与美国对外政策的制定和实施。此外，他还创建了著名的和平队组织，招募美国年轻人到世界各地，尤其是第三世界国家进行英语教学和卫生服务等志愿活动，传播美国文化，改善美国的形象，促进美国在海外良好的国家形象的构建，增强国际影响力。卡特上台以后，公共外交的重要性受到美国政府更多的关注。1978年，卡特总统将美国新闻署和国务院教育与文化事务局的职能合并，成立了美国国际交流署，职能是向世界宣传美国的社会与政策，特别是美国所信奉的文化多元主义与个人自由，以及为美国人民提供世界各地的信息，丰富其自己的文化，搭建起与其他国家之间解决问题的理解基础。卡特主张真正的双向交流，但本质上没有取得实质性效果。里根上台后，调整美国对外政策，采取以对抗为主、缓和为辅的强硬立场，遏制苏联扩张势头，争夺世界霸权。公共外交被里根政府视为对苏联进行进攻性战略的意识形态斗争的重要工具。1982年，里根总统将国际交流署重新恢复名称为美国新闻署，1984年的国家安全决策指令第130号文件表明了里根政府针对公共外交的长远战略思想："公共外交是改变全球长期基本政治和意识形态倾向的核心战略思想，并最终影响其他国家政府的行为。"[①] 里根政府十分重视美国公共外交，增加了财政拨款，这对加强美国的对外信息传播与国际文化交流提供了有

---

[①] 李彬：《美国公共外交的历程与现状分析》，博士学位论文，暨南大学，2008年，第8页。

利的条件。这一时期被认为是美国新闻署成立以来美国公共外交的"黄金时代"。冷战结束之后,世界政治格局发生了重大变化,诞生于冷战之中的美国新闻署也面临新的调整,1999年,美国新闻署正式并入国务院。作为一个独立的政府部门,美国新闻署不复存在。国务院的框架内,原来美国新闻署的绝大多数活动仍然得以继续进行。这一合并计划使得美国的公共外交丧失了它原有的独立性和原有地位,标志着美国公共外交的一个时代的终结。冷战结束至2001年"9·11"事件这一阶段,由于东欧剧变、苏联解体,美国赢得了冷战,公共外交被视为不再重要甚至不再需要,预算连年减少,机构也被并入国务院。后冷战时代,美国国内保守主义势力重新抬头,公共外交在美国外交政策中开始被边缘化。[①]

**"9·11"之后的美国公共外交**

从冷战到"9·11",美国的公共外交从咄咄逼人的攻击性的和平演变,转变为了相对温和的防御性的文化认同。"9·11"事件发生之后,美国各界对公共外交研究给予了前所未有的关注。冷战后一度被忽视的公共外交逐渐又走到了美国政治的前台。美国政府认识到加强公共外交、重塑美国形象迫在眉睫。憎恨美国的不仅仅是伊斯兰人和阿拉伯人,甚至包括欧洲、拉美、东亚以及自己的盟国,美国的自大、自私、伪善、自我沉迷与轻蔑其他国家的形象深深种植在全世界人心里,美国的形象问题不仅是地区性的,也是全球性的。[②] 这一时期的美国公共外交机构呈现系统化、体系化的特征。美国新闻署并入国务院后,其所承担的公共外交职责就由国务院来履行。除此以外,广播管理董事会、国

---

① 李彬:《美国公共外交的历程与现状分析》,博士学位论文,暨南大学,2008年,第111—113页。
② 唐小松、王义桅:《从"进攻"到"防御":美国公共外交战略的角色变迁》,《美国研究》2003年第3期,第80页。

际开发署也都行使着部分公共外交职能,甚至国防部也有一些公共外交性质的职责。对外关系委员会、布鲁金斯学会、传统基金会等智库,纷纷推出关于公共外交的研究报告。认为公共外交必须成为美国外交政策的中心因素。

为了加强公共外交,2001年白宫成立了"白宫联合信息中心",2002年成立"全球传播办公室",具体负责协调、统合政府部门间以及政府与民间部门之间的公共外交议题,并提供政府对于外交政策与增进美国形象的建议。[①] 2002年7月,美国国会通过了《2002促进自由法案》,法案规定:"应确保美国公共外交战略的统一性和凝聚力,并通过有效的机制积极地抵制外界对美国的歪曲和丑化宣传。"2004年12月,美国国会通过了《情报改革与防止恐怖主义法》。该法案将公共外交提升到了一个前所未有的高度,要求国务卿加强政府各部门之间的协作,并与广播管理董事会合作,制定全面持久的战略,充分利用公共外交资源,确定公共外交长期的、可衡量的目标。针对伊斯兰世界,法案要求增加公共外交的内容,包括加强美国同伊斯兰世界的交流,设立"国际青年基金",由联邦政府提供财政支持。[②] 上述两部法案的通过,为美国的公共外交提供了强大的法律支持与保障。布什政府着力于发展内在的公共外交战略与协调机制。公共外交战略与协调机制类似于国家安全委员会,它的设立使公共外交从边缘地带上升至外交决策的中心。布什政府设立这一机构的目的是公共外交纳入外交政策制定的过程,而不再仅仅是推销外交政策的工具。布什政府的另一项举措在于增加常备的双向对话,取代传统的单向大众传播方式,这一举措旨在实现两个目标。短期目标的重心是针对具体政策影响舆论。而长期目标是以公共外交推进与政治、文化和社会有关问题的解决。其最理想定位是把二者融合到一

---

① 赵可金:《美国公共外交的兴起》,《复旦学报》2003年第3期,第86页。
② 孙希艳:《9·11事件后美国公共外交研究》,博士学位论文,山东师范大学,2008年,第14—15页。

个全局性的公共外交战略。①

**奥巴马政府的公共外交**

奥巴马政府公共外交的一大核心是综合运用"巧实力"战略。"巧实力"战略的运用对于经济衰退、国内问题严重、国际影响力和国际形象受损、外交陷入困局的美国来说提供了一个公共外交政策调整的新方向。"巧实力"的核心内容是，美国应吸取布什政府对外交政策过度依赖军事实力的教训，综合运用软硬实力特别是软实力，大力推行公共外交，传递美国价值观，重塑美国形象，从而更加有效地维护美国国家利益。"巧实力"建议美国政府加大对公共外交的资源投入；考虑设立监督公共外交的独立机构，直接向国务院汇报；充分发挥非政府组织的作用；加大对教育交流的投入。

"巧实力"一词最早由苏珊妮·纳赛尔于2004年《巧实力》一文中提出：美国"必须实行这样一种外交政策，不仅能更有效反击恐怖主义，而且能走得更远，通过灵活地运用各种力量，在一个稳定的盟友、机构和框架中促进美国利益。必须设定一种进程，组合所有力量资源，然后坚定、务实地应对挑战、捕捉机遇。这种政策将平息美国公众的不安，统合缺乏协调的政府部门，在全球实现美国的目标"。2006年约瑟夫·奈在《外交政策》杂志发表《重新思考软实力》一文，进一步明确了"巧实力"的概念，即软实力与硬实力的巧妙结合。美国智库国际战略研究中心（CSIS）也在同年成立了"巧实力委员会"，专门致力于研究"巧实力"战略。与此同时，美国其他思想库发表的报告也不约而同地建议美国新领导人把"巧实力"作为外交政策的调整方向。2007年7月，美国华盛顿"全球接触研究所"发表题为"巧实力：

---

① 唐小松、王义桅：《从"进攻"到"防御"：美国公共外交战略的角色变迁》，《美国研究》2003年第3期，第83页。

建设一个更美好、更安全的世界,一个给总统候选人的政策框架"的报告。这个报告也得到了美国两党的超党派支持,并在美国军政界产生重要影响。①

2009年1月美国国务卿希拉里在参议院提名听证会上表示,美国政府将推行"巧实力"外交政策,有效维护美国利益和国际地位。2009年8月,美国国务院对公共外交现状进行了系统审议,并广泛征求国会、白宫国安会、国防部、驻外使领馆以及学术界、非政府组织和私营部门的意见,认为公共外交对推进美国国家利益成效显著,但需采取变革措施,使其与美当前外交重点相辅相成。2010年1月,美国国务院制定了21世纪"公共外交全球战略框架"。根据这个新的战略框架,美公共外交的核心任务是:努力扩大和加强美政府和公众与其他国家公众的关系,积极向外国公众施加影响,促进实现美外交政策目标,推进美国国家利益,提升美国国家安全。美国国务院还确定了开展公共外交的五项优先战略任务:第一,从国别、地区和全球等各个层面强化对外沟通影响能力,更加主动地宣传美国国家形象。美国国务院与美派驻全球的各种机构加强协作,重点针对各类新闻媒体制定和实施有针对性的接触计划,大力宣传对美国有利的信息,同时迅速应对反美言论,确保美国在信息传播和政策辩论的各种传统和新型对话中获得充分的话语权。第二,通过美设立的各种公共外交项目和平台,在保持与各国精英界联系的同时,努力扩大和加强与各国普通民众的关系。美尤其重视通过强化使用互联网现代信息技术和脸谱、优突、推特等社交平台,积极扩大对外接触面,确保美政策观点在新媒体和对话空间中得到传播。与此同时,美政府继续支持能够同时推进美利益和向特定外国群体提供有用技术的计划,如英语教学和师资培训项目、科技知识培训项目、美学术机构对外提供的教育咨询项目等。美政府还准备重新启动在外国公共场所建立所谓"美

---

① 钟龙彪:《"巧实力"战略与奥巴马新外交》,《现代国际关系》2009年第5期,第8页。

国中心"和"美国角"的计划,并与美国内各种文化机构合作,对外推广美文化项目,直接面向外国公众开展宣传活动,增强美内外政策和价值观对外国公众的吸引力。第三,针对美是国际恐怖极端势力打击的头号目标这一现实,美政府及其驻外使领馆在国际上强化对美国家形象正面宣传的同时,着力对暴力恐怖极端势力散布的反美信息和招揽新成员的宣传做出迅速反应。在这方面,美国主要也是依靠其拥有的强大传统新闻媒体和互联网等新媒体传播技术,广泛宣传美政府观点,增强所谓"可信的声音",反击"错误信息和虚假信息"。同时,美在中东、东南亚等恐怖极端势力猖獗的地区,积极开展卫生、教育、发展等领域的培训活动,对当地的宗教和世俗头面人物施加影响,并通过他们影响当地民众对美国的看法。第四,美国务院及驻外机构加强有关美公共外交的研究和规划职能,更好地了解和掌握外国公众对美国的态度和看法,为美开展全球公共外交提供更好的决策信息。第五,加强美国务院的内部协调和公共外交资源配置,使之服务于美外交政策优先目标。[①] 奥巴马政府在实施过程中提出了五个要点:第一,积极从地区、国家和全球各个层面扩大美国公共外交的影响力,主动把握时机塑造美国的国际形象;第二,提高公共外交在人际传播层面上的效用;第三,强化公共外交在应对国际恐怖主义和极端主义的挑衅方面所起的积极作用,提高其反应效率和应对能力;第四,加强国务院和各驻外使领馆对国外信息的把握和处理能力,以便能够对公共外交政策的制定有更大的指导作用;第五,根据有限目标的变化,重新调整和配置公共外交的战略资源,确保其效用。[②]

在"巧实力"战略的指引下,奥巴马政府时期的公共外交取得了一

---

[①] 王宝东:《从奥巴马政府看美国公共外交演变》,2010年6月13日,FT中文网(http://www.ftchinese.com/story/001033108?page=2)。

[②] 唐小松、龚群子:《奥巴马政府的公共外交战略评析》,《战略决策研究》2011年第1期,第8—12页。

定的成绩，在全球范围内对于美国软实力的提升发挥了重要作用。根据英国《单片眼镜》公布的数据显示，2014年美国软实力排名回到全球首位。① 2016年美国软实力仍居全球首位。②

## 第二节 美国对华公共外交

在20世纪30年代以前，中美两国100多年的历史交往与文化交流是在美国国力逐步上升而中国国力渐趋衰落的力量对比下展开的。这100多年的文化交流不属于严格意义上公共外交的范畴，只被宽泛地看作是一种文化交流关系。本节的分析把美国对华公共外交的起点置于1941年，美国对华公共外交大体可分为以下几个阶段：

第一阶段，1941年至新中国成立。"珍珠港事件"的爆发使美国全面卷入第二次世界大战，中美两国成为世界反法西斯的亲密盟国，美国公共外交的范围延伸到西半球之外的中国。美国不仅向中国提供了大量的军事、经济援助，还通过多种形式与中国展开公共外交上的双向合作。③ 除了美国之音对华广播节目之外，美国还通过向中国捐赠图书、报纸杂志、放映电影等方式，积极传递美国社会生活的正面信息。1944年美国副总统华莱士访华专机就特地携带了大量赠给中国的书籍，美国国务院还专门拨款10万美元，用于购买和运输这些图书、期刊，供给中国的学校、图书馆和研究所。1945年至1949年，中国出现了赴美留学热潮。1947年11月美国与当时的国民党政府签订了《教育交流协议》，开启了世界上第一个富布莱特项目，输送中美两国学者和学生到对方国

---

① Soft Power Survey 2014/15, *MONOCLE*, http://monocle.com/film/affairs/soft-power-survey-2014-15/（访问时间2017年4月13日）。

② https://monocle.com/film/affairs/soft-power-survey-2016-17/（访问时间2017年10月13日）。

③ Gary Kraske, *Missionaries of the Book: The American Library Profession and the Origins of United States Cultural Diplomacy*, Westport: Greenwood Press, 1985, pp. 94-95.

家研究学习。美国还在中国开办教会组织和教会学校,传播基督教和西方科学知识,这些举措都加强了中国知识分子对美国的理解与向往。

第二阶段,中华人民共和国成立至中美关系正常化。1949年新中国成立以后,中美关系处在冷战状态,这一时期的美国对华公共外交的总体特征为美国向中国单方向的信息输出。20世纪70年代中美文化交流以一种"名为民间自发,实乃官方促成"的形式取得了一定的进展。1971年期间,中美两国乒乓球队的互访轰动了国际舆论,被媒体称为"乒乓外交",从此结束了中美两国20多年来人员交往隔绝的局面,使中美和解随即取得历史性突破。1972年美国总统尼克松访华,中美在上海发表《中美联合公报》,两国关系走上正常化的进程。1972年至1976年,大约有1.2万名美国人访问了中国,其中大多数为科技界人士,其中有一大批是对美国科技做出重大贡献的美籍华裔科学家。有700多位中国科学家、教育界人士访问了美国,其中大部分受过西方教育。[①]1978年10月,中美双方签订《中美关于交换学生和学者的谅解书》,达成互派留学生和访问学者的协议,新中国首次与美国以官方途径确认进行教育文化交流,美国对华公共外交开始升温回暖。

第三阶段,中美正式建交至冷战结束。1979年中美正式建交,为中美公共外交的发展确定了大的框架。1985年,《中美教育交流合作议定书》的签署,为两国教育交流合作进一步确立了指导原则、合作范畴和主要内容。中美之间中断30余年的中美富布莱特项目也在中美建交后随即得以恢复,中美双方每年约派遣20名左右学者出国研究、攻读学位或进行讲学。还有国际访问学者计划、休伯特·汉弗莱奖学金项目、政府代表团交换项目、美友好志愿者项目等,这些都是中美两国教育文化交流的重要形式。此外,美国的图书翻译、赠送活动作为美国对华公共外交的重要

---

[①] 顾宁:《评冷战的文化遗产:中美教育交流(1949—1990)》,《史学月刊》2005年第12期,第81—83页。

内容，继续有条不紊地开展，美国驻华大使馆新闻文化处从20世纪80年代初开始，编辑出版中文季刊《交流》，全面介绍美国的政治、经济、科学艺术、文化与社会情况，受到了中国大学生的欢迎和喜爱。美国之音对华广播也取得了较大发展，1981年美国之音在北京设立记者站，并有针对性地开设了英语教学节目，受到广大中国青年的追捧。这一时期的中美关系尽管受到美国对台军售等问题的影响有些波折，但美国对华公共外交与中美关系总体走势一致，处于一个稳定发展的阶段。1989年，美国国内掀起反华浪潮，中美关系跌入低谷，国际方面东欧剧变、苏联解体，在这样的历史和国际背景下，美国对华公共外交进入了一段低谷期。

第四阶段，"9·11"事件至今。冷战结束后，公共外交在美国对外战略中的地位一度降到冰点，美国对华公共外交也处于淡化阶段。"9·11"事件发生之后，美国各界对公共外交研究给予了前所未有的关注。冷战后一度被忽视的公共外交逐渐又走到了美国政治的前台。美国政府在组织军事反恐的同时，重新对公共外交进行强有力的组织和大量经费支持。从美国对华外交的角度，美国开始进行全方位、多元化的对华舆论传播，充分利用多元化行动主体进行公共外交活动。美国智库布鲁金斯学会曾专门派高级研究人员到中国与相关机构接触交流，了解中方的反应，并加强与中国知识分子群体的接触，不断地加深对中国政策制定的影响，通过好莱坞等影视资料的输出以及高科技电子产品的销售，宣传美国的思想观念及自由主义价值观，融入中国民众的生活。美国政府还选择性地对中国的地区及行业进行重点投资，这些企业成为美国在华推动公共外交的重要手段，一方面宣传了美国的生活方式与社会文化，另一方面成为美国企业融入中国经济的重要方式，美国企业的行为，在潜移默化中增加了中国民众对美国的认知。[①] 奥巴马政府上台后，开启

---

① 程桂龙、刘新华：《从"应急防御"到"常态进攻"——美国对华公共外交的转变》，《南京政治学院学报》2014年第1期，第59—65页。

了美国对华公共外交 2.0 时代。奥巴马政府对华公共外交的战略框架是：务实性、多层次、宽领域。[1] 美国对华公共外交不再只是一种临时的外交缓和对策，而上升为一种常规性的外交方式，更加具有现实性与系统性。[2] 网络外交是奥巴马政府对华公共外交的重要特点，美国试图通过加强对社会媒体的应用以影响中国的意见领袖和普通公众。利用网络的便捷与开放，向中国人讲述美国故事，展现多元文化，灌输"普世"的美国价值观。奥巴马首次访华前后，白宫和国务院同专业网络传播公司合作，结合社交媒体展开了一系列精心准备的公共外交活动，如美国驻华大使馆邀请中国博客作者座谈，白宫通过其网站向中国网民征求问题。在 YouTube、优酷等视频分享网站直播奥巴马与上海青年学生的对话过程，以扩大影响。这是美国政府将社交媒体运用到对华外交中的开端。其后，美国国务院及驻华使团相继在全球及中国流行的社交媒体上开设账号、发布信息、与中国网民互动，全面展开针对中国的社交媒体外交活动。迄今，美国驻华大使馆和各领事馆基本上都在中国的社交媒体上开设了账户，美国驻华使团在中国社交媒体上发布的内容和频率都经过了精心设计，发布信息也都使用中文，突破了传播壁垒。[3] 美国不再把公共外交仅仅看成修补自身形象的应急措施，而是逐渐将其变成推行亚太平衡战略、维持中美关系稳定的一种重要方式。

## 第三节　特朗普赢得大选的舆论视角分析

2017 年 1 月 20 日，特朗普正式就任美国总统，全面开启特朗普时

---

[1] 胡远珍：《美国对华公共外交的思维与话语分析》，《湖北大学学报》2013 年第 3 期，第 133—136 页。

[2] 恩内斯特·威尔逊：《2012：重启美中公共外交的重要一年》，《公共外交季刊》2017 年第 10 期，第 54—57 页。

[3] 汪晓风：《社交媒体在美国对华外交中的应用》，《美国研究》2014 年第 1 期，第 47—62 页。

代。特朗普自就任美国总统以来施行的"以美国为中心的实用主义"战略为中美关系发展带来极大的不确定性和挑战。全球政治经济的动荡和战略版图的重构仍在进行之中,中美两国也将面临各自国内不同的矛盾与挑战。在这样的历史大背景下,中美关系当前问题的关键在于避免误解和误判,而这很大程度上取决于美国能否重新界定它对中国的历史期望,避免把中国当作敌人。而美国公众舆论对中国的认知和印象,又在很大程度上受中国对美公共外交成效的影响。公共外交作为政府外交的有益补充,对于中美之间加强理解、提升战略互信发挥着重要作用。

从舆论视角分析此次美国总统大选,一方面特朗普有效地利用民意调查和新媒体对冲精英阶层和主流媒体,使得他在竞选过程中执政理念的阐述,条条击中腐败要害、款款深入民众内心。另一方面,他有效地利用了精英阶层与普通民众价值观念冲突的社会矛盾,掀起了一场"愤怒的政治"与"绝望的政治"之间的抗争,并宣告特朗普时代的到来。具体而言,特朗普赢得大选,主要在于以下四个方面的因素:

第一,调查民意、利用民意和社会矛盾。美国一个独立民意调查机构在大选之前做的民意调查显示,全美有90%的民众对政府的腐败极其不满。这是美国连续50年来第一次如此大规模的民众在一个问题上达成一致意见。特朗普看到了这一点,并且聘请了前总统卡特的民意调查顾问,对美国民众做了一个大规模的调查,充分重视了民众的诉求和声音,并且利用了民众对政府的失望和愤怒,利用了美国中产阶级萎缩、贫富差距加大、阶层固化、族群分化等诸多社会矛盾。特朗普顺势而为,他在大选中提出的竞选纲领和施政措施,每一条都切中普通民众的愤怒和期望。正如纽约市前市长迈克尔·布隆伯格在放弃参选意向的公开信中的评价,"特朗普唤起了我们的心魔"[1]。

---

[1] Michael Bloomberg, "The Risk I Will Not Take", *Bloomberg View*, 2016, http://www.bloombergview.com/articles/2016-03-07/the-2016-election-risk-that-michael-bloomberg-won-t-take.

第二,运用社交媒体战胜传统主流媒体。根据美国以往历次大选的经验,决定总统选举结果的因素很多,但通常有两个因素最重要,一个是竞选资金,另外一个是主流媒体的舆论导向。而此次大选,特朗普充分利用了社交媒体的双向互动、病毒式传播等特点打破了传统的选举定律:在美国主流媒体几乎一边倒支持希拉里的情况下赢得了大选。此次美国大选的结果反映出一个不可回避的事实:社交媒体已经成为美国的新主流媒体。美国民众对于社交媒体的较高信任度与对主流媒体不信任形成鲜明反差。社交媒体的传播活动具有开放、多元、瞬时、互动、无障碍等传统媒体难以企及的优势,因此成为表达意见、建立认同和塑造民意的重要媒介。

第三,有效利用了精英和民众社会价值观念的冲突与撕裂。特朗普之所以能够胜出,与英国"脱欧"公投的成功从本质上讲是一样的。美国总统大选和英国"脱欧"公投成功都反映了国家的精英阶层与普通民众价值观念的冲突与撕裂。此次大选是在选民强烈的反体制情绪和对国家前进的方向极大不满的政治环境下举行的,是以白人中产阶层为主的"沉默的多数"与华盛顿建制派和精英之间的一场对决。根据盖洛普民调显示,至少有七成美国民众对政治精英充满了不信任。[①] 除了希拉里的竞选主张缺乏新意外,美国人对政治王朝的天生反感使他们对以希拉里为代表的精英和华盛顿建制派充满不信任。在他们眼里,希拉里是"政治权力和财富结合的象征"。特朗普以"华盛顿政治圈外人"的身份,呼吁打破政治正确、进行大刀阔斧的变革,从而得到了渴望打破现状的众多中下层民众的支持。

马克思关于国家与市民社会的思想逻辑由黑格尔国家决定社会的理性国家观倒向市民社会决定国家观,其演进经历了幻灭、动摇、追求、建构

---

[①] Satisfaction With the United States, *Gallup*, http://www.gallup.com/poll/1669/general-mood-country.aspx.

四个主要过程。其拨乱扶正的解构与重构历程给我们如下启示：其一，市民社会决定国家，不一样的市民社会就会衍生不一样的国家，同时国家又反作用于市民社会；其二，国家与社会的统一不是无条件的；其三，在治理与善治的框架下只有国家、社会组织、市场的三足鼎立才是达成社会善治的理想形态。特朗普的胜出和英国"脱欧"公投的成功，其实是精英阶层和普通民众之间的社会价值观念关系出现了根本性转变。

第四，逆全球化的舆论力量推动了特朗普的当选。在2016年美国总统大选中，共和党候选人特朗普是贸易保护主义和逆全球化趋势予以确认的典型代表。导致全球化逆转的主要原因有两个：一是国际金融秩序的失序导致全球性的金融危机，二是商品和人的跨国境流动对发达国家一部分群体在生活水准和就业机会的负面影响，引发他们对自由贸易与移民问题的强烈反弹。① 当今美国中产阶层，特别是白人、工人阶层正是属于在全球化中走向失落的群体。根据皮尤中心的调查，从1971年到2015年，美国的中等收入群体的财富明显缩小，从62%降至43%，而经济地位下降最严重的是"没有大学学位的白人"。② 更有调查显示，美国对华商品进口的日益增加导致了失业率和自杀率的上升。③ 为了赢得这些选民的支持，特朗普对自由贸易和自由移民政策采取收缩策略，呼应并顺应了这些选民反体制、反精英、反全球化的情绪。

## 第四节　中美公共外交面临的舆情态势

自中美建交以来，中美关系的利益交融日益密切、互利合作日益广

---

① 高柏：《全球化逆转的因果机制》（http://www.360doc.com/content/16/1205/14/17531829_612144588.shtml）。

② 刘瑜：《民粹与民主：论美国政治中的民粹主义》，《探索与争鸣》2016年第10期，第68—75页。

③ Isabel Sawhill, Donald Trump's Election: Was it Economics or Culture? The Brookings Institution, 2016, https://www.brookings.edu/opinions/donald-trumps-election-was-it-economics-or-culture/.

# 第七章
## 中美关系与公共外交

泛，与此同时，中美关系中的一些深层次结构性矛盾并未得到缓解。随着中美两国实力对比出现的变化和中美在全球区域竞争的不断加强，以及新媒体技术的快速发展导致的舆论传播的不可控，美国对中国快速崛起的防范心理和猜疑不断加重，中美两国相互间误解、误读日益频繁。唐纳德·特朗普当选美国总统一定程度上是西方国家"反全球化"浪潮作用的结果，给全球政治、经济、外交格局带来一系列前所未有的变化，未来的中美关系将面临更多不确定性、更大的挑战。

中美关系当前问题的关键在于避免误解和误判，而这很大程度上取决于美国能否重新界定它对中国的历史期望，避免把中国当作"假想敌"。而美国公众舆论对中国的认知和印象，又在很大程度上受制于中国对美公共外交成效的影响。中美两国急需通过公共外交加强理解、对话与合作，构建相互信任的基石。

**国际环境和舆论态势**

全球化进程使国家之间的经济、社会联系日渐密切，不仅改变和重塑了国际关系的内容和国际政治、经济、文化环境，也改变了外交的形式并推动了外交的公开化和民主化进程，公共外交应运而生成为世界各主要大国进行文化输出和意识形态对抗的重要手段。冷战结束之后，伴随着全球化进程的不断深化，不仅各主要大国，世界上的许多中小国家也都纷纷把公共外交纳入国家的外交战略。应该说，全球化既为公共外交的兴起提供了前提和条件，也成为公共外交发展的重要推动力。

从全球范围来看，当前国际政治经济正处于急剧变化的历史转折期，许多发达国家和发展中国家开始由释放市场力量向保护主义的方向逆转，公众对国际事务的舆论开始出现从支持自由主义的国际秩序向孤立主义立场转变，民粹主义大行其道，"反全球化"暗流涌动，加之英国脱欧、美国大选等重大事件影响，全球化遭遇前所未有的挑战。鉴于全球化与公共外交之间的密切关系，"反全球化"浪潮是否意味着公共外交重要性的削减？答案是否定的。人类社会是围绕着意识形态、经济、军事、政治这四种权力资源而形成和发展的，全球化不是一个单一的过程，而是涉及意识形态、经济、军事、政治四种权力来源的全球化，每一种权力来源都具有不同的节奏。① 在当前的以欧美经济发达国家为代表的"反全球化"浪潮中，以中国等国为代表的新兴经济体和发展中国家的全球化正方兴未艾，并且在国际秩序和全球治理体系中发挥着越来越大的作用。正如中国国家主席习近平所指出的，总体而言，经济全球化符合经济规律，符合各方利益；全球化是一个不以人们的意志为转移的、不可逆转的客观进程；不同意识形态、不同发展程度的国家，不管是否愿意，都将或早或迟、或主动或被动地卷入其中。② 在"反全球化"的趋势下，中国将迎着"反全球化"的浪潮继续推动全球化的发展。在这样的时代背景下，加强对美公共外交既是一项重大的国家战略，更是一项紧迫的现实任务。

21世纪，中美新型大国关系的实力基础已经发生很大变化，中国的战略主动权越来越大，有研究甚至认为，中国已超越美国成为世界第一大综合国力国。③ 公共外交的开展不仅仅是信息的传播与文化、思想的交流，其背后的深层次动力和支撑力量是一国以经济和军事为基础的硬实力。随着中美硬实力对比的变化，中美关系也进入了一个新的发展阶段，其中一个突出的特征就是两国间战略竞争和战略猜疑的加剧。虽然摩擦不断，但中美两国关系在过去一段时间里仍保持着总体稳定态势，经济上合作进一步加深，两国在维护国际秩序和在第三国合作内涵不断拓展，中美合作大于分歧和竞争。新一任总统特朗普在未来的对华政策上具有很大不确定性，尽管他在竞选期间提出了退出跨太平洋伙伴关系

---

① 迈克尔·曼：《社会权力的来源》，上海人民出版社2014年版，第1—7页。
② 习近平：《坚定不移引领经济全球化进程》，2016年11月23日，光明网（http://money.163.com/16/1123/09/C6I00FDA002580S6.html）（访问时间2016年11月30日）。
③ 胡鞍钢、郑云峰、高宇宁：《对中美综合国力的评估：1990—2013》，《清华大学学报》（哲学社会科学版）2015年第1期，第26—27页。

# 第七章
## 中美关系与公共外交

协定、把中国界定为汇率操控国、对中国商品征收45%的关税等竞选策略，但他执政后的首要目标还是要重振美国经济、提高就业率、加强美国基础设施建设，而这些目标的实现也需要世界的和平稳定以及中国的支持与合作。从整体上看，中美关系的主流仍将是合作共赢，而中美公共外交将为中美关系的发展构建理解和互信的基石。

2017年4月的"习特会"为中美关系奠定了良好发展基调，中美关系总体而言将保持积极乐观的发展态势，但同时面临不可预知的风险与挑战。在"习特会"之前，中美关系似乎正处于一种空前的不确定性之中。"习特会"之后，中美双方在领导人个人关系、两国战略关系、常规工作机制以及核心关键问题四大领域均取得了显著突破。基于中美两国之间巨大的互补性以及领导人之间在性格与政治意愿方面的相似性，"习特会"后的中美关系总体而言将继续保持积极乐观的发展态势。然而，面对日益分裂的美国国内政治环境，特朗普个人的异军突起并不能克服此起彼伏的国内政治风波及其对中美关系所带来的负面效应，这也意味着未来的中美关系仍将面临诸多不可预知的风险与挑战。这种不确定性主要来自美国国内各派政治势力、工商界、智库以及社会舆论的基本面。

中国对美公共外交面临的公众舆论主要分为两大类，一是以美国智库、媒体、利益集团等为代表的精英舆论，二是普通公众舆论。卡内基国际和平基金会和中国战略文化促进会共同发表的一份舆情分析报告显示，第一，中国精英和普通民众并未将美国视为敌人，而美国精英和普通民众也并不把中国视为美国的主要安全威胁；第二，中美精英及普通民众重视合作甚于竞争；第三，两国精英都将经济领域看作两国最具潜力的合作领域，美国公众更关心美国债务、就业岗位向中国转移、与中国的贸易赤字等问题。[①]

---

① 罗援、刘向东、史文、杜睿清：《中美安全关注调查——对方眼中的我》（http://carnegieendowment.org/files/us_china_security_perceptions_report_CHINESE1.pdf）（访问时间2016年12月27日）。

从精英舆论的角度来看，自 2015 年以来，美国精英舆论界围绕对华政策展开大辩论，这场辩论中既有积极的声音，也有唱衰中国的论调，概括而言主要分为"适应""遏制""全球合作"三派观点，其中"全球合作"舆论占据主流。主张"适应"观点的学者认为，中国影响力的提升不可避免，这是美国应接受的结果。支持"遏制"政策的专家认为，美国和中国在地区甚至全球利益上存在根本矛盾，呼吁美国动员政治、军事及经济力量来阻止中国成为地区首要力量。持有"全球合作"观点的专家则指出，"适应"和"遏制"政策均有合理之处，但激进地、单独地运用其中任一手腕均不恰当，都会威胁美国重要利益，"全球合作"政策更为明智，应寻求中国能够在支持全球体系方面发挥更大作用的议题。① 但特朗普当选美国新一任总统，其本人和政策幕僚更多持有的是对华"遏制"的强硬论调。这样的精英舆论态势对中美公共外交提出了严峻的挑战。

从普通公众舆论的角度来看，根据芝加哥全球事务委员会的调查，美国民众对美中双边关系的重要性认知度很高，有 88% 的人将美中关系定义为"重要"，这其中又有 50% 以上的人认为美中关系"至关重要"。② 这对中美公共外交的开展提供了一定的民意基础。盖洛普在 2016 年 2 月发布的调查显示，尽管中国经济增速放缓，但更多的美国人相信中国是世界上的主导经济体而不是美国。50% 的美国人认为中国是当今世界的超级经济体。③ 2015 年 6 月，美国智库皮尤研究中心所做的民意

---

① Jeffrey Bader, A Framework for U. S. Policy toward China, *Brookings Institution*, 2016. https: //www. brookings. edu/research/a – framework – for – u – s – policy – toward – china/（访问时间 2016 年 10 月 20 日）。

② Karl Friedhoff, Dina Smeltz, Americans View Relations with China as Important Despite Some Mistrust, *Chicago Council on Global Affairs*, September 22, 2015, https: //www. thechicagocouncil. org/publication/americans – view – relations – china – important – despite – some – mistrust（访问时间 2016 年 10 月 20 日）。

③ Lydia Saad, Americans See China as Top Economy Now, but U. S. in Future, *Gallup. com*, February 22, 2016. http: //www. gallup. com/poll/189347/americans – china – top – economy – future. aspx? g_ source = Americans% 20opinion% 20of% 20CHina&g_ medium = search&g_ campaign = tiles（访问时间 2016 年 10 月 20 日）。

调查显示,总体而言,美国和中国公众对彼此的好感度都不是很高,但两国青年人对彼此国家持有的好感度普遍高于中老年人。数据显示,18—29岁的美国人对中国的好感度为55%,50岁以上的美国人仅为27%,中国的情况也是类似。① 这就表明美国普通公众对美中关系重要性的认知、对中国经济强大的认可与对中国的好感度并不成正比。整体而言,中国对美公共外交面临的舆论态势比较复杂,美国精英舆论和普通公众舆论对中国的认知存在着很大的转换与提升的空间。

**特朗普"推特治国"舆论传播特点分析**

据《2017年全球数字报告》数据分析显示,全球使用各种社交网络的总用户规模为30.28亿人,全世界使用社交媒体的人口已经接近一半。② 社交媒体对社会网络的形成与变化过程有着巨大的影响力,它能够在短时间内集聚庞大的民意信息。如果说美国前总统奥巴马是"互联网总统",那么现任总统特朗普就是名副其实的"推特总统"。推特不仅帮助特朗普赢得了总统大选,正式就任总统后,其"推特治国"一次又一次地激起国内外舆论场的波澜,显示出他对社交媒体舆论具有一定的引导力和控制力。特朗普在推特上不断发表涉华言论,对中美舆论界和中美关系产生了重要影响,表明推特已经成为他对华公共外交的重要媒介。但是与此同时,对于特朗普的"推特治国",也有不少负面的评价。截止到目前,特朗普已经拥有4100多万的推特粉丝,领衔各国领导人推特账户粉丝人数榜首。

为了准确把握特朗普的"推特治国"舆论传播特点及对中美关系和

---

① Richard Wike, Six Facts about how Americans and Chinese see each other, *Pew Research Center*, March 31 2016, http://www.pewresearch.org/fact-tank/2016/03/30/6-facts-about-how-americans-and-chinese-see-each-other/(访问时间2017年10月20日)。

② 参见《2017年全球数字报告》内容,2017年8月19日,199IT网(http://www.199it.com/archives/624401.html)。

公共外交的影响，我们采用内容分析和话语分析结合的方法，以特朗普上任后的推特文本为研究对象，从宏观上分析特朗普"推特治国"的舆论传播特点；从微观上分析特朗普涉华言论舆情特点。基于以上两个研究目标，抽样的样本也划分为两类。考虑到样本的完整性和代表性，第一类选取特朗普就任总统后（2017年1月21日—2017年9月30日）转发量超过1万的1577条推文作为样本。第二类选取特朗普从就任总统到完成访华后（2017年1月21日—2017年11月15日）期间的全部36条涉华推文作为样本。第一类样本，聚焦特朗普推文的发布数量与时机、议题类型、互动技巧等进行内容分析，对其语言风格进行话语分析。第二类样本，聚焦特朗普涉华推文的发布数量和议题类型等进行内容分析，对其语言风格进行话语分析，同时从时间维度上进行纵向比较，从中把握特朗普对华态度和中美关系的变化与发展。对于这些推特文本，从发布数量与时机、议题类型、语言风格和互动技巧等多个维度进行了分析，其舆论传播呈现出以下特点：

第一，高频度传递信息，占据舆论场焦点。安德鲁·史蒂芬等人曾通过研究社交媒体发表数量与影响力之间的关系发现，在关注者数量相同的条件下，发表频率高的人比发表频率低的人可以多出50%转载量和影响力。[1] 据统计结果，特朗普从上任之初到2017年9月30日共发布了1577条转发量超过1万的推文，这意味着他每天至少发出6条具有较强传播力的推文，比一般的推特活跃用户多出一倍。特朗普正是通过这种高频度、高密度的信息传递方式，在同主流媒体的对抗中始终占据着舆论场的焦点。现代社会已经进入高度信息化时代，公众不仅疲于应付来自电视、报纸、杂志等传统媒体的巨量信息，更难以招架社交媒体上实时更新、稍纵即逝的海量信息。面对稀缺的公众注意力，特朗普持续地

---

[1] Andrew Stephen, Yaniv Dover, Lev Muchnik and Jacob Goldenberg, "Pump It Out! The Effect of Transmitter Activity on Content Propagation in Social Media", *Said Business School Research Papers*, No. 1, 2017, pp. 14–16.

发布信息使得信息触达公众的可能性最大化。另外，由于社交媒体信息的易获取性，公众对于信息的个性化需求也愈加强烈，依据不同的兴趣和动机来主动获取不同的信息。特朗普密集地发布信息能够保证他覆盖到足够公众所关心的事件和话题，使得不同群体的信息需求都得到满足，从而将他们培养成"忠实粉丝"。2016年一项针对特朗普推特粉丝的民调显示，高达92%的特朗普粉丝几乎不看《纽约时报》或美国有线电视新闻网络（CNN）等主流媒体的报道，即便偶尔看看也不相信，他们更愿意从推特上获取资讯。①

除了保持足够的发布数量之外，特朗普还巧妙地选择了发布时机。随着媒介生态环境的改变，公众越发倾向于碎片化、个性化的信息获取方式，因此难以对特定媒体保持较高的依赖感和忠诚度，这加大了媒体占据舆论场焦点的难度。特朗普通过高频度和巧时机的信息传递方式，主动制造各种适合讨论的话题同时迎合受众的信息获取习惯，在同主流媒体的博弈中立于不败之地。从发布时间来看，特朗普在早晨5点到8点的发布频率最高，在上午和下午的发布频率有所降低。这正好契合了美国人使用社交媒体的习惯。特朗普在早上抛出话题后，往往在随后的时间里继续跟进，从而持续吸引着公众注意力。比如9月20日，特朗普在早晨5点9分发布推文批评奥巴马医改，并赞美共和党的格雷厄姆—卡西迪（Graham-Cassidy）医改议案，又分别在下午4点和6点的时段发布推文力挺其医改议案。

第二，主动设置舆论议程，引导舆论走向。特朗普通过发布推特直接设置公众和传统媒体的舆论议题、引导舆论走向。在推特上，特朗普无论是对立场相同媒体的引述，还是对立场相反媒体的批评，都吸引了传统主流媒体的大量关注和报道，使得其议程设置力从社交媒体延伸到

---

① 吴旭：《特朗普的"推特外交"：中国对外传播面临的新挑战》，《对外传播》2017年第2期，第56—57页。

传统主流媒体，并通过这些传统主流媒体的舆论扩散进一步扩大了舆论影响力。正如原卫报网站主编艾米丽·比尔（Emily Bill）所言，特朗普使用推特的行为"更像是一个有竞争力的、大声的、深谙数字化应用的民粹主义媒体机构的行为"①。

根据议题分布的统计结果，1577条推文中，社会事务议题603条，约占比38%；政治议题393条，约占比25%；外交事务议题276条，约占比18%；经济议题158条，约占比10%；家庭与其他议题147条，约占比9%。占比最重的分别是社会事务、政治和外交事务等议题。社会事务议题主要包括医改税收等社会政策、灾情事故、媒体形象、节日活动等，而政治议题主要包括总统行程、政党活动及官员情况等。外交事务议题中，特朗普提及俄罗斯46次，包括俄罗斯干涉内政事件、望俄罗斯加强对伊斯兰国（ISIS）打击等；提及朝鲜28次，主要批评金正恩和朝鲜核问题；提及中国22次，主要涉及朝鲜问题和经贸问题。经济议题中包括国内生产总值（GDP）、就业、股市和制造业等。

通过对议题的分析，可以看出：首先，特朗普在议题设置方面着重突出美国国内议题。相比他在竞选阶段屡次对其他国家"指手画脚"，特朗普在就任之后更加关心美国自身的问题，积极宣传"美国优先"和"让美国重新伟大"的执政理念。其次，特朗普还通过重复传递同一种信息，同时引述其他意见领袖的话语来加强自己的舆论引导能力。比如经济议题方面，特朗普不仅持续地从国内生产总值（GDP）、就业、股市和制造业等不同角度来传递美国经济良好发展的信息，还引用过诸如彭博社"消费者信心达到16年来最高峰"的消息。针对某些传统媒体很少报道美国经济良好形势的情况，特朗普在推特上公开批评媒体故意忽略事实，从而削弱传统媒体的议程设置能力。皮尤中心最近的调查显示，

---

① 田智辉：《特朗普社交媒体策略及沟通技巧》，2017年3月3日，正角评论网（https://cn.ippreview.com/index.php/Index/index.html）。

将近60%的美国人认为国内的经济形势良好，同时就业情况显著改善。而当特朗普声称巴黎协议会破坏美国的经济时，大多数民众也表示认同。①

第三，引发受众情感共鸣，提升舆论传播效果。推特等社交媒体上每天流通着数以亿计的内容，只有少部分内容能够引发关注，而大多数的内容只能"石沉大海"。在推特上，只有引发受众情感共鸣的内容才能真正得到关注。富有传播力的推文往往具有情感驱动的特征。有学者指出"当代政治心理学普遍认为情感是影响人类政治行为的重要因素"②。特朗普的推文内容不仅简单易懂而且情感强烈，生动而全面地展现了鲜明的政治形象，从而有效调动和激活受众情绪，提升了舆论传播效果。

在1577条推文中，没有明显情感态度倾向的推文仅有662条，而具备明显情感倾向的推文有915条，其中积极正面情绪的内容占433条，消极负面情绪的内容占482条。特朗普往往使用带有情感色彩的词汇和标点符号来表达自己的情绪，简单易懂、情感强烈，将自己塑造成同传统建制派对立并为普通民众发声的总统形象，进而拉近同民众的心理距离，赢得更多人的认同与支持。在词汇使用上，特朗普大量使用极好的（great）、荣誉（honor）等正面词汇来赞美同自己立场相同的官员、媒体和意见领袖等，并经常使用冠以虚假的（fake）、失败的（failing）等负面词汇来批评主流媒体、希拉里和民主党等，有时会使用最糟糕的（worst）等最高级形式来加强情绪表达。比如特朗普曾经攻击《纽约时报》和美国有线电视新闻网络（CNN）等多家主流媒体为"全美人民的敌人"（the enemy of the American people），无形之中将同自己对立的媒体

---

① 沈荟、潘霁：《总统、新闻界与议程设置理论——佛罗里达大学新闻系 Wayne Wanta 教授学术对话录》，《新闻记者》2017年第7期，第12—18页。
② 李猛：《从说服选民到塑造选民——特朗普"推特选举"的政治心理基础》，《国际论坛》2017年第4期，第67—73页。

划分到与普通民众对立的精英阶层中，从而强化了自己为美国人民进行抗争的新时代总统形象。在标点符号使用上，特朗普常使用井号（#）为自己的政策理念摇旗呐喊，比如#使美国重新伟大#（Make American Great again），还使用诸如省略号（……）、问号（？）等符号来渲染情绪。

第四，谨慎互动与对话，加强舆论控制力。社交媒体环境下，信息传播更加注重受众的反馈和参与，从"发送—接收"的单向信息传递转向对话和分享的互动过程，在信息传播互动性、双向性的基础上，实现对目标受众的有效舆论影响。但是，通过对特朗普推文的研究发现，他在使用推特与受众进行互动与对话方面非常谨慎和克制。从表象来看，这种不符合社交媒体传播特点的做法，不利于实现舆论影响。但是，从深层次角度分析，特朗普这种谨慎互动和对话的方式，恰好帮助他实现了有效的舆论控制。

具体而言：首先，同他4100多万的粉丝数量和36多万条的庞大推文数量相比，特朗普目前在推特上只关注了45个账户。而推特粉丝不及特朗普一半的希拉里，关注账户已经高达768个。其次，特朗普的推文虽然喜欢使用艾特（@）功能，但是他对艾特（@）对象的选择也非常谨慎。他在使用此功能的时候一般都是赞美性的言论，比如在飓风救灾期间经常艾特（@）一些参与救援的组织或团队表示感谢和慰问，还会艾特（@）一些政府工作人员对其工作表示肯定和鼓励。另外虽然特朗普经常抨击希拉里和《纽约时报》《华盛顿邮报》等媒体，但除了少数几次使用艾特（@）功能外，他基本只是带上名字而已。由于福克斯新闻网的政治立场与特朗普相近，特朗普对该媒体旗下推特账号的艾特（@）频率要高得多。比如他在8月1日就曾艾特福克斯一档早间新闻节目（@fox and friends）感谢其主持人发表的"美国企业正在前所未有地蓬勃发展"言论。另外在转发方面，特朗普也仅仅只是带有目的地转发一些媒体或意见领袖的话语来强调自己的政策与政绩。从以上分析可以看出，特朗普在关注、艾特（@）和转发其他账号的选择上都保持了克

第七章
中美关系与公共外交

制,仅仅选择那些有利于自己政治立场的账号进行互动,而且几乎没有任何与公众的互动。有数字策略专家甚至认为,特朗普使用推特的首要目的是公开发布自己的消息,而不是进行互动和对话。[1]

特朗普这种在推特上的谨慎互动,从某种意义上恰好帮助他实现了有效的舆论控制。一方面,特朗普谨慎选择那些同自己立场相近的人或组织进行互动,不仅借他人之力宣传了自己的政治理念,更通过正面的反馈激励他们更好地为自己服务,并形成良好的舆论控制。20世纪之初有学者提出反馈效应理论,认为"相对于负面反馈,正面的激励显得更加有效"[2]。另一方面,由于公众数量庞大而且呈现异质化特征,政府管理层面与普通民众层面之间的互动与反馈往往难以实现,许多政治学者认为"没必要对选民的真实需求做出实时的反馈,其实只需要使选民'感觉到'政府在始终关注其需求就行"[3]。特朗普在推特上较少地选择同公众直接进行互动,而是通过简短的语言模式和鲜明的语言风格对受众心理进行迎合和塑造,使受众感受到亲近平等从而自发地为特朗普进行免费宣传。通过这种谨慎互动和对话方式,特朗普从公众那里不断地获取着认同与支持,最终实现对舆论强有力的控制。

第五,塑造攻击型总统形象,加剧了舆论分裂。在竞选阶段,面对民粹主义与精英主义的冲突,特朗普巧妙地以各种观点极化、言辞激烈的推特内容挑战传统社会精英恪守的政治正确性。特朗普这种斗争型的舆论传播风格让他争夺下几个关键摇摆州的选票而爆冷获胜,虽然成效有目共睹,却也造成了几十年来美国"最丑陋、最分裂的选举"[4]。自就

---

[1] 袁丽品:《特朗普是这样玩转推特的》,2016年5月13日,界面网(http://www.jiemian.com/article/642499.html)。

[2] Elizabeth Hurlock, "An Evaluation of Certain Incentives Used in School Work", *Journal of Educational Psychology*, No. 3, 1925, pp. 145–159.

[3] 李猛:《从说服选民到塑造选民——特朗普"推特选举"的政治心理基础》,《国际论坛》2017年第4期,第67—73页。

[4] 徐建梅:《社交媒体"捧红"特朗普的隐忧》,2016年11月4日,新华网(http://news.xinhuanet.com/comments/2016-11/04/c_1119847307.htm)。

任总统后,"尝到甜头"的特朗普仍然通过推特频繁地发动言论攻击回应各种质疑与批评,这使得他反对传统精英和既得利益者的总统形象深入人心,但同时也加剧了美国的舆论分裂。

由于对传统媒体缺乏信任,特朗普极少召开新闻发布会或接受媒体采访回应质疑,而是在推特上亲自挑起争端,牵涉到政治界、媒体界、娱乐界等多个领域。比如,由于解除联邦调查局局长柯米的职务,特朗普深陷"通俄门"而备受压力,于是发推文反击称"这是美国历史上对政治家最大的政治迫害"(@realDonaldTrump,5月18日)。此外,面对媒体的指责,特朗普也正面攻击"我听说收视率非常差的《早安,乔》说我坏话"(@realDonaldTrump,6月29日)。特朗普此番言论立刻引发了舆论界的热烈讨论,美国媒体更是抨击特朗普的行径无法让人接受。白宫历来都有邀请美国职篮(NBA)在内的美国职业运动年度冠军队伍的传统,但球星库里却表示不会接受特朗普的邀请。在库里发言不到24小时内,特朗普就发推"造访白宫被视为对一支冠军球队的巨大荣耀。但史蒂芬·库里犹豫了,所以白宫会取消邀请"(@realDonaldTrump,9月23日)。特朗普取消对该球队的邀请,引发了美国众多现役和在役球星的不满。

由此看出,相较于以往在社交媒体上内容规避争议且风格温和亲切的美国政客,特朗普不断发表争议性言论,强化了新时代斗争型领袖的形象,为其吸引了大量的忠实拥护者,但由此造成的反对的声音也不绝于耳。对此,有学者指出,如今美国传播界非常突出的特点就是,新媒体眼中特朗普的形象偏正面,而传统媒体眼中特朗普的形象却偏负面,甚至有时还出现两个极端。[1] 另外,美国广播公司新闻网(ABC News)和《华盛顿邮报》最新发布的一项民意调查结果也显示,67%的美国人不赞成特朗普使用推特。68%的美国人认为他发表的推文内容与其总统

---

[1] 胡文涛、林煜豪:《从特朗普现象看媒体塑造政治人物形象之异同》,《当代世界》2017年第9期,第72—75页。

第七章
中美关系与公共外交

身份不相称。①

**特朗普"推特治国"涉华言论舆情分析**

鉴于特朗普在社交媒体上的巨大影响力，他在推特上的涉华言论多次在国际上引发动荡，直接影响了中美关系的走向。选取特朗普从2017年1月21日正式就任总统到2017年11月15日访华结束这段时间他发布的涉华推文进行研究显示，2017年1月21日至11月15日，特朗普共发布了37条涉华推文。以这37条推文为样本，从发布数量、议题类型和语言风格等方面进行探究，并重点关注中美元首前后三次会晤的关键时期进行纵向比较。研究发现，特朗普"推特治国"的涉华言论呈现出以下舆情特点：

第一，高度关注中国，积极对华传播。自上任以后，特朗普在推特上关于外交事务方面的言论已经明显减少，但截止到目前仍然提及中国多达37次，仅次于俄罗斯和朝鲜。俄罗斯和朝鲜则分别因为被疑"干涉美国内政"和核问题等特殊事件而成为特朗普推特中的"常客"。从推文数量上来看，特朗普对中国展现出了高度关注，并积极对华传播，从而为建设良好的中美关系奠定舆论基础。特朗普上任不到一年就先后同中国主席习近平会晤三次，包括4月佛罗里达海湖庄园会谈、7月德国汉堡G20峰会和11月特朗普首次访华，这在美国历史上绝无仅有。纵观这三个关键时期的推文，特朗普前两次都只是在会晤期当天发布会谈言论，但是在10月25日就发推文提前预告访华之旅，并且先后12次发布有关访华之旅的内容。在推文中对中国领导人和中国文化多次进行感谢和赞美，在推特上分享自己访华的照片。比如他在11月8日曾发布两国元首故宫合影图片并配文"非常期待明天和习主席以及我们代表团的会

---

① 《民意调查显示大多数美国人希望特朗普停止使用Twitter》，2017年7月18日，新浪科技（http://tech.sina.com.cn/roll/2017-07-18/doc-ifyiaewh9532894.shtml）。

议。感谢这么美丽和热情的中国,我和我的夫人将难以忘怀"(@realDonaldTrump,11月8日)。

第二,议题高度聚焦,加深了对华舆论的不安心理与刻板印象。对特朗普上任后的37条涉华推文进行议题分类,研究发现其涉华议题呈现高度集中的特征。特朗普在涉华推文中有19条提及朝鲜问题,13条提及中美经济贸易问题(其中6条推文同时提及朝鲜和经贸问题),3条是关于访华行程的期待,3条对中国及习主席的招待与欢迎表示感谢,3条推文提及中美两国或领导人的关系与友谊。随着中国的逐步崛起,近年来"中国威胁论"在美国舆论界占据着很大市场。皮尤中心民调显示,有52%的美国人认为中国对美国构成经济威胁,并且大部分美国民众对中国持有巨额美国国债表示担忧。① 由于特朗普在社交媒体上强大的议程设置能力和舆论主导能力,特朗普推文对朝鲜和经贸问题的集中关注,直接影响了美国舆论界对华舆论的议题焦点,进一步加深了美国民众对于中国崛起的不安心理和刻板印象。

另外,从推文中可以发现,虽然特朗普涉华议题的高度聚集加剧了美国舆论界对华刻板印象,但是他在上任后发布的推特中有意避开了南海问题、台湾问题等敏感话题,无意正面挑战中国的底线。另外,纵观特朗普三次中美元首会晤的推文,特朗普在朝鲜问题和经贸问题上的对华立场已经从怀疑、对立到理解、合作。在朝鲜问题方面,特朗普在上任之初指责"朝鲜玩弄美国多年,中国却从不帮忙"(@realDonaldTrump,3月17日),而11月访华期间,特朗普主动表示"我和习主席在贸易和朝鲜问题方面取得卓有成效的成果"(@realDonaldTrump,11月9日)。在经贸方面,特朗普在海湖庄园会谈时称"只有时间会知道中美贸易关系会怎么样"(@realDonaldTrump,4月8日),11月访华期

---

① 《"习特会"前美国民众对中国好感度上升》,2017年4月5日,侨报网(http://news.uschinapress.com/2017/0405/1101134.shtml)。

间发推文"我不责怪中国,我责怪的是美国前几任管理者允许中国通过贸易让美国损失了巨大的财富"(@ realDonaldTrump,11月9日)。

第三,对华态度呈逐步积极态势,影响美民众对华舆论。特朗普作为美国总统,其涉华言论和态度是衡量美国对华政策走向的一个重要风向标。据统计结果,特朗普自上任后的涉华推文在态度上整体以正面为主,在访华期间释放出对华示好的强烈信息。在37条涉华推文中,高达21条推文对中国表现出正面和积极的态度,11条推文无明显情感态度,仅有5条推文流露出负面态度。

回顾特朗普在竞选时期的涉华推文,无论是在汇率、贸易、南海问题上对中国的指责还是对一个中国原则的挑战,均透露出强烈的负面态度。这导致不少学者一度认为当特朗普正式就任后中美关系会走向濒危边缘。然而特朗普上任后的涉华推文却大相径庭,不仅正面推文居多,连负面推文用词也更为温和。分析中美元首三次会晤时期的特朗普推文发现,其对华态度积极转变的趋势更为明显。4月海湖庄园会晤期间,特朗普发布推文欢迎习近平主席夫妇访美,并认为巨大的友谊将会形成,但是对中美贸易问题仍然存疑。7月G20峰会期间,特朗普发推文表示与中国习主席在中美贸易和朝鲜问题方面交谈非常顺利。11月访华期间连续发布9条推文对习近平主席和中国大加赞赏。特朗普甚至还一度将自己的推特账号的封面背景图也换成了两国元首在故宫的合影照片。特朗普这三个时期推文对华态度呈现出从期待但存疑到肯定再到主动示好的发展态势。特朗普对华态度的转变对美国舆论界也产生了积极影响,美国民众对华好感度整体有所上升。2017年皮尤研究中心民调显示,44%的美国人对中国持有好感,相比去年上升了7%,而对中国持负面看法的为47%,相较2015年下降了8%。[①]

---

① 《"习特会"前美国民众对中国好感度上升》,2017年4月5日,侨报网(http://news.uschinapress.com/2017/0405/1101134.shtml)。

与此同时,由于特朗普同美国多数传统主流媒体仍然处于对抗状态,"推特总统"特朗普对华态度的积极转变虽然一定程度上提升了美国公众对华好感度,但是美国传统主流媒体和精英舆论界对华态度依然不容乐观。对特朗普访华期间与中国的良好互动,《纽约时报》认为特朗普对中国太过友善,将世界领导权拱手相让,同时宣扬"中国威胁论"。[①]美国智库界在特朗普访华之后掀起了一场新的对华政策大讨论,在对华政策上呈现出遏制的态势。

## 第五节 提升空间与舆论战略

为了促进中美关系的发展,近年来中国政府采取了一系列措施加强对美公共外交的力度,投入了大量的人力、物力和财力,对中国国际形象和软实力的提升起到了良好的推动作用。美国参议院在2011年2月发表的一份工作报告中指出,中国正扩大其触角,通过文化机构和媒体争取美国民心,而美国在这方面已远远落后。[②]由此可见,中国对美公共外交起到了一定的作用。但不可回避的问题是,由于中美之间在历史文化、意识形态和政治体制方面存在着结构性差异,[③]加之"反全球化"浪潮的作用,中国迫切需要通过适应当前形势的公共外交,塑造和维护和平、合作、发展、共赢的大国外交形象,以确保国家战略和外交政策的顺利实施。

### 加强政府主导下的多元化公共外交

新形势下的对美公共外交面临一系列前所未有的问题,需要顶层设

---

[①] Antony J. Blinken, "Trump Is Ceding Global Leadership to China", *New York Times*, November 8, 2017, https://www.nytimes.com/2017/11/08/opinion/trump-china-xi-jinping.html.

[②] 参见中国新闻网"美报告:公共外交落后中国需多措并举应对挑战"[http://www.chinanews.com/gj/2011/02-14/2841195.shtml(访问时间2016年11月1日)]。

[③] Jae Ho Chung, "Decoding the Evolutionary Path of Chinese Foreign Policy", *East Asia*, Dec. 10, 2010, p. 8.

## 第七章
### 中美关系与公共外交

计和专业团队。中国应该制定《中国对美公共外交战略规划框架》，以此有目的、有序地全面推进对美公共外交。很多西方发达国家前瞻性地通过立法方式，制度化地资助公共外交项目，进行国家形象宣传、输出价值观。从国外经验看，非国家行为体在开展公共外交方面有独特优势，能够发挥政府部门难以替代的作用。在对美公共外交的行动主体中，可以充分依靠和发挥中国官方智库、大学智库、大众传媒以及企业等非国家行为体力量。这并不意味着削弱政府的主导地位，相反，多中心是以政府为主导的多中心。

公共外交是一项系统工程，既需要政府发挥主导作用，又离不开各种社会力量的积极参与。从国外经验看，非国家行为体在开展公共外交方面有着独特优势，能够发挥政府部门难以替代的作用。中国对美公共外交的开展，首先要在行动主体层面进行多元化的拓展，并且要协调好各行动主体之间的关系。在这方面，多中心理论和多轨外交理论为我们提供了有力的理论支撑。多中心理论是关于多元社会中公共事务的治理理论，这个理论的核心在于因地制宜，主张采用分级、分层、分段的多样性制度安排，主张政府、市场和社区间的协调与合作。[①] 多轨外交理论来源于二轨外交，二轨外交是与通常所说的第一轨道（政府外交）相对应的概念，指在存在冲突或争端的组织或者国家之间进行的一种非官方的、非正式的接触和互动。其目的是通过寻找战略方法，影响舆论和组织人力、物力资源从而解决冲突。[②] 美国学者路易斯·戴蒙德和约翰·麦克唐纳将二轨外交发展为多轨外交理论，将众多非国家行为体开

---

[①] 参见埃莉诺·奥斯特罗姆《制度激励与可持续发展》，生活·读书·新知三联书店2000年版。

[②] Joseph Montville, *The Arrow and the Olive Branch: A Case for Track Two Diplomacy*, John W. MacDonald, Jr., and Diane B. Bendamane, eds., *Conflict Resolution: Track Two Diplomacy*, Washington, D. C.: Foreign Service Institute, 1987.

展的缔造和平的活动纳入一个统一体系。① 按照多轨外交理论,公共外交所涵盖的是除了第一轨政府之外的轨道,在此,我们暂且忽略这个理论框架的局限性,毋庸置疑的是,在全球化和信息化的时代背景下,有效的公共外交必须是建立在除政府之外的多轨道、多元化的行动主体之上的。在大多数欧美国家,政府的职责只是负责制定公共外交政策和提供相关的活动经费,大量的公共外交活动实际上是由民间经营的所谓"第三部门"负责具体运作,有的甚至直接委托给宗教团体、公关公司、高等院校、文化协会和各类基金会等组织全权负责。有学者通过一系列的实验和研究对政府组织和非政府组织的公共外交行为进行对比分析,并对其公信力进行测试,分析指出,没有任何一个单独的因素如单一的政府,能够发挥公共外交的作用。非政府组织在日程设立和传播信息方面显得越来越有效力。②

目前,中国对美公共外交主要是以政府为主导,非国家行为体在对美公共外交中发挥的作用还不够大。推进政府主导下的多元化公共外交将是中国拓展对美公共外交空间的重要举措。约瑟夫·奈认为,"开展巧妙的公共外交,需要能很好地理解可信度、自我批评和公民社会在推行软实力过程中所扮演的角色"③。约瑟夫·奈所讲的公民社会正是指非国家行为体的力量。公共外交这一概念的前提即对公众力量的重视,其背后更根本的逻辑是,无论在内政还是外交领域,成熟而有力量的公民社会是对政府的强大制约,而中国的公共外交对象国美国正是一个公民社会无比强大的国家。当中国试图通过公共外交的方式影响美国公民社

---

① Diamond Louise, John McDonald, *Multi-Track Diplomacy: A Systems Approach to Peace*, West Hartford: Kumar Ian Press, 1996.

② Lim, Hyun Ji, Molleda, JuanCarlos, "Who is More Credible? Comparing the Influence of State and Non-State Actors on Public Diplomacy and Communication with Experimental Reseach", Conference Paper, International Communication Association, 2011.

③ Joseph Nye, "Public Diplomacy and Soft Power", *Annals of the American Academy of Political and Social Science*, Vol. 616, 2008.

# 第七章
## 中美关系与公共外交

会对中国的认识和态度时，却常常发现找不到与之对应的社会元素和多元化的行动主体。

从比较的视角，美国的公共外交实践为中国提供了很好的借鉴和参照。尽管学界对于"9·11"之后美国的公共外交战略及其效果褒贬不一，认为只有超越公共外交才能更好地改善美国形象。[①] 但不可否认的是，在全球一体化日趋明显的信息时代，公共外交的作用比过去愈加重要，它可以巩固扩大一个国家的国际影响力，有助于增强一个国家的外交政策在其他国家眼中的合理性和合法性。美国是当今世界推行公共外交最活跃的国家，从第一次世界大战期间，美国第一次设立进行公共外交的机构——公共信息委员会至今，在公共外交的理论研究和实践领域，美国已经形成了一套较为完整、并且随着国际关系的变化不断调整、演变的理论体系和运行机制。虽然美国公共外交行为主体众多、项目分散，其体制和领导机构遵循着总统与国会—国家安全委员会—国务院—美国新闻署—驻外使领馆及各种社会组织的隶属关系，[②] 这其中，美国新闻署一直发挥着重要作用。自1953年艾森豪威尔政府设立美国新闻署，它一直作为专门机构负责管理和实施公共外交。1999年克林顿政府时期，美国新闻署并入到美国国务院后，其所承担的公共外交职责就由国务院来履行。"9·11"事件之后，这些机构和部门都做了相应调整，以适应新的形势发展需要。布什政府于2002年7月和9月成立了"全球传播办公室"和"战略沟通政策协调委员会"。奥巴马政府不仅调动了从国家领导人到普通民众等一切可以利用的国内力量，而且在国外普遍设有国际开发署、公民反应队等以发展和维稳为任务的援助机构。美国多元化的公共外交行为主体中，既包括了智库、媒体、基金会、企业等非国家行为体，又注重使用音乐、电影、图书馆、文化交流项目等多元化的传

---

[①] David Hoffman, "Beyond Public Diplomacy", *Foreign Affairs*, Vol. 81, 2002.
[②] 参见韩方明、赵可金《公共外交概论》，北京大学出版社2010年版。

播形式。

中国对美公共外交的有效开展有赖于在管理机制上进一步理顺，制定统一的战略部署，发挥政府的政策主导力量，充分依靠中国智库、媒体、企业、NGO 等多元化力量，加强对公民社会的培育和支持、鼓励更多的非国家行为体参与到公共外交实践中。在公共外交的开展过程中，政府、智库、企业、大众传媒以及普通公众可以形成多个相互独立的行动体和舆论中心，存在着多元的互动，但目标指向都是塑造良好国家形象、影响美国舆论。多元化公共外交，并不意味着政府主导地位的削弱，相反，多元化是以政府为主导的多中心，开展对美多元化公共外交的前提是政府的有效管理和组织。

**以文化为基础进行公共外交的内容建构**

"软实力"理论认为，一个国家的软实力主要有三个来源：文化、政治价值观以及对外政策。① 在对软实力的分析中，约瑟夫·奈把文化因素置于首位。在后冷战时代，被传统的国际关系理论所忽视的文化因素在国际关系中发挥着举足轻重的作用，而且其作用愈益增强。美国外交史学家弗兰克·宁柯维奇指出，"在 20 世纪，美国几乎所有的政治家都毫无例外地把文化因素视作处理外交事务的重要组成部分，文化在他们决策中起着明显的，常常是决定性的作用"②。中国对美公共外交的开展，在内容建构上可以软实力理论为框架，把文化作为公共外交内容建构的基础和核心。

约瑟夫·约菲曾指出，"美国文化，无论通俗的还是高雅的，都向外散射着只有罗马帝国时代才得以一见的炽热，而且方式新颖迂回，美国

---

① Joseph Nye, *Soft Power : The Means to Success in World Politics*, New York : Public Affairs, 2004.

② Frank Ninkovich, *Culture in U. S. Foreign Policy since* 1900, New York: Praeger Publishers, 1990.

# 第七章
## 中美关系与公共外交

的软实力才真正造就了一个日不落帝国"①。文化因素在美国公共外交中主要通过各种信息传播活动和文化交流发挥出"润物细无声"的作用。"在美国人看来,新闻、广播、图书、出版、电影、电视、音乐、舞蹈、戏剧、文学、美术、教育、体育、卫生与科学技术等等都是向各国进行'思想战'的可被利用的'兵种'。"②信息活动主要通过广播、电视、电影、报纸、书刊和互联网等各种媒介在全球范围内产生影响力。文化交流活动主要包括富布莱特项目、国际访问者项目、国际青年访问项目、人才交流项目、建立美国中心、语言培训、展览等。在美国通过运用文化的力量进行公共外交的过程中,尤为值得一提的是好莱坞电影和富布莱特项目。从一战、二战直至苏联解体,好莱坞在美国的公共外交中扮演了至关重要的角色,好莱坞电影占据着世界电影市场的垄断地位,影响着全球观众的思想观念和审美品位。电影以镜头作为基本的语言单位,统摄于主创者的理念、信仰、审美取向,进行自如的时空转换这一独特的蒙太奇方法以及视听觉表现手法,在传播意识形态方面比其他文化产品更具优势。从战争期间带有明显宣传色彩和意识形态的电影到现在风靡全球的好莱坞大片,美国电影在意识形态、艺术价值、商业价值三方面实现了高度统一。好莱坞电影在全世界播放的同时,塑造了全球公众的视觉思维和听觉类型,定位了他们的价值取向和审美趣味,乃至重新整合了他们的历史记忆和文化认同。③而创始于1948年的富布莱特项目则是迄今世界上活动规模最大、涉及人数最多的国际文化交流项目,这个项目主要用来资助美国和世界各国的学生、专家学者等出国或到美国进行学习、访问和研究。这些受到资助的人往往成为本国的学术精英或

---

① 约瑟夫·奈、王缉思:《中国软实力的兴起及其对美国的影响》,《国际关系理论》2009年第6期,第7—8页。
② 钟亚平:《从"超越遏制战略"看全球化的本质》,《哲学研究》1999年第2期,第19—20页。
③ 雷基斯·迪布瓦:《好莱坞——电影与意识形态》,商务印书馆2014年版,第4—5页。

政府要员。① 通过这些文化交流活动，美国在全世界培育了一批对美国的价值观与外交政策持有积极态度的精英群体。

反观中国对美公共外交，近年来我们在信息传播和文化交流上投入了很大资源，也取得了一定成效。但是我们还缺乏像好莱坞电影和富布莱特项目这些的核心文化产品。据有关研究显示，40.6%的美国人认为中国有非常丰富的文化遗产，但是72.5%的美国人认为中国没有非常吸引人的流行文化。② 具体来讲，中国可以把电影和孔子学院作为着力点，充分运用好电影这种具有普适性的艺术语言，发挥好孔子学院的文化传播力量，淡化政府的意识形态色彩，使自己的公共外交工具更具功效。

目前，中国电影能够在中美公共外交中发挥作用主要通过国际电影节获奖和在海外院线上映两种渠道。从整体上来看，这些进入国际视野的中国电影，或是表现相对压抑的社会背景下个体情感和人性，或是表现大历史背景下小人物的悲剧，更多地表现了中国社会在某些时期的秩序混乱、贫富悬殊、阶层对立，影片中所体现的中国民俗和中国元素更多是带有一定的猎奇和夸张。中国电影在国际舞台上的传播并没有对我国的国家形象产生正面的构建作用，对中国的核心价值观和当代文化呈现明显不足。

孔子学院是中国进行文化公共外交的一项壮举，美国是全美洲甚至是全球孔子学院和孔子课堂的设立重镇，截至2015年12月1日，在美国共设立孔子学院109所，孔子课堂348所，分别占全球孔子学院的21.8%，孔子课堂的34.8%。③ 孔子学院在全美的地域分布和战略布局为中国对美公共外交的开展提供了很好的平台，但近年来却遭遇了一系

---

① 参见美国大使馆（中国）主页："中美富布莱特项目介绍"（http：//chinese. usembassy - china. org. cn/fulbright_ about. html）（访问时间2015年4月7日）。

② 吴晓萍：《中国形象的提升：来自孔子学院教学的启示——基于麻省大学波士顿分校和布莱恩特大学孔子学院问卷的实证分析》，《外交评论》2011年第1期，第94—96页。

③ 数据来源于孔子学院总部/国家汉办网站（http：//www. hanban. edu. cn/confuciousinstitutes/node_ 10961. htm）（访问时间2016年9月1日）。

列来自美国战略界的强烈质疑，认为孔子学院是一个文化入侵机构、政府的政治宣传工具。有美国学者更是将孔子学院比喻为"特洛伊木马"，认为孔子学院外表温和宽厚的形象实际上包含了政治野心。① 究其原因，除了中美两国意识形态的结构性问题、孔子学院自身的定位官方色彩过于浓厚之外，孔子学院本身的文化符号及其流于表面化、肤浅化的文化交流活动是最大的原因。孔子形象相对于德国的歌德、西班牙的塞万提斯来说，并非完全符合西方价值观念。孔子所代表的儒家文化思想在美国被视为一种具有宗教色彩的文化形态。某些西方媒体认为孔子控制着中国人的思维，造就了保守的国民性格，导致了中美社会发展的鸿沟。② 事实上，儒家思想有两种不同的形态，一是作为官方意识形态的儒家文化，另一个是作为理念形态的儒家文化。③ 这一点需要孔子学院在美国、乃至全球的文化外交中首先要阐释清楚，应在此基础上对孔子学院进行全面改革和品牌塑造，将其打造成为一个中国对美公共外交的主要工具。

无论是中国电影、孔子学院还是其他的文化产品或者文化沟通载体，中国对美公共外交中，一方面要深入挖掘研究中国文化更深层次的思想内涵，讲清其历史渊源和存在合理性，另一方面要为传统文化赋予时代内涵，加强文化创新。要使得传统文化与现代文化在国际舞台上都能得到广泛的呈现和传播。这既需要国家层面的制度建设，也需要加强对中国文化内涵的深入研究和明确阐释。

**强化新媒体传播力**

传统媒介的单向度传播使得受众参与感低而距离感强，新媒体的传

---

① James Paradise, "China and International Harmony: The Role of Confucius Institutes in Bolstering Beijing's Soft Power", *Asian Survey*, Vol. 49, No. 4, 2009, pp. 647–669.
② 参见张涛《反文明的文明圣人：排华酝酿时期美国媒体的孔子形象》，《史学集刊》2009年第5期。
③ 汤一介：《评亨廷顿的"文明的冲突"》，《哲学研究》1994年第3期，第17—21页。

播活动具有开放、多元、瞬时、互动、无障碍等传统媒体难以企及的优势，更加注重目标公众的反馈和参与，因此成为表达意见、建立认同和塑造行为的重要媒介。2016年的美国总统大选中，特朗普正是充分利用了新媒体的传播特点和优势，打破了传统的选举定律，在美国主流媒体几乎一边倒支持希拉里的情况下赢得了大选。新媒体时代，民族国家主权在一定程度上被弱化了，一国政府可以利用新媒体将本国的外交决策、文化价值观、意识形态等源源不断地传送到他国，影响其民众的文化根基和意识形态。

美国很早就意识到新媒体在公共外交中的巨大作用，其新媒体公共外交实践几乎是伴随着每一种新媒体形态的出现而同步展开。自"9·11"之后，美国政府一方面紧跟新媒体发展趋势和潮流，使用可供支配的各种新媒体平台建立新型的伙伴关系，包括博客、视频网站、社交网站等。另一方面在全媒体平台上有针对性地进行差异化传播，目前已形成一套以新媒体为依托、以意见领袖为重要工具，日常信息传播和特定事件营销相结合，针对重点对象进行精准新媒体公共外交的模式，对全球传播美国的政治主张和价值观。早在2011年2月15日，美国国务卿希拉里在关于"互联网自由"的演讲中表示，美国国务院将使用阿拉伯语及波斯语发送推特信息，推出中文、俄文的推特账户。[①] 对此，《纽约时报》将社交媒体称为"美国外交箭袋中的一支新箭"[②]，开启了社交媒体公共外交的新议程。美国社会化媒体外交的表现，呈现出"高层重视带头践行、重视与受众的直接交流、全面推行'本土化'战略、推动'互联网自由'政策化、通过活动加强影响"[③] 的形态。美国国务院的

---

① 尹韵公：《中国新媒体发展报告2011》，社会科学文献出版社2011年版，第338页。

② Mark Landler, Brian Stelter, "Washington Taps into a Potent New Force in Diplomacy", *New York Times*, June 16, 2009.

③ 杨建平、赵磊：《美国社会化媒体外交评析》，《国际问题研究》2013年第4期，第128—139页。

## 第七章
### 中美关系与公共外交

"E 外交"、白宫的"Web 2.0 时代"、五角大楼的"网络司令部"三位一体,新媒体公共外交日益成熟。白宫主动与社交媒体建立合作关系,及时公布美国总统的活动信息和政策动态,并与全球网民互动。美国国务院与一些主要的新媒体公司、哥伦比亚大学法学院等建立了基于互联网的全球网络,还建立了由阿拉伯语、波斯语和乌尔都语人才组成的数字外联小组,参与伊斯兰世界的网站及聊天室讨论,为赢得攻心战略而努力。[①] 美国尤其重视通过强化使用互联网现代信息技术和脸书、优突、推特等网络社交平台,积极扩大对外接触面,确保美国政策观点在新媒体对话空间中得到传播。美国驻华大使馆的微博,正是其利用网络平台对华公共外交的经典案例。美国驻华使馆自 2009 年 3 月在新浪和腾讯等平台开设账户,向中国介绍美国的政治、社会发展、中美文化交流和双边外交等情况,根据中国社会热点问题设定议题吸引公众参与讨论,意在传递信息、监测舆情、引导舆论。据统计,从 2010 年 9 月 29 日至 2011 年 9 月 29 日,美国驻华大使馆发布 2185 条微博,平均一天发布 6 条。[②] 这在诸多利用社交媒体开展公共外交的各国驻华使馆中是独一无二的。

中国政府在公共外交的新媒体传播媒介领域可谓投入巨资并已初见成效,外交部官方网站、中国外交论坛都已经成为重要的公共外交通道。我国的新媒体对外传播已形成"6+3"新闻网站(即六大中央级网站和三大地区性网站)的局面。2009 年底,国家网络电视播出机构——中国网络电视台(简称 CNTV)正式开播,开创了以视听互动为核心、融网络特色与电视特色于一体的全球化、多语种、多终端的网络视频公

---

[①] 檀有志:《网络外交——美国公共外交的一件新式武器》,《国际论坛》2010 年第 1 期,第 4—5 页。
[②] 刘祎、朱颖:《美国对华公共外交策略管窥——以"美国驻华大使馆"微博为例》,《新闻记者》2011 年第 12 期,第 33 页。

共服务平台。① 2011 年，外交部新闻司开设新浪微博"外交小灵通"，以轻松、灵活的方式传播中国的外交信息，成为中国公共外交新媒体化的一个重要标志。近年来，一些主流媒体、驻外外交机构在海外社交媒体平台也陆续开设了账号，但大多建立时间不长，发布帖文的频率不高，缺乏主动传播和议程设置意识，从而使社交媒体在中美公共外交中呈现出单向性和不对称性的特点。"复兴路上工作室"自称是一家民间视频组织，自 2015 年 3 月 24 日推出外交宣传片《跟着大大走：博鳌篇》以来，这一制作团队紧接着在 4 月连续推出《跟着大大走：万隆篇》《跟着大大走：巴基斯坦篇》两部作品，2015 年 5 月 5 日上午，国家主席习近平正式访问俄罗斯前夕，复兴路上工作室再度推出《跟着大大走之俄罗斯篇》，之后还有风靡社交网络的《欧美歌手说唱十三五》等作品，在国内的新浪微博、国外社交网站 Facebook、Twitter、YouTube 平台上都取得了不错的点击量。总体来看，中国目前的新媒体公共外交还停留在传统主流媒体网络化的思维层面，未能充分发挥新媒体公共外交的影响力。

在反全球化、反精英的浪潮下，美国普通民众对传统主流媒体普遍缺乏信任，社交媒体正在成为美国的"新主流媒体"，具有巨大的舆论影响力。社交媒体对社会网络形成与变化过程有巨大的影响力，它能够短时间内集聚庞大的民意信息。通过关键词搜索的大数据可以判断出社会风向和公众意向，对信息阅读量的分析可以了解公众对特定事物的关注度，点赞量则能够帮助掌握公众对某一观点的支持度，评论转发量多少反映了舆论的走向。有研究者指出，"推特、脸谱、优图等面向公众的社交媒体服务的出现，再次激起了人们对互联网政治潜力的希望"②。社交媒体的普及使年青一代及社会活跃分子获得了直接表达观点与政治

---

① 王莉丽：《提升国际传播的能力与效果》，《新闻战线》2012 年第 4 期，第 77 页。
② Anderson Larsson, "Bringing It All back Home? Social Media Practices by Swedish Municipalities", *European Journal of Communication*, Vol. 28, No. 6, 2013, pp. 681 – 695.

第七章
中美关系与公共外交

参与的新技术，主流的传统政治生态随之悄然变迁。① 社交媒体庞大的用户基础、广泛的覆盖面、公开的话语环境和丰富的用户体验等，使其左右舆论走向、改变政治媒体生态的潜力为各国的政治精英所看重。在社交媒体的推动下，个人对公共事务的信息创造与消费，因为社交网络的形成而聚合了空前强大的"微力量"，摆脱了当前交易代价相对高昂的公共参与，而可以快捷方便地拥有强大的信息传播力、活动号召力、政治运作力，各国的政治议程正在被社交媒体力量改写。②

在过去的 10 年中，使用社交媒体寻找信息和沟通交流已经成为美国人普遍的社交方式。自 2012 年以来，美国皮尤研究中心通过对 1520 名成年人的社交媒体行为进行调查，发现脸谱仍然是美国最受欢迎的社交平台，79% 的美国成年人在使用脸谱，其他社交平台使用情况分别是推特（24%），Instagram（32%），LinkedIn（29%），Pinterest（31%）。③ Instagram 以一种快速、美妙和有趣的方式将你随时抓拍下的图片分享彼此；Pinterest 以视觉传播为主，注重信息的分类收藏，女性用户占绝大部分；LinkedIn 定位于职业社交，是美国唯一一家男性用户多于女性用户的社交网络；推特的信息以突发新闻为主，特别强调信息的新鲜性，很多用户不管是为了商业营销还是寻找新闻线索都倾向在推特上寻找最新信息源。皮尤研究中心的数据显示，年龄在 18 至 29 岁的美国年轻人中有 2/3 将社交媒体认定为最主要的信息接收工具，即使是"被遗忘的一代"与"婴儿潮一代"，这一比例也分别达到了 50% 和 40%。脸书的月度活跃用户超过 16 亿，推特每月活跃用户数量达到 3.85 亿。④ 在

---

① 王文：《Web 2.0 时代的社交媒体与世界政治》，《外交评论》2011 年第 6 期，第 61—72 页。
② 王文：《微博时代主流意识形态更须有所作为》，《红旗文稿》2011 年第 22 期，第 38—39 页。
③ Shannon Greenwood, Andrew Perrin and Maeve Duggan (2016), *Social Media Update 2016*. Pew Research Center, http://www.pewinternet.org/2016/11/11/social-media-update-2016/.
④ 张天培、丑则静：《美国大选，主流媒体为何错得如此离谱》，《新闻战线》2016 年第 23 期，第 130—131 页。

2016年的美国大选中，皮尤公司2017年1月的一项调查数据显示，FOX News 和 CNN 位列美国选民获取大选信息渠道排名的第一和第二位，居第三位的是社交媒体。① 据统计，2016年9月美国大选第一场电视辩论有数百万人在 Twitter 上进行同步直播观看，在相距几万公里的中国，央视新闻等官方新浪微博账号对辩论进行的实时直播也赢得了数以百万计的点击率。虽然有线电视仍被最多的美国成年人视为最重要的新闻来源，14%的美国成年人认为，社交媒体才是最重要的新闻来源，相比之下只有3%和2%的人分别认为全国性和地方性报纸最重要。报纸在满足人们的新闻需求上，甚至排在了夜间喜剧后面。② 盖洛普和皮尤研究中心的调查都显示，美国民众对主流媒体的信任连年走低，大多数人认为在2016年大选中媒体对特朗普报道过度、偏见过多。

特朗普就任美国总统以来，其"推特治国"一次又一次地激起国内外舆论场的波澜，显示出他对社交媒体舆论已经拥有足够的引导力和控制力。特朗普在推特上不断发表涉华言论，对中美舆论界和中美关系产生了重要影响，表明推特已经成为他对华公共外交的重要媒介。特朗普通过推特主导舆论议题设置，进一步加大了中美舆论逆差。特朗普通过集中设置涉华议题并引导美国对华舆论，从而加剧了美国舆论界对中国的刻板印象。特朗普在推特上持续发布关于朝鲜核问题和中美贸易问题的涉华言论，不仅引发网友集中围观，还引发主流媒体进行报道讨论。这将特朗普的舆论主导能力扩散到更广泛的社会空间，并且引发了美国舆论界对华的抵触甚至敌对心理。另外，特朗普的"推特治国"进一步加重了美国舆论界分化。这对中国而言既是挑战又是机遇。特朗

---

① http://www.journalism.org/2017/01/18/trump-elintonvoters-devided-in-their-main-source-for-election-news/.

② Jeffrey Gottfried, "The 2016 Presidential Campaign—a News Event That's Hard to Miss", *Pew Research Center*, http://www.journalism.org/2016/02/04/the-2016-presidential-campaign-a-news-event-thats-hard-to-miss/.

## 第七章
## 中美关系与公共外交

普与美国诸多主流媒体自竞选以来就"水火不容",他在推特上曾多次公开批评,甚至将部分知名媒体贴上"全美国人民的敌人"的标签。而之前美国历任总统都竭力保持与媒体的良好关系,并将政策理念通过主流媒体向公众进行传播。但特朗普特意利用推特绕开传统主流媒体直接向受众表达观点意见,并且"成功地说服选民相信他比老牌媒体更可信"[①]。

在这样的背景下,中国应把新媒体尤其是社交媒体作为"新主流媒体"进行全面布局和构建,尤其要重视在社交媒体平台上进行有针对性的议程设置和舆论引领。通过大数据技术实时监测美国社交媒体舆情,加强互动并主动设置议题和引导舆论。具体而言:

第一,把新媒体尤其是社交媒体作为"新主流媒体"进行全面布局和构建,重视在社交媒体平台上进行有针对性的议程设置和舆论引领。在反全球化、反精英的浪潮下,美国普通民众对传统主流媒体普遍缺乏信任,社交媒体正在成为美国的"新主流媒体"。特朗普的推特治国更是使得社交媒体具有巨大的舆论影响力。新媒体已经成为中美软实力竞争的重要平台,中国对主要国际社交媒体的访问限制很大程度上是为了防止因跨境信息流动失控而危及政治安全和社会稳定,但客观上也不利于中国通过网络空间拓展软实力。如美国在新媒体公共外交领域的强势地位和进取态势进一步发展,将使中国面临不利的竞争局面[②]。从宏观层面,政府管理部门要运用互联网思维,尊重新媒体传播规律,从"信息控制者"转变为"信息管理者",为中国的新媒体公共外交创造政策空间、提供创新技术支持。在微观层面,政府机构、主流媒体、智库等多元化的公共外交行动主体应全面提升新媒体传播的意识和能力,在新

---

① 《特朗普为何推行"Twitter 外交"》,2016 年 12 月 9 日,FT 中文网(http://www.ftchinese.com/story/001070494)。
② 汪晓风:《社交媒体在美国对华外交中的运用》,《美国研究》2014 年第 1 期,第 57—59 页。

媒体空间形成以政府为主导的多中心舆论传播格局,发挥不同公共外交主体的舆论传播优势。要加强国际社交媒体平台的建设和本土化运作,与美国受众进行双向交流和分享互动。

第二,通过大数据技术实时监测美国社交媒体舆情,加强互动并主动设置议题和引导舆论。中国对美公共外交需要摒弃主观的臆测与判断,避免陷入负面舆情旋涡。因此引进大数据技术对美国网络舆情进行实时监控变得尤为重要,从而实现更为精准的舆情分析。联合国就曾经推出"全球脉动项目,筛查来自推特和脸书等社交网站的数据和文本消息,然后使用自然语言解析软件对网民进行'情绪分析'"①。中国目前主要通过智库、媒体或其他民意调查来了解美国舆情,对社交媒体舆情的研究和分析都有待进一步提升。

**确立对精英群体与普通公众双管齐下的舆论影响机制**

公共外交作为一国外交政策执行机制中外交形态的一种,其作用机制是通过影响他国的公众舆论,来塑造有利于本国发展的国际舆论环境。长期以来,中国公共外交在目标受众的选择上存在一定误区。在全球层面,按照不同国家的经济总量高低,中国公共外交资源投放呈现"重美欧日,轻亚非拉"的格局,在国家层面,又呈现了"重精英,轻草根"的格局。在"反全球化"浪潮和新媒体影响力全面扩展的时代,这种外交思维有必要做出调整。2016年美国大选反映出的美国国内政治中精英舆论与普通公众舆论的差异,为中国对美公共外交的开展提供了启示和新的思路。中国应确立对精英群体与普通公众双管齐下的舆论影响机制。具体而言,一方面要确立以智库为中心的精英舆论影响机制,加强对美智库的公共外交;另一方面要加强对美国普通公众舆论的直接影响力,特别是把青年群体作为影响的重点。

---

① 沈本秋:《大数据与公共外交变革》,《国际问题研究》2015年第1期,第29—42页。

# 第七章
## 中美关系与公共外交

精英舆论导向论认为，任何一个社会在任何时期必然存在一批精英。遍布美国各地的智库就是给精英们提供的一个思考辩论、献计献策的场所。在美国对外关系中，精英舆论的作用尤为显著。① 舆论精英和政策精英虽然人数少，但对专业问题的分析较一般民众更为理性、深入，容易引起政府决策层的重视。精英舆论对大众舆论具有较强的引导性和疏导力。② 托马斯·戴伊在论述"寡头论模式"时指出，智库在政策制定过程中起决定性作用，是制定国家政策的中心协调机构，是制定国家政策的核心。③ 美国社会学家约翰·加尔东按照公众所处社会地位不同进行舆论分层时，把经常能对政策施加影响的智库、大众传媒、利益集团等视为精英舆论的主要构成要素。④ 从舆论学的视角看，美国外交政策的制定过程实际是在一定的"场"中进行的，在"外交政策舆论场"中，美国智库始终居于舆论领袖、舆论生产者与传播者的"舆论聚散核心"地位。⑤ 美国智库是知识精英、舆论精英和政治精英的会聚地，其"中国观"对美国政府乃至整个国际社会的中国舆论都具有重要甚至是决定性的影响。新形势下的中国对美公共外交可以把美国智库，尤其是那些在外交政策上影响较大的涉华智库作为重点对象，一方面对它们的涉华研究专家和研究观点进行跟踪研究，另一方面，在重大外交政策问题上，通过影响这些智库和学者，进而影响美国政府、媒体、利益集团和普通公众。

智库是中美两国关系的报警器、减压器和缓冲带，当前国际局势下，

---

① 袁明：《略论中国在美国的形象：兼议"精英舆论"》，《美国研究》1989年第1期，第41页。
② 唐小松：《中国公共外交的发展及其体系构建》，《现代国际关系》2006年第2期，第46页。
③ Thomas Dye, *Understanding Public Policy*, Prentice Hall, 1998, pp. 2–4.
④ Johan Galtung, "Foreign Policy Opinion as a Function of Social Position", *Journal of Peace Research*, Vol. 1, 1964, pp. 206–208.
⑤ 王莉丽：《旋转门——美国思想库研究》，国家行政学院出版社2011年版，第72—73页。

中美两国智库要加强交流与合作，为中美关系的良性发展提供智力支持，并为中美两国关系可能的危机与冲突提供政策支持，并发挥减压器作用。智库在中美公共外交中承担着重要角色：第一，为中美全方位、多领域的公共外交合作提供政策建议和智力支持；第二，构建全球舆论传播网络，引导舆论走向；第三，搭建高层对话平台，影响各国舆论领袖。基于智库的重要作用，智库咨询与政府决策良性互动机制的建立将直接推进中美关系。在智库公共外交中，智库可以作为政府外交努力的补充，或者当政府不适宜介入时作为替代者，通过组织对敏感问题的对话和对冲突各方提供第三方调停来承担一种积极的外交角色，通过非正式、长期、频繁的交流能够有效加深中美之间的理解，减少误解与误判。

此外，中国对美公共外交还要兼顾好美国普通公众舆论。一直以来学界对普通公众舆论是否对外交政策具有真正的影响力存在观点的分歧，现实主义认为公众舆论是非理性的，缺乏系统和连贯性，因此对美国对外政策的影响十分有限。自由主义则强调外交政策的民意基础，认为美国公众教育水平高，经常参与政治事务，公众舆论是美国政府权力的来源。[①] 2016年英国脱欧和美国大选所体现出来的普通公众的舆论力量，必须让我们重新深刻反思和研究公众舆论在当今国际政治和外交政策中的重要意义。在美国"战略传播与公共外交"政策协调委员会制定的《美国公共外交与战略传播国家战略》中，公共外交对象被设定为三个方面，既包括舆论精英，又包括普通受众，并强调作为"弱势群体"的青年、妇女、少数族裔等群体。[②] 2010年，美国务院确定了开展公共外交的五项优先战略任务，其中第二条提出，"通过美设立的各种公共外

---

① Ole R. Hdsti, *Public Opinion and American Foreign Policy*, The University of Michigan Press, 1996, p. 192.

② Strategic Communication and Public Diplomacy Policy Coordinating Committee, "U. S. National Strategy for Public Diplomacy and Strategic Communication", June 2007, http: //bits. de/NRANEU/others/strategy/natstrat_ strat_ comm. pdf （访问时间2016年10月1日）。

# 第七章
## 中美关系与公共外交

交项目和平台,在保持与各国精英界联系的同时,努力扩大和加强与各国普通民众的关系"[①]。

在中国对美普通公众舆论的影响机制构建中要区分两大类群体:一类是青年群体,这是中美友好关系的未来,要进一步培养他们对中国的认知和好感度;另一类是对华抱有敌意的以美国白人为主的中低收入群体,这是当前乃至未来很长一段时间中国对美公共外交的困难点。根据皮尤中心的调查,从1971年到2015年,美国的中等收入群体的财富明显缩小(从62%降至43%),而经济地位下降最严重的是"没有大学学位的白人"[②]。这些人也往往是极端民意的制造者,他们受到根深蒂固的美国主流价值观的影响,关切自身利益,对中国抱有敌意,同时他们的互联网使用和普及率高。要想完全扭转他们对中国的敌意是极为困难的,但我们也要加强与这一群体的沟通,通过有效的公共外交增强他们对中国的认知和了解,这将有益于进一步阻止特朗普上台执政后右翼民粹主义的激化,防止极端民意绑架政治,为中美关系的缓和争取更多空间。2016年的美国大选反映出了美国精英阶层与普通公众之间在价值观念上出现了巨大的撕裂,很多普通公众对华盛顿建制派和美国精英阶层失去了信任。同样,由于长期以来形成的刻板印象和美国的政治文化传统使然,美国公众对来自于中国政府的信息和声音也缺乏信任。因此,在对美公众的公共外交中,第一,要有意识地淡化政府色彩,让更多的非国家行为体发挥公共外交作用。第二,要进行深入的舆情调研,充分倾听他们的声音,了解他们对中国的认知及背后的原因,在此基础上进行有针对性的公共外交内容和方案设计。第三,无论是作为中美关系未来支撑的青年群体,还是对华抱有敌意的以美国白人为主的中低收入群体,

---

[①] 周文重、王保东:《奥巴马政府的公共外交》,《公共外交季刊》2010年第11期,第44—45页。

[②] 刘瑜:《民粹与民主:论美国政治中的民粹主义》,《探索与争鸣》2016年第10期,第73页。

这两大类公众在媒介使用上的共同特点是对新媒体尤其是社交媒体使用率高且信任度高。为此，可以在美国主要的社交媒体平台上设立账号，实现信息传播和双向沟通的本土化。另外，针对不同的受众群，要注重从内容到形式的吸引力，以受众易于接受的方式讲述中国故事，阐述中国的外交政策和价值观。

新形势下的中国对美公共外交面临很大困难和不确定性，需要通过长期的有目标、有策划的议程设置和舆论互动，潜移默化地影响并改变美国公众的对华认知与态度。可以把目标的设定分为短期、中期和长期：短期目标是通过倾听、交流与对话，提升战略互信，避免因战略误判而导致的中美关系危机；中期目标是提升美国公众对中国的好感度和美誉度；长期目标是通过持续不断的公共外交努力提升国家软实力。

自中美建交以来，美国更迭了6位总统，但每位总统对中美关系的处理方式都非常相似。这6任总统无论在竞选期间主张的对华政策如何，但执政之后都认识到对华关系是美国外交的重要组成部分，与中国保持良好关系有益于稳定和繁荣。从毛泽东到习近平，中国历任领导人对中美关系的重要性也有着相同的认识。中美关系保持了长时间的友好发展，很大程度上归功于中国领导人对两国关系持久的看法和观点。

中国国家主席习近平个性果断，他将实现"中国梦"作为国家使命，要实现国家富强、使中国成为真正的全球大国。对于特朗普当选美国新一届总统，致贺电并表示愿与美国一道努力，"秉持不冲突不对抗、相互尊重、合作共赢"的原则。特朗普也在与习近平进行第一次电话交谈中表示，他认同习近平对于中美双边关系的界定，并表示"两国可以缔结有利于两国未来发展的最强合作关系"①。即便对于候任总统特朗普与蔡英文通电话这样的有违"一个中国"政策的做法，中国的反应也是

---

① Yanzhong Huang, Managing U. S. -China Relations in Uncertain Times, *Council on Foreign Relations*, 2016. http：//blogs. cfr. org/asia/2016/11/30/managing – u – s – china – relations – in – uncertain – times/.

理性和克制的。

  40多年来,中美两国领导人对两国关系的认知在一次次合作、竞争、甚至冲突中逐渐加深。随着中美在各层次、各领域交往的不断深化,两国在新时期对双边关系的定位将会更加全面和理智,中美的巨大合作空间更有益于全球利益和中美两国人民的利益和对幸福生活的诉求。任何大型危机或对抗,需要付出的代价将远远超过两国相互妥协和维稳的付出。中美两国应该把更多的注意力放在合作共赢。中美两国需在动荡与不确定中,尽快推进各领域、各层面的对话与交流,共谋合作与发展。

# 附文　中国公共外交亟须加强
## Strengthen China's Public Diplomacy[①]

China urgently needs to carry out more effective public diplomacy if it is to overcome the misunderstandings, prejudice and suspicions that people in other countries have toward it.

Public diplomacy is an indispensable part of a country's approach to foreign relations as well as an important supplement to its traditional diplomacy. Effective public diplomacy is essential if a nation is to promote its national interests and achieve its foreign policy objectives.

China's present public diplomacy does not match its position in the world and it needs to be improved.

First, more non-State parties should be invited to participate in the nation's public diplomacy. China's interaction with the world should not be just state-to-state and the relations between individual government representatives. Enterprises, the media, non-governmental organizations and individuals also have an important role to play in improving China's public image overseas. Non-State actors even enjoy special advantages in promoting public diplomacy.

Much of the public diplomacy of Western countries is carried out by com-

---

① 此文是笔者2012年6月2日刊发于《中国日报》(*China Daily*)的评论文章。

mercial and civil parties that help create a national "brand" for their country.

In contrast, the Chinese government is still the main player in China's public diplomacy and there is actually a great deal of room for the other participants to play their part. For example, the media, think tanks, enterprises and NGOs can work together to present a pluralistic and positive image of China to the world. This would add to the government's role rather than subtract from it, as it would impose higher requirements on the government to coordinate all the different parties.

Second, the media should play a bigger role in public diplomacy. Successful media performance is part of a nation's soft power. Although China's media have made progress, they still lack awareness of their role in public diplomacy and the necessary expertise to carry out effectively. The United States dominates the opinion market. So Chinese media should draw lessons from the US and be mindful of both the challenges and opportunities in the global arena.

Because of their unique characteristics new media can also help strengthen China's public diplomacy by letting the publics in other countries understand the contradictions that exist in the world's largest developing country.

Third, effective public diplomacy needs to be targeted at its intended audiences. China's public diplomacy does not differentiate its projects to different audience groups. If China cannot apply different strategies to different audiences, the efficiency of its public diplomacy will remain very low.

Influencing opinion leaders is the most efficient way to lead public opinion. So some world famous think tank members from home and abroad should be given a much bigger role to play in future public diplomacy, as their opinions often influence governments, the media, interest groups and the public.

As China's comprehensive national power rises, it needs the world to have a true picture of it in order to create a positive international opinion environment for China's peaceful development and rise. But it will take time to improve the effectiveness of the nation's public diplomacy. China should improve its media and increase its input into the media to produce content for the international market that furthers its public diplomacy.

# 参考文献

**中文文献**

1. 北京太平洋国际战略研究所课题组：《领袖的外脑：世界著名思想库》，中国社会科学出版社2000年版。

2. 布赖恩·麦克奈尔：《政治传播学引论》，殷祺译，新华出版社2005年版。

3. 包兴荣：《论决策科学化与中国公共决策咨询系统建设》，《决策咨询通讯》2004年第3期。

4. 陈宝森、侯玲：《美国总统与经济智囊》，世界知识出版社1996年版。

5. 陈力丹：《舆论学——舆论导向研究》，中国广播电视出版社1999年版。

6. 陈俊良：《传播媒体策略：从品牌传播到精准投放的最短途径》，北京大学出版社2010年版。

7. 陈阳：《框架分析：一个亟待澄清的理论概念》，《国际新闻界》2007年第4期。

8. 陈丽玫、吴国庆：《态度改变：说服策略研究的回顾与展望》，《社会心理科学》2008年第6期。

9. 陈丽颖、蔡佳禾：《国家间互信形成与维持的理论探索》，《南京社会科学》2016年第4期。

10. 陈林侠：《跨文化背景下电影媒介建构国家形象的重要功能》，《社会科学》2011 年第 4 期。

11. 程曼丽：《国际传播学教程》，北京大学出版社 2013 年版。

12. 程桂龙、刘新华：《从"应急防御"到"常态进攻"——美国对华公共外交的转变》，《南京政治学院学报》2014 年第 1 期。

13. 崔波涛：《从两级到多级：两级传播论发展综述》，《新闻传播》2014 年第 5 期。

14. 《邓小平文选》，人民出版社 1993 年版。

15. 戴维·杜鲁门：《政治过程：政治利益与公共舆论》，陈尧译，天津人民出版社 2006 年版。

16. 德怀特·杜蒙德：《现代美国》，宋岳亭译，商务印书馆 1984 年版。

17. 对外传播中的国际形象设计项目组：《对外传播中的国家形象设计》，外文出版社 2012 年版。

18. 段鹏：《国家形象建构中的传播策略》，中国传媒大学出版社 2007 年版。

19. 丹尼斯·麦奎尔等：《大众传播模式论》，祝建华、武伟译，上海译文出版社 1997 年版。

20. 恩内斯特·威尔逊：《2012：重启美中公共外交的重要一年》，《公共外交季刊》2017 年第 10 期。

21. 菲利普·戴维：《美国对外政策：基础、主体与形成》，钟震宇译，社会科学文献出版社 2011 年版。

22. 方玲玲、韦文杰：《新媒体与社会变迁》，复旦大学出版社 2014 年版。

23. 冯大年：《好莱坞电影产业运作机制研究》，《上海文化》2013 年第 12 期。

24. 冯留建：《美国软实力发展的历史考察及其启示》，《中州学刊》

2011 年第 2 期。

25. 郭庆光：《传播学教程》，中国人民大学出版社 2003 年版。

26. 郭中实：《涵化理论：电视世界真的影响深远吗？》，《新闻与传播研究》2005 年第 2 期。

27. 关世杰：《跨文化交流学》，北京大学出版社 1995 年版。

28. 高兴梅：《好莱坞电影里中国形象的变迁》，《南京政治学院学报》2015 年第 6 期。

29. 哈罗德·拉斯韦尔：《世界大战中的宣传技巧》，张洁、田青译，中国人民大学出版社 2003 年版。

30. 哈贝马斯：《公共领域的结构转型》，曹卫东译，学林出版社 1999 年版。

31. 韩云荣、喻国明：《舆论学：原理、方法与应用》，中国传媒大学出版社 2005 年版。

32. 汉密尔顿、杰伊、麦迪逊：《联邦党人文集》，程逢如等译，商务印书馆 1982 年版。

33. 赫伯特·席勒：《思想管理者》，王怡红译，台北远流出版公司 1996 年版。

34. 胡伟：《思想库：现代政府决策链不可缺失的一环》，《领导决策信息》2003 年第 33 期。

35. 胡政平：《好莱坞电影的意识形态运行机制》，《国外社会科学》2015 年第 5 期。

36. 胡云：《全球化语境下好莱坞电影的商业策略》，《现代传播》2014 年第 6 期。

37. 胡远珍：《美国对华公共外交的思维与话语分析》，《湖北大学学报》2013 年第 3 期。

38. 黄懿慧、吕琛：《卓越公共关系理论研究三十年回顾与展望》，《国际新闻界》2017 年第 5 期。

39. 加布里埃尔·阿尔蒙德：《比较政治学——体系、过程和政策》，曹沛霖等译，上海译文出版社 1987 年版。

40. 加里·沃塞里：《美国政治基础》，陆震纶等译，中国社会科学出版社 1994 年版。

41. 金良浚：《国外智囊机构的特点和发展趋势》，《决策探索》1988 年第 2—6 期。

42. 金丹元、周旭：《直面全球化语境下中国电影产业的新窘境——对中国电影海外传播策略的新思考》，《上海大学学报》2016 年第 2 期。

43. 蒋昌建：《波动中的软实力与新公共外交》，《现代传播》2011 年第 8 期。

44. 凯瑟琳·米勒：《组织传播》，袁军等译，华夏出版社 2000 年版。

45. 肯尼思·沃尔兹：《国际政治理论》，胡少华、王红缨译，中国人民公安大学出版社 1992 年版。

46. 孔祥永、梅仁毅：《如何看待美国的软实力》，《美国研究》2012 年第 2 期。

47. 匡文波：《新媒体概论》（第二版），中国人民大学出版社 2015 年版。

48. 劳伦斯·肖普、威廉·明特：《帝国智囊团——对外关系委员会和美国外交政策》，怡立、维良译，上海译文出版社 1981 年版。

49. 李道揆：《美国政府和美国政治》，商务印书馆 1999 年版。

50. 李元书：《政治体系中的信息沟通：政治传播学的分析视角》，河南人民出版社 2005 年版。

51. 李彬：《全球新闻传播史》，清华大学出版社 2005 年版。

52. 李彬：《大众传播学》，中央广播电视大学出版社 2000 年版。

53. 李希光、周庆安：《软力量与全球传播》，清华大学出版社 2005 年版。

54. 李庆四：《美国国会与美国外交》，人民出版社 2007 年版。

55. 李普曼：《舆论学》，林珊译，中国人民大学出版社 1989 年版。

56. 李宇：《数字时代的电视国际传播路径与策略》，中国广播影视出版社 2015 年版。

57. 李运河：《历史观照下的好莱坞电影华人形象考究》，《电影文学》2013 年第 13 期。

58. 李一敏：《浅谈好莱坞大片营销对中国电影营销的启示》，《电影文学》2014 年第 20 期。

59. 李智：《中国国家形象：全球传播时代建构主义的解读》，新华出版社 2011 年版。

60. 兰斯·班尼特：《新闻：政治的幻象》，杨晓红译，当代中国出版社 2005 年版。

61. 刘建明：《宣传舆论学大辞典》，经济日报出版社 1992 年版。

62. 刘建明：《穿越舆论隧道：社会力学的若干定律》，中共中央党校出版社 2000 年版。

63. 刘建明：《社会舆论原理》，华夏出版社 2002 年版。

64. 刘建明、纪忠慧、王莉丽：《舆论学概论》，中国传媒大学出版社 2009 年版。

65. 刘继南、何辉：《中国形象——中国国家形象的国际传播现状与对策》，中国传媒大学出版社 2006 年版。

66. 刘立群、张毓强：《国际传播概论》，中国传媒大学出版社 2011 年版。

67. 刘小燕：《政府对外传播》，中国大百科全书出版社 2010 年版。

68. 刘光牛：《全媒体时代传播策略创新》，新华出版社 2011 年版。

69. 刘鸿武：《非洲地区发展报告 2012—2013》，中国社会科学出版社 2013 年版。

70. 刘恩东：《好莱坞电影与对华民主输出》，《四川行政学院学报》

2014 年第 5 期。

71. 刘鸣筝、李吉言：《两次世界大战之间美国公共外交体系初探》，《关东学刊》2016 年第 3 期。

72. 刘珍：《从好莱坞电影看中国人形象的危机及其对策》，《电影评介》2013 年第 17 期。

73. 刘瑜：《民粹与民主：论美国政治中的民粹主义》，《探索与争鸣》2016 年第 10 期。

74. 卢梭：《社会契约论》，何兆武译，商务印书馆 1987 年版。

75. 卢晶颖：《中国思想库建设的环境因素探析》，《情报资料工作》2008 年第 5 期。

76. 罗杰斯：《传播学史》，殷晓蓉译，上海译文出版社 2001 年版。

77. 罗伯特·麦克切斯尼：《富媒体穷民主》，谢岳译，新华出版社 2004 年版。

78. 罗杰·希尔斯曼：《美国是如何治理的》，曹大鹏译，商务印书馆 1986 年版。

79. 栾维亮：《好莱坞电影"拿来主义"的典型性价值探析》，《新丝路》2016 年第 6 期。

80. 诺曼·奥恩斯坦、雪利·埃尔德：《利益集团、院外活动和政策制定》，潘同文等译，世界知识出版社 1981 年版。

81. 尼葛洛庞帝：《数字化生存》，海南出版社 1997 年版。

82. 潘忠党：《架构分析：一个亟需理论澄清的领域》，《传播与社会学刊》2006 年第 1 期。

83. 乔舒亚·库珀·雷默等：《中国形象——外国学者眼中的中国》，沈晓雷译，社会科学文献出版社 2006 年版。

84. 曲星：《公共外交的经典含义与中国特色》，《国际问题研究》2010 年第 6 期。

85. 裘援平：《中国的和平发展与公共外交》，《国际问题研究》

2010年第6期。

86. 任晓、沈丁立：《保守主义理念与美国的外交政策》，上海三联书店2003年版。

87. 施密特、谢利、巴迪斯：《美国政府与政治》，梅然译，北京大学出版社2005年版。

88. 邵培仁：《政治传播学》，江苏人民出版社1991年版。

89. 孙哲：《左右未来：美国国会的制度创新与决策行为》，复旦大学出版社2001年版。

90. 史安斌：《全媒体时代的新闻发布和媒体关系管理》，五洲传播出版社2014年版。

91. 沈本秋：《大数据与公共外交变革》，《国际问题研究》2015年第1期。

92. 宋黎磊、王义桅：《中国对欧公共外交——目标、进展与挑战》，《现代国际关系》2011年第8期。

93. 孙剑：《2015：好莱坞与中国电影发展比较暨国际传播态势研究》，《当代电影》2016年第2期。

94. 陶文钊：《美国思想库与冷战后美国对华政策》，中国社会科学出版社2014年版。

95. 唐小松：《中国公共外交的发展及其体系构建》，《现代国际关系》2006年第2期。

96. 唐小松：《论中国公共外交的两条战线》，《现代国际关系》2007年第8期。

97. 唐小松、龚群子：《奥巴马政府的公共外交战略评析》，《战略决策研究》2011年第1期。

98. 谭峰：《跨文化传播理论模式中的公共外交》，《公共外交季刊》2013年第3期。

99. 谭东白、陆郝庆：《谁统治今日的美国：美国的新权势集团面面观》,新华出版社 1989 年版。

100. 托马斯·戴伊:《谁掌管美国——里根年代》,张维等译,世界知识出版社 1984 年版。

101. 托马斯·戴伊:《理解公共政策》,彭勃等译,华夏出版社 2004 年版。

102. 托马斯·戴伊:《自上而下的政策制定》,鞠方安等译,中国人民大学出版社 2002 年版。

103. 托克维尔:《论美国的民主》,董果良译,商务印书馆 2006 年版。

104. 威尔伯·施拉姆、威廉·波特:《传播学概论》,新华出版社 1984 年版。

105. 沃纳·赛佛林、小詹姆斯·坦卡德:《传播理论:起源、方法与应用》,郭镇之等译,华夏出版社 2006 年版。

106. 五十岚雅郎:《智囊团与政策研究》,肖阳译,科学技术文献出版社 1986 年版。

107. 吴天佑、傅曦:《美国重要思想库》,时事出版社 1982 年版。

108. 王缉思:《高处不胜寒:冷战后美国的全球战略和世界地位》,世界知识出版社 1999 年版。

109. 王缉思:《国际政治的理性思考》,北京大学出版社 2007 年版。

110. 王莉丽:《旋转门——美国思想库研究》,国家行政学院出版社 2011 年版。

111. 王莉丽:《智力资本——中国智库核心竞争力》,中国人民大学出版社 2015 年版。

112. 王莉丽:《中国智库建设与公共外交拓展》,《公共外交季刊》2013 年冬季号第 3 期。

113. 吴泽林:《中国国际政治学界对公共外交理论与体系的构建》,《国际关系学院学报》2012 年第 5 期。

114. 王义桅：《公共外交需要智库支撑》，《公共外交季刊》2013 年冬季号第 3 期。

115. 王文：《公共外交上策：影响他国智库——以 20 国智库会议为例》，《公共外交季刊》2013 年冬季号第 3 期。

116. 王秋硕：《中国电影国际传播的文化路径》，《浙江传媒学院学报》2015 年第 5 期。

117. 汪晓风：《社交媒体在美国对华外交中的应用》，《美国研究》2014 年第 1 期。

118. 谢岳：《大众传媒与民主政治》，上海交通大学出版社 2005 年版。

119. 徐海娜：《大众传媒对美国外交政策的影响》，《中国党政干部论坛》2006 年第 3 期。

120. 徐海娜：《好莱坞电影：美国的形象大使和文化大使》，《公共外交季刊》2011 年第 4 期。

121. 薛澜：《思想库的中国实践》，《瞭望》2009 年第 4 期。

122. 杨洁勉：《后冷战时期的中美关系：外交政策比较研究》，上海人民出版社 2000 年版。

123. 喻国明：《解构民意：一个舆论学者的实证研究》，华夏出版社 2001 年版。

124. 约翰·金登：《议程、备选方案与公共政策》，中国人民大学出版社 2004 年版。

125. 约瑟夫·奈：《美国霸权的困惑——为什么美国不能独断专行》，郑志国等译，世界知识出版社 2002 年版。

126. 约瑟夫·奈：《软力量——世界政坛成功之道》，吴晓辉、钱程译，东方出版社 2005 年版。

127. 约瑟夫·奈：《美国定能领导世界吗?》，何小东译，军事译文出版社 1992 年版。

128. 中国现代国际关系研究所：《美国思想库及其对华倾向》，时事出版社 2003 年版。

129. 詹姆斯·伯恩斯等：《民治政府：美国政府与政治》，中国人民大学出版社 2007 年版。

130. 朱锋、王丹若：《领导者的外脑——当代西方思想库》，浙江人民出版社 1990 年版。

131. 钟新：《新公共外交：软实力视野下的全民外交》，《现代传播》2011 年第 8 期。

132. 赵可金：《硬外交、软着陆——试论中国外交新思维的形成与影响》，《国际观察》2005 年第 5 期。

133. 赵可金：《公共外交的理论与实践》，上海辞书出版社 2007 年版。

134. 赵启正：《公共外交与跨文化交流》，中国人民大学出版社 2011 年版。

135. 赵启正：《公共外交和跨文化交流》，《新媒体与社会》2014 年第 5 期。

136. 郑华：《新公共外交内涵对中国公共外交的启示》，《世界经济与政治》2011 年第 4 期。

137. 张春：《中国智库开展公共外交的四策》，《公共外交季刊》2013 年冬季号第 3 期。

138. 张巨：《从好莱坞超级英雄电影看文化冲击对中国电影的启示》，《戏剧之家》2016 年第 2 期。

139. 张文星：《好莱坞电影中的文化透视》，《电影文学》2013 年第 4 期。

140. 张娟：《美国电影文化软实力研究》，《北京第二外国语学院学报》2011 年第 12 期。

141. 周庆安：《从传播模式看 21 世纪公共外交研究的学术路径》，

《现代传播》2011年第8期。

142. 周庆安、田媛媛：《好莱坞电影的风险共鸣与公共外交的涵化效应》，《对外传播》2015年第2期。

143.《周恩来选集》，人民出版社1984年版。

144. 周鸿铎：《政治传播学概论》，中国纺织出版社2005年版。

145. 周琪：《意识形态与美国外交》，上海人民出版社2006年版。

**英文文献**

1. Aimei Yanga, Anna Klyueva, Maureen Taylor, "Beyond a Dyadic Approach to PublicDiplomacy: Understanding Relationships in Multipolar World", *Public Relations Review*, Vol. 38, No. 5, 2012.

2. Aimei Yang, Maureen Taylor, "Public Diplomacy in a Networked Society—the Chinese Government: NGO Coalition Network on Acquired Immune Deficiency Syndrome Prevention", *International Communication Gazette*, Vol. 76, No. 7, 2014.

3. Alan Fiske, *Structures of Social Life: The Four Elementary Forms of Human Relationships*, New York: Free Press, 1991.

4. Amichay Ayalon, Brian Michael Jenkins, *War by What Means, According to Whose Rules?* California: RAND Corporation, 2015.

5. Anagondahalli D., Zhu L., "Culture's Role in Public Diplomacy: Predicting and Preventing Crises", *The Journal of International Communication*, 2016.

6. Andrew Rich, *Think Tanks, Public Policy and the Politics of Expertise*, New York: Cambridge University Press, 2000.

7. Andrew Rich, "U. S. Think Tanks and the Intersections of Ideology, Advocacy and Influence", *Nira Review*, No. 4, 2001.

8. Anita Wheeler, "Cultural Diplomacy, Language Planning and the Case

of the University of Nairobi Confucius Institute", *Journal of Asian and African Studies*, Vol. 49, No. 1, 2014.

9. Anna Derelkowska-Misiuna, "Educational Diplomacy and the Eastern Partnership", *Eurolimes*, Supplement, 2016.

10. Arif Rauf, "Mediated Public Dplomacy: US and Taliban Relations with Pakistani Media", *Media, War & Conflict*, Vol. 7, No. 2, Aug. 2014.

11. Ben Mor., "The Structure of Rhetorical Defense in Public Diplomacy: Israel's Social Account of the 2010 Turkish Flotilla Incident", *Media, War & Conflict*, Vol. 7, No. 2, Aug. 2014.

12. Baiba Petersone, "Increasing a Nation's Diplomatic Capabilities through Relationship Management: Public Relations Contributions to Middle Power Diplomacies", Paper Presented at the International Communication Association, 2008.

13. Bernard Cohen, *The Press and Foreign Policy*, Princeton: Princeton University Press, 1963.

14. Berger Asa, *Political Culture and Public Opinion*, New Jersey: Transaction Publishers, 1989.

15. Carnes Lord, *Losing Hearts and Minds?: Public Diplomacy and Strategic Influence in the Age of Terror*, London: Praeger Security, International, 2006.

16. Carol Hamrin, Suisheng Zhao, *Decision-Making in Deng's China*, New York: M. E. Sharpe, 1995.

17. Christopher Ross, "Pillars of Public Diplomacy: Grappling with International Public Opinion", *Harvard International Review*, Vol. 25, No. 2, 2003.

18. Claude Robinson, *Straw Votes*, New York: Columbia University Press, 1932.

19. Daniel Elazar, *American Federalism: A View from the State*, New York: Harper & Row, 1984.

20. David Ricci, *The Transformation of American Politics: The New Washington and the Rise of Think Tanks*, New Haven and London: Yale University Press, 1993.

21. David Shambaugh, "China's International Relations Think Tanks: Evolving Structure and Process", *The China Quarterly*, Vol. 171, 2002.

22. Diane Stone, *Capturing the Political Imagination: Think Tanks and the Policy Process*, London: Frank Cass, 1996.

23. Diane Stone, Andrew Denham, Mark Garnett, *Think Tanks across Nations: A Comparative Approach*, Manchester and New York: Manchester University Press, 1998.

24. Diane Stone, Simon Maxwell, Michael Keating, *Bridging Research and Policy*, Paper presented at the International Workshop Funded by the UK Department for International Development Radcliffe House, Warwick University, 2001.

25. Domhoff William, Thomas Dye, "Power Elites and Organizations", *Journal of Politics*, No. 4, 1987.

26. Donald Abelson, *American Think Tanks and Their Role in U. S. Foreign Policy*, London: MacMillan Publishers Ltd., 1996.

27. Donald Abelson, *Do Think Tanks Matter? Assessing the Impact of Public Policy Institute*, Montreal: McGILL-Queen's University Press, 2002.

28. Donald Abelson, *A Capitol Idea*, Montreal: McGILL-Queen's University Press, 2006.

29. Donald Abelson, "Think Tanks and U. S. Foreign Policy: An Historical View", *U. S. Foreign Policy Agenda: An Electronic Journal of the U. S. Department of State*, Vol. 7, No. 3, Nov. 2002.

30. Donald Abelson, "Do Think Tanks Matter? Opportunities, Constraints and Incentives for Think Tanks in Canada and the United States", *Global Society*, Vol. 14, No. 2, 2000.

31. Donald Abelson, "Public Visibility and Policy Relevance: Assessing the Impact and Influence of Canadian Policy Institutes", *Canadian Public Administration*, Vol. 42, No. 2, 1999.

32. D. Minar, "Public Opinion in the Perspective of Political Theory", *Western Political Quarterly*, Vol. 13, No. 1, 1960.

33. D. Minar, "Public Opinion in the Perspective of Political Theory", *Western Political Quarterly*, Vol. 13, No. 1, 1960.

34. Elena Gurgu, Aristide Cociuban, "New Public Diplomacy and Its Effects on International Level", *Journal of Economic Development, Environment and People*, Vol. 5, No. 3, 2016.

35. Elmer Schattschneider, *The Semi-Sovereign People: A Realist's View of Democracy in America*, New York: Holt, Rinehart and Winston, 1960.

36. F Izadi, "U. S. Public Diplomacy: A Theoretical Treatise", *Journal of Arts Management Law& Society*, Vol. 46, 2009.

37. Frank Stech, "Winning CNN Wars", *Parameters*, Vol. 24, No. 3, 1994.

38. Geoffrey Cowan, Nicholas J. Cull, *Public Diplomacy in a Changing World*, London: Sage Publications, 2008.

39. Hamrin Carol, Suisheng Zhao, *Decision-Making in Deng's China*, New York: M. E. Sharpe, 1995.

40. Hans Speier, "Historical Development of public Opinion", *American Journal of Sociology*, No. 1, 1950.

41. Hans Tuch, *Communicating with the World: U. S. Public Diplomacy Overseas*, New York: St. Martin's Press, 1990.

42. Harold Nicolson, *Diplomacy*, Washington, D. C.: Georgetown University Press, 1988.

43. Herbst Susan, *Reading Public Opinion: How Political Actors View the Democratic Process*, Chicago: University of Chicago Press, 1998.

44. Howard Wiarda, *Foreign Policy Without Illusion: How Foreign Policy-Making Works and Failsto Work in the United States*, Scott, Foresman/Little, Brown Higher Education, 1990.

45. Jacobs Lawrence, Shapiro, Robert Y., *Politicians Don't Pander*, Chicago: University of Chicago Press, 2000.

46. Jacquie L'Etang, "Public Relations and Diplomacy in a Globalized World: An Issue of PublicCommunication", *American Behavioral Scientist*, Vol. 53, No. 4, 2009.

47. James Bryce, *The American Commonwealth*, New York: MacMillan &Co, 1981.

48. James Madison, *Directions in American Political Thought*, New York: John Wiley & Sons, Inc., 1969.

49. James Rosenau, *Public Opinion and Foreign Policy: An Operational Formulation*, New York: Random House, 1961.

50. James Simons, "The Idea Brokers: The Impact of Think Tanks on British Government", *Public Administration*, No. 71, 1993.

51. James Smith, *Idea Brokers: Think Tanks and the Rise of the New Policy Elite*, New York: The Free Press, 1991.

52. Jan, Servaes, "Guanxi in Intercultural Communication and Public Relations", *Public Relations Review*, Vol. 42, No. 3, 2016.

53. Jan Servaes, "Soft Power and Public Diplomacy: The New Frontier for Public Relations and International Communication Between the US and China", *Public Relations Review*, Vol. 38, 2012.

54. Jeffrey Telgarsky, Ueno Makiko, *Think Tanks in a Democratic Society: An Alternative Voice*, Washington D. C.: The Urban Institute, 1996.

55. Jiyeon SO, "Pop Culture as an Instrument for Global Public Diplomacy: A Case Study of the Influences of the Korean Wave on Asian Publics", Paper Presented at the Global Communication and Social Change Division at ICA, Chicago, 2009.

56. Johan Galtung, "Foreign Policy Opinion as a Function of Social Position", *Journal of Peace Research*, Vol. 1, No. 3, 1964.

57. John Rourke, Ralph G Carter, Mark A Boyer, *Making American Foreign Policy: An Introduction to American Foreign Policy*, Montreal: McGraw-Hill Companies, Inc. 1996.

58. Joseph Nye, "Public Diplomacy and Soft Power", *Annals of the American Academy of Political and Social Science*, Vol. 616, No. 1, March 2008.

59. Juyan Zhang, "A Strategic Issue Management (SIM) Approach to Social Media Use in Public Diplomacy", *American Behavioral Scientist*, Vol. 57, No. 9, 2013.

60. Kalevi Holsti, *International Politics: A Framework for Analysis*, New Jersey: Prentice Hall, 1994.

61. Kathy Fitzpatrick, Alice Kendrick, Jami Fullerton, "Factors Contributing to Anti-Americanism Among People Abroad: A Retrospective View from the Frontlines of U. S. Public Diplomacy", *International Journal of Strategic Communication*, Vol. 5, No. 3, Jul. 2011.

62. Kalevi Holsti, *International Politics: A Framework for Analysis*, New Jersey: Prentice Hall, 1994.

63. Kent Weaver, "The Changing World of Think Tanks", *Political Science and Politics*, Vol. 22, 1989.

64. Kirsten Mogensen, "From Public Relations to Corporate Public Diplomacy", *Public Relations Review*, Vol. 43, 2017.

65. Kollman Ken, *Outside Lobbying Public Opinion and Interest Group Strategies*, New Jersey: Princeton University Press, 1998.

66. Larry Arnn, "Constitution Character and National Identity", *Heritage Lectures*, 2005.

67. Leonard Silk, Mark Silk, *The American Establishment*, New York: Basic books, 1980.

68. Lina Khatib, William Dutton, Michael Thelwall, "Public Diplomacy 2.0: A Case Study of the USDigital Outreach Team", *The Middle East Journal*, Vol. 66, No. 3, 2012.

69. Lim Hyun-Ji, Molleda Juan-Carlos, "Who is More Credible? Comparing the Influence of Stateand Nonstate Actors on Public Diplomacy and Communication with Experimental Research", Paper Presented at the International Communication Association, Boston, 2011.

70. Maxwell McGombs, Donald Shaw, "The Agenda-Setting Function of Mass Media", *The Public Opinion Quarterly*, Vol. 36, No. 2, 1972.

71. Melissa Dodd, Steve Collins, "Public Relations Message Strategies and Public Diplomacy 2.0: An Empirical Analysis Using Central-Eastern European and Western Embassy Twitter Accounts", *Public Relations*, Vol. 43, No. 2, 2017.

72. Michael Kent, "Toward a Relational Theory of Public Diplomacy", Paper Presented at the National Communication Association, 2008.

73. Mills Wright, *The Power Elite*, New York: Oxford University Press, 1959.

74. Michelle Ciarrocca, William Hartung, "Axis of Influence: Behind the Bush Administration's Nissile Defence Revival", *World Policy Institute Special*

Report, 2002.

75. Michelle Ciarrocca, William Hartung, "The Marketing of Missile Defence 1994 – 2000", *World Policy Institute Special Report*, 2000.

76. Merle Goldman, *China's Intellectuals: Advise and Dissent*, Cambridge: Harvard University Press, 1981.

77. Molefi Asante, *The Afrocentric Idea*, Philadelphia: Temple University Press, 1998.

78. Moran Yarch, Gadi Wolfsfeld, Tamir Sheafer & Shaul R Shenhav, "Promoting Stories about Terrorism to the International News Media: A Study of Public Diplomacy", *Media, War &Conflict*, Vol. 6, No. 3, Dec. 2013.

79. Naughton Barry, "China's Economic Think Tanks: Their Changing Role in the 1990s", *The China Quarterly*, Vol. 171, 2002.

80. Nicholas Cull, "The Long Road to Public Diplomacy 2.0: The Internet in U.S. Public Diplomacy", *International Studies Review*, Vol. 15, No. 1, 2013.

81. Nicolas Cull, *The Cold War and the United States Information Agency: American Propaganda and Public Diplomacy*, 1945 – 1989, Cambridge and New York: Cambridge University Press, 2008.

82. Nicholas J. Cull, *Public Diplomacy in a Changing World*, London: Sage Publications, 2008.

83. Nicholas Cull, *Public Diplomacy: Lessons from the Past*, Los Angeles: Figueora Press, 2009.

84. Nicolas Cull, *Selling War*, Oxford: Oxford University Press, 1995.

85. Norrander Barbara, Clyde Wilcox, *Understanding Public Opinion*, Wahsington D. C. : Congressional Quarterly Inc. , 2002.

86. Ole Holsti, "Public Opinion and Foreign Policy: Challenges to Almond-Lippmann Consensus", *International Studies Quarterly*, Vol. 36. No 4,

1992.

87. Paul Dickson, *Think Tanks*, New York: Atheneum, 1971.

88. Paolo Sigismondi, "Hollywood Piracy in China: An Accidental Case of US Public Diplomacyin the Globalization Age?" *Chinese Journal of Communication*, Vol. 2, No. 3, 2009.

89. Peter Bachrach, Morton Baratz, "Two Faces of Power", *The American Political Science Review*, Vol. 56, No. 4, Dec. 1962.

90. Philip Seib, "Transnational Journalism, Public Diplomacy and Virtual States", *Journalism Studies*, Vol. 11, No. 5, 2010.

91. Philip Tetlock, *Social Psychology and World Politics*, New York: MacGraw Hill, 1998.

92. Posen Adam, "Think Tanks: Who's Hot, And Who's Not", *The International Economy*, 2002.

93. Rasmus Kjargaard Rasmussena, Henrik Merkelsenb, "The New PR of States: How Nation Branding Practices Affect the Security Function of Public Diplomacy", *Public Relations Review*, Vol. 38, No. 5, 2012.

94. Roger Scruton, *A Dictionary of Political Thought*, London: The Macmillan Press, 1982.

95. Richard Haass, "Think Tanks and US Foreign Policy: A Policy-Maker's Perspective", *U. S. Foreign Policy Agenda*, Vol. 7, No. 3, Nov. 2002.

96. Rhadika Desai, "Second-Hand Dealers in Ideas: Think Tanks and Thatcherite Hegemony", *New Left Review*, Vol. 203, 1994.

97. Roe Narrative, *Policy Analysis: Theory and Practice*, London: Duke University Press, 1994.

98. Schlesinger, *The Cycles of American History*, Boston: Praeger Inc., 1986.

99. Seong-Hun Yun, Elizabeth Toth, "Future Sociological Public Diplo-

macy and the Role of Public Relations: Evolution of Public Diplomacy", *American Behavioral Scientist*, Vol. 53, No. 4, 2009.

100. Simon Mark, "Rethinking Cultural Diplomacy: The Cultural Diplomacy of New Zealand, the Canadian Federation and Quebec", *Political Science*, 2010.

101. Shai Ming-Chen, "The Impact of China's Think Tanks on Beijing's Taiwan Policy", Doctoral Dissertation, University of Warwick, 2000.

102. Shai Ming-Chen, Shaun Breslin, "China's Think Tanks and Beijing's Policy Process", Paper presented at the 2nd Annual Global Development Network Conference, 2000.

103. Steven Jackson, "The Contested Terrain of Sport Diplomacy in a Globalizing World", *International Area Studies Review*, 2013.

104. Susan Herbst, *Reading Public Opinion: How Political Actors View the Democratic Process*, Chicago: University of Chicago Press, 1998.

105. Thomas Dye, *Understanding Public Policy*, New Jersey: Prentice Hall, Upper Saddle River, 1998.

106. Thomas Dye, Harmon Zeigler, *The Irony of Democracy: An Uncommon Introduction to AmericanPolitics*, New York: Harcourt Brace, 2003.

107. Walter Lippmann, *Public Opinion*, New York: The Macmillan Co, 1922.

108. William Domhoff, "Who Rules America? Power and Politics in the Year 2000", 3d ed., *Mountain View*, Calif: Mayfield, 1998.

109. William Rugh, *American Encounters with Arabs: The "Soft Power" of U.S. Public Diplomacy in the Middle East*, London: Praeger Security International, 2006.

110. Warren Christopher, *In the Stream of History: Shaping Foreign Policy for a New Era*, California: Stanford University Press, 1998.

111. Wofam Manzenreiter, "The Beijing Games in the Western Imagination of China: The Weak Power of Soft Power", *Journal of Sport and Social Issues*, 2010.

112. W. Shadid, *Grondslagen van Interculturele Communicatie*, Houten: Bohn Stafleu van Loghum, 1998.

113. Yarchi Moran, "Terror Organizations' Uses of Public Diplomacy: Limited versus Total Conflicts", *Studies in Conflict & Terrorism*, 2016.

# 致　谢

又是一年隆冬时节，这几天北京天气格外的好，天高云阔、寒风凛凛、阳光明媚，这样的天气走在寒风中，整个人都是神清气爽的。从事学术研究工作至今已经十年有余了，回首走过的路，我的每一本专著竟都是在冬季完稿的。或许，是因为冬季特别适合思考和写作吧。这本公共外交的著作，从构思研究框架到开展研究和最终完稿，经历了五年的时间，期间，整个书稿框架经历了数次自我否定和重新开始，最终成为了现在的样子。

对于学者而言，每一本书的完稿，都仿佛是一个新生命的诞生，充满了过程的艰辛与美好的期盼。谨此，向一路走来给予我坚定支持和无私帮助的师长、朋友和我挚爱的家人致以深深的谢意：

衷心感谢中国人民大学、清华大学和布鲁金斯学会给予我的培养和支持！

感谢清华大学教授、"全球领导力"项目负责人、美国布鲁金斯学会董事会主席约翰·桑顿（John L. Thornton）多年来对于我的研究给予的全力支持和对我人生发展的培养。桑顿教授的无私胸怀和崇高理念将会深刻影响我的一生。感谢我的学术授业恩师——清华大学刘建明教授一直以来的关爱和指导。恩师知遇之恩，感念一生。

诚挚感谢中国人民大学原党委书记程天权教授、原校长陈雨露教授（现任中国人民银行副行长）多年来对于公共外交研究与实践给予的重视和支持。感谢中国人民大学党委书记靳诺教授、校长刘伟教授、副校长刘元春教授、副校长杜鹏教授对于公共外交研究与实践给予的高度重视和大力支持。感谢中国人民大学新闻学院院长赵启正教授一直以来给予我鼓励和支持。感谢新闻学院执行院长胡百精教授、倪宁教授、杨保军教授、郭庆光教授、高纲教授、周勇教授等众多领导和同事的支持。感谢中国人民大学唐忠教授、徐飞教授、牟锋教授、罗建晖教授等众多在研究过程中给予我无私支持的师长和朋友。感谢中国人民大学国家发展与战略研究院各位领导和同事的大力支持。

感谢美国布鲁金斯学会约翰·桑顿中国中心主任李成教授多年来给予我的支持与鼓励。感谢布鲁金斯—清华中心主任齐晔教授多年的支持。感谢清华大学原常务副校长何建坤教授多年来的培养和支持。

感谢国务院研究室原主任,中国国际经济交流中心常务副理事长魏礼群教授,对于智库、公共外交研究与实践的高度重视与支持。感谢中宣部国务院新闻办郭卫民副主任对于公共外交战略研究与实践的全力支持。感谢中国公共外交协会会长李肇星、全国哲学社会科学规划办佘志远主任、外交部公共外交办公室刘禹同参赞对本研究的大力支持。

感谢我的硕士研究生任禹璇、刘子豪、蒋贝、曹洋红、娜佳、叶雨婷、王红、牛雨萱等帮助我进行了部分资料与文献的收集和整理分析。

诚挚感谢中国社会科学出版社社长赵剑英教授对本书出版给予的大力支持。非常感谢总编辑助理王茵编审的全力支持。特别感谢责任编辑喻苗主任对于本书的出版付出的心血和高度专业性与责任心。

感谢我的先生卫平,是你的包容和关爱一直给予我前行的温暖和力量。感谢我的儿子子赢,是你少年的激情与无畏让我一直保有青春的飞扬与锐利。感谢我的父亲、姐姐、兄长、我的家人们一直给予我爱和支持。

感谢我的母亲,虽然已是天人永隔,但慈母的爱与精神永远相伴。

感谢所有给予我支持和帮助的朋友们!

王莉丽<br>
2017 年 12 月于北京昆玉河畔